信息安全体系结构

张建标　赖英旭　侍伟敏　编著

北京工业大学出版社

内 容 简 介

本书围绕信息安全体系结构设计，系统介绍了信息安全的基本知识、概念和原理。全书共分 8 章，主要内容包括信息安全体系结构的概念、设计框架和设计原则，并从物理安全、系统安全、网络安全和应用安全等方面介绍了各层次的设计要求和关键技术，最后介绍了信息安全管理和安全评估标准。本书内容丰富、概念清晰、系统性强、重点突出。

本书适合作为高等院校信息安全专业、计算机和通信等相关专业的本科生和研究生教材，也可供从事信息安全教学、科研和工程技术的相关人员参考。

图书在版编目（CIP）数据

信息安全体系结构/张建标，赖英旭，侍伟敏编著．
—北京：北京工业大学出版社，2011.8
ISBN 978 - 7 - 5639 - 2809 - 5

Ⅰ.①信…　Ⅱ.①张…　②赖…　③侍…　Ⅲ.①信息系统-安全技术　Ⅳ.①TP309

中国版本图书馆 CIP 数据核字（2011）第 163608 号

信息安全体系结构

编　　著：	张建标　赖英旭　侍伟敏
责任编辑：	董志乔
出版发行：	北京工业大学出版社
	（北京市朝阳区平乐园 100 号　100124）
	010 - 67391722（传真）bgdcbs@sina.com
出 版 人：	郝　勇
经销单位：	全国各地新华书店
承印单位：	徐水宏远印刷有限公司
开　　本：	787 mm×1 092 mm　1/16
印　　张：	13.75
字　　数：	335 千字
版　　次：	2011 年 9 月第 1 版
印　　次：	2011 年 9 月第 1 次印刷
标准书号：	ISBN 978 - 7 - 5639 - 2809 - 5
定　　价：	25.00 元

前　言

随着信息技术的飞速发展和我国信息化进程的不断推进，各种基础信息网络和重要信息系统已经成为国家关键基础设施，支撑着网络通信、电子商务、电子政务、电子金融等各方面的应用。国民经济和社会发展对信息化的高度依赖，信息安全事件的不断增多，使信息安全问题日渐突出。信息安全问题直接影响到社会经济、政治、军事、个人生活等各个领域，甚至影响到国家安全。

面对不断出现的信息安全事件，规划、设计和建设安全的网络信息系统已非常重要。本书从信息安全体系结构角度出发，阐述了安全体系结构的规划设计、各个层次需要采用的关键技术和产品等问题。另外，也包括了信息安全管理、等级保护和安全评估等内容。

本书分为 8 章。第 1 章概述，介绍了信息安全的概念和我国的主要信息安全政策；第 2 章信息安全体系结构设计，介绍了几种典型的信息安全体系结构，以及信息安全的需求分析、设计目标和设计原则；第 3 章物理安全，介绍了物理安全中的环境安全、电源系统安全、设计安全和通信线路安全；第 4 章系统安全，介绍了系统硬件平台安全、操作系统安全、数据库安全、系统安全监测和备份与恢复；第 5 章网络安全，介绍了防火墙、入侵检测、VPN、漏洞扫描和网络安全集成等关键技术和产品；第 6 章应用安全，介绍了应用安全基础设施、Web 安全、电子邮件安全和电子商务安全；第 7 章信息安全管理，介绍了 ISO 27000 系列国际标准，并对 ISO 27001 和 27002 两个主要标准进行了详细介绍；第 8 章安全评估标准，介绍了可信计算机系统评估准则、通用评估准则和计算机信息系统安全保护等级划分准则。

本书内容丰富、概念清晰、系统性强、重点突出。每章的小结对该章的重点内容进行了简要概括；各章后均附有习题，用于强化重要概念，测验读者对基本概念、重要内容的理解和掌握程度。

张建标拟定本书的编写内容和大纲，并编写第 1、2、7、8 章；赖英旭编写第 3、5 章；侍伟敏编写第 4、6 章。本书在编写过程中参考了国内外许多文献和书籍，并从中得到启发，在此一并表示感谢。

由于作者水平有限，书中内容难免有不当或错误之处，恳请专家和广大读者批评指正。

编　者

目　　录

第1章 概　　述

随着信息技术的飞速发展和我国信息化进程的不断推进，各种基础信息网络和重要信息系统已经成为国家的关键基础设施，支撑着网络通信、电子商务、电子政务、电子金融等各方面的应用。国民经济和社会发展对信息化的高度依赖，信息安全事件的不断增多，使信息安全问题日渐突出。信息安全问题直接影响到社会经济、政治、军事、个人生活等各个领域，甚至影响到国家安全。不解决信息安全问题，不加强基础信息网络和重要信息系统的安全保障，信息化不可能得到持续健康的发展。

2003 年中共中央办公厅、国务院办公厅发布的《国家信息化领导小组关于加强信息安全保障工作的意见》（中办发〔2003〕27 号）指出，"随着世界科学技术的迅猛发展和信息技术的广泛应用，特别是我国国民经济和社会信息化进程的全面加快，网络与信息系统的基础性、全局性作用日益增强，信息安全已经成为国家安全的重要组成部分"。2004 年党的十六届四中全会将信息安全作为国家安全的重要组成部分，明确提出要"增强国家安全意识，完善国家安全战略"，并确保"国家的政治安全、经济安全、文化安全和信息安全"。

 在信息化过程中，信息安全问题越来越多，确保信息安全越来越重要；但信息安全不是最终目的，只是服务于信息化的一种手段，其主要目的是为信息化保驾护航。

1.1 信息安全

人类社会经历了农业社会和工业社会后，已发展到当今的信息社会。2006 年 3 月举行的第 60 届联合国大会已确定每年的 5 月 17 日为"世界信息社会日"，这标志着信息化对人类社会的影响进入了一个新的阶段。加快信息化发展，使信息化向纵深推进，推动信息社会建设已经成为世界各国的共同选择。在农业社会和工业社会中，物质和能源是主要资源，人们所从事的是大规模的物质生产。而在信息社会中，信息成为比物质和能源更为重要的资源，以开发和利用信息资源为目的的信息经济活动迅速扩大，逐渐取代工业生产活动而成为国民经济活动的主要内容。信息资源已经成为信息社会中不可或缺的基本生活要素，信息化要求最大限度地有效利用信息资源，从而推动社会全面进步。

在信息社会，信息是重要资源，也是无形财富。那么，什么是信息呢？信息反映的是一切物质和事物的属性，因此，可以说信息是客观事物通过物质载体所发出的消息、情报、指令、数据、信号中所包含的一切可传递和可交换的知识内容。信息必须通过一定载体才能得以体现、存储和传播，这些载体可以是语言、文字、图像等。但是信息不会因为载体的不同而改变他所反映的事物的本质。什么是安全呢？在现代汉语词典中，"安全"的含义是指"没有危险；不受威胁；不出事故"。因此，信息安全笼统地讲，即是指信息这种资源在使用过程中应没有危险，不会受到威胁。如何更深入地理解信息安全这个概念呢？信息安全的概念与信息的本质属性密切相关，他是信息的本质属性所体现的安全意义。经过长期的探索和总结，人们归纳出了信息的三大基本安全属性。

1.1.1　信息的安全属性

1. 保密性（confidentiality）

保密性是指信息不能被未授权的个人、实体或者过程利用或知悉的特性。保证保密性的方法主要包括：

① 物理保密。采用各种物理方法，如限制、隔离、控制等措施保护信息不被泄露。

② 信息加密。采用密码技术加密信息，没有密钥的用户无法解密密文信息。

③ 信息隐藏。将信息嵌入其他客体中，隐藏信息的存在。

④ 电磁屏蔽。防止信息以电磁的方式（电磁辐射、电磁泄漏）发送出去。

　　　保密性不仅包括信息内容的保密，而且包括信息状态的保密。

2. 完整性（integrity）

完整性是指数据没有遭受以非授权方式所作的篡改或破坏。影响信息完整性的主要因素有：设备故障，传输、处理和存储过程中产生的误码，人为攻击和计算机病毒等。保证完整性的方法主要包括：

① 协议。通过安全协议自身检测出被丢失、重复和乱序的信息，重放的信息，修改的信息。

② 检错、纠错编码方法。完成检错和纠错功能，常用的奇偶校验就是检错编码。

③ 密码校验和方法。实现抗篡改和验证传输是否出错。

④ 数字签名。保证信息的真实性，说明其未受到篡改。

⑤ 公证。通过第三方公证机构证明信息的真实性。

　　　保密性要求信息不被泄露给未授权的人，而完整性要求信息不致受到非授权的篡改或破坏。

3. 可用性（availability）

可用性是指根据授权实体的要求可被访问和可被使用的特性。网络环境下的可用性不仅包括用户可访问硬件和软件资源，而且包括用户有能力获得所期望的服务质量，如具有一定吞吐量的网络带宽。

保证可用性的最有效方法就是提供一个具有普适安全服务的网络环境。通过访问控制阻止资源的未授权访问，利用保密性和完整性服务避免数据被泄露或被修改，另该网络环境能防止针对可用性的攻击，如 DDoS（分布式拒绝服务）攻击等。保证可用性的方法主要包括以下几种。

① 避免遭受攻击。一些基于网络的攻击旨在破坏、降低服务等级或摧毁网络资源。免受攻击的方法包括：关闭操作系统和网络配置中的安全漏洞、控制授权实体对资源的访问、限制监测流经系统的数据来防止插入病毒等有害数据、防止路由表等网络数据的泄露。

② 避免未授权使用。当资源被使用、占用或过载时，其可用性会受到限制。如果未授权用户占用了有限的资源，如处理能力、网络带宽等，那么授权用户就不可用了。避免未授权使用的方法包括：通过访问控制限制未授权用户使用资源。

③ 防止例程失败。正常的操作失误和自然行为也可能导致系统可用性降低。解决的方法包括：使用具有高可靠性的设备、提供设备冗余和提供多路径的网络连接。

上述 3 个基本安全属性在世界范围内已得到了各国专家的共识。但是，对于信息的其他安全属性，信息安全界还没有统一的意见。在我国强调较多的有信息的可控性和不可否认性。

4. 可控性（controllability）

可控性是指能够控制使用信息资源的人或实体的使用方式，可控性是信息安全的必然要求。社会中存在着不法分子和各种敌对势力，不加控制地广泛使用信息安全设施和装置时，会严重影响政府对社会的监控管理行为。另外，从国家层面看，信息安全中的可控性除了对信息的可控外，还包括对安全产品、安全市场、安全厂商和安全研发人员的可控。

5. 不可否认性（non-repudiation）

不可否认性也称抗抵赖性，它是传统社会的不可否认需求在信息社会中的延伸。传统社会中的公章、印戳、签名等手段是实现不可否认性的主要机制。保证不可否认性的技术主要包括数字签名、可信第三方和公证等。

1.1.2　信息安全的发展历程

随着社会和技术的进步，信息安全也经历了一个发展的过程。了解信息安全的发展历程，可以更加全面地理解信息安全的概念。普遍认为，信息安全的发展可以划分为 3 个阶段，即通信安全（COMSEC）阶段、计算机安全（COMPUSEC）和信息安全（INFOSEC）阶段、信息保障（IA）阶段。

1. 通信安全（COMSEC）阶段

通信安全阶段开始于 20 世纪 40 年代，其主要标志是 1949 年 Shanon 发表的《保密系统的通信理论》（Communication Theory of Secrecy Systems），该理论将密码学的研究纳入了科学的轨道。本阶段主要关注的对象是军方和政府，所面临的主要安全威胁是搭线窃听和密码学分析，需要解决的问题是在远程通信中拒绝非授权用户的信息访问以及确保通信的真实性。本阶段主要的防护措施是数据加密，通过密码技术解决通信安全问题，从而保证数据的保密性和完整性。

2. 计算机安全（COMPUSEC）和信息安全（INFOSEC）阶段

20 世纪 70 年代，过渡到了计算机安全阶段，其主要标志是 1977 年美国国家标准局（NBS）公布的《国家数据加密标准》（DES）和 1985 年美国国防部（DoD）公布的《可信计算机系统评估准则》（TCSEC）。

进入 20 世纪 80 年代后，计算机的性能得到了极大提高，应用范围不断扩大，遍及世界各个角落，利用通信网络实现了计算机的互联和资源共享。但是，计算机信息的安全问题也随之变得越来越严重。计算机在处理、存储、传输和使用信息上存在严重的脆弱性，很容易遭受干扰、滥用或丢失，甚至被泄露、窃取、篡改、冒充或破坏。

计算机安全阶段初期的主要任务是确保计算机系统中的硬件、软件在处理、存储、传输信息过程中的保密性。其主要安全威胁来自于信息的非授权访问，主要保护措施采用安全操作系统的可信计算基（TCB）技术，本阶段仍主要考虑信息保密性的安全要求。但随着计算机病毒、计算机软件 Bug 等问题的不断出现，计算机安全中，除了保密性的安全要求外，还提出了对完整性和可用性等方面的安全要求。

国际标准化组织（ISO）将计算机安全定义为："为数据处理系统建立的安全保护，保护计算机硬件、软件数据不因偶然和恶意的原因而遭到破坏、更改和泄露。"

进入 20 世纪 90 年代后，通信和计算机技术的进一步发展，尤其是 Internet 的快速发展和普及，人们对安全要求的关注对象逐步从计算机转向更具本质性的信息本身，信息安全的概念随之产生。人们需要保护信息在存储、处理或传输过程中不被非法访问或更改，确保对合法用户的服务并限制非授权用户的服务，包括必要的检测、记录和抵御攻击的措施。除了保密性、完整性和可用性之外，人们对安全性有了可控性和不可否认性等新的要求。

国际标准化组织（ISO）将信息安全定义为："保持信息的保密性，完整性，可用性；另外也可包括诸如真实性，可核查性，不可否认性和可靠性等。"

3. 信息保障（IA）阶段

20 世纪末 21 世纪初，信息系统遭受的攻击日趋频繁，人们对信息安全概念的理解有了新的变化。

安全不再局限于信息的保护，人们需要的是对整个信息和信息系统的保护和防御，包括保护（protect）、检测（detect）、反应（react）和恢复（restore）4 个方面的能力。

安全的相对性、动态性更加引起关注，追求适度风险的信息安全成为人们的共识。安全不仅仅以功能或机制的强度作为评判指标，结合应用环境和应用需求，更加强调安全是一种信心的度量，使信息系统的使用者确信已达到预期的安全目标。

针对安全概念的新变化，1996 年美国国防部在国防令 S-3600.1 中最早提出了"信息保障"的概念，将"信息保障"定义为："保护和防御信息及信息系统，确保其可用性、完整性、保密性、鉴别、不可否认性等特性。这包括在信息系统中融入保护、检测、反应功能，并提供信息系统的恢复功能。"这个定义强调了信息保障不仅是对信息的保障，而且包括对信息系统的保障，并明确了信息安全的 5 个属性，即可用性、完整性、保密性、鉴别性、不可否认性，提出了 4 个动态的信息安全环节，即保护、检测、反应和恢复。与早期的信息安全概念相比较，信息保障的内涵更符合现在对信息安全的要求，体现未雨绸缪、积极防御的思想。

在信息保障研究中，美国军方走在世界前列，其代表性著作之一是美国国家安全局（National Security Agency，简称 NSA）于 2000 年 9 月发布的《信息保障技术框架》3.0 版（*information assurance technical framework*），该文献于 2002 年 9 月更新为 3.1 版。此外，美国军方还于 2002 年 10 月和 2003 年初先后颁布了信息保障指导方针，即国防部第 8500.1 号令《信息保障》和第 8500.2 号令《信息保障的实施》，以指导全军的信息保障工作。

信息保障是信息安全发展的最新阶段，人们习惯上仍沿用"信息安全"的称谓。为了加以区分，同时体现继承性，也可称为用"信息安全保障"。

 　　　信息保障除强调信息安全的保护能力外，更加重视系统的入侵检测能力、系统的事件反应能力以及系统遭受破坏后的快速恢复能力，关注的是信息系统整个生命周期的防御和恢复。

1.1.3　信息安全的概念

　　信息安全经历了长期的发展过程，人们对它的认识、理解比较全面透彻，下面给出目前我国研究人员比较认可的信息安全（或称信息安全保障）的概念。

　　信息安全保障是对信息和信息系统的安全属性、功能、效率进行保障的动态行为过程。运用源于人、技术、管理等因素所形成的保护能力、检测能力、反应能力和恢复能力，在信息和信息系统生命周期全过程的各个状态下，保证信息内容、计算环境、边界与连接、网络基础设施的可用性、完整性、保密性、可控性、不可否认性等安全属性，从而保障应用服务的效率和效益，促进信息化的可持续健康发展。

　　上述概念中，明确了信息安全的工作范畴、安全属性、保障对象、工作环节和保障核心，有利于人们对信息安全概念的理解。

1.2　信息安全体系结构

　　什么是体系结构？体系结构一词由英文单词 architecture 翻译而来，在英语中最常用的解释就是"建筑"。与"建筑"相类似，一个体系结构应该包括一组构件以及构件之间的联系。在辞海中，对于体系的解释为"若干有关事物互相联系互相制约而构成的一个整体，如理论体系、语法体系、工业体系"。由此可见，体系结构强调的是：系统由若干部分构成，各部分之间存在相互关系，并组成一个整体。常见的如计算机体系结构、网络体系结构等。

　　前面的信息安全概念，指出信息安全是对信息和信息系统的安全属性、功能、效率进行保障的动态行为过程。不能离开信息所依赖的信息系统环境，孤立和单纯地去寻求直接保护信息内容的方式。由于信息依赖信息系统而存在，所以本书中谈及的信息安全是针对信息系统而言的，研究信息安全体系结构实际就是研究信息系统安全体系结构。换句话说，有了一个安全的信息系统，其中的信息的安全性就得到了保证，也就解决了信息安全的问题。

　　信息系统安全是一个多维、多层次、多因素、多目标的体系，是确保信息系统结构安全，与信息系统相关的元素安全，以及与此相关的各种安全技术、安全服务和安全管理的总和。只有信息系统安全体系结构才更具有体系性、可设计性、可实现性和可操作性。

1.2.1　信息安全体系结构模型

　　图 1-1 给出了信息安全体系结构的三维模型，包括安全要素、安全单元和安全过程 3

个维度，并都遵循国家和行业的相应政策、法规和标准。分析信息安全体系结构时，离不开人、技术和管理 3 大安全要素，设计信息安全体系结构时，需要从物理安全、系统安全、网络安全和应用安全 4 个安全单元来考虑，安全体系结构遵循多层次、动态的安全过程，从保护、检测、反应和恢复 4 个层次的纵深防御体系，通过安全策略的改进体现一个循序渐进的动态过程。

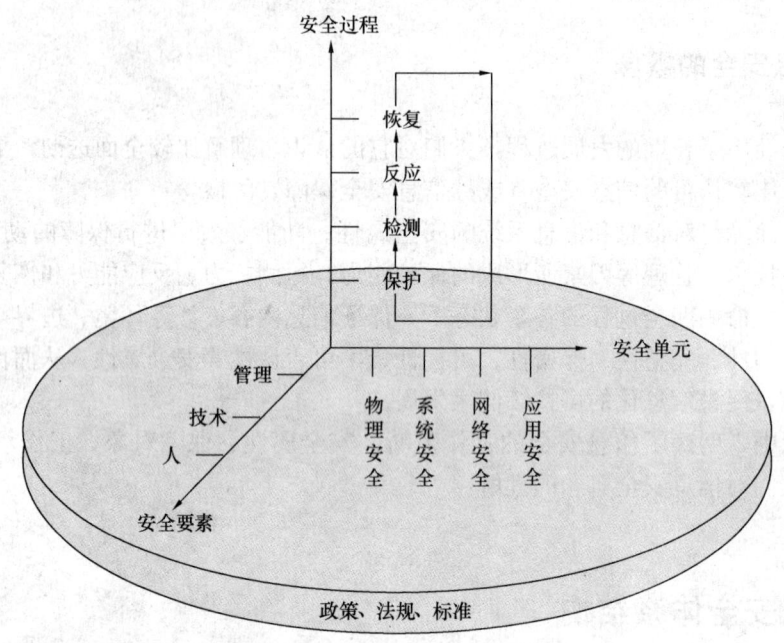

图 1-1　信息安全体系结构模型

1. 安全要素

信息安全体系结构的分析设计离不开人、技术和管理 3 大要素，3 个要素相辅相成，缺一不可。

（1）人。信息系统的整个生命周期都离不开人的参与，包括信息系统的设计、开发、测试和维护人员，信息系统的用户，针对信息系统进行攻击和破坏的黑客，计算机病毒的制造者、传播者，信息安全事件的报告、分析、处理人员，以及信息安全法律顾问等。

影响信息系统安全的因素，除了少数难以预知的和无法抗拒的自然灾害外，绝大多数的安全威胁都与人有关，如信息系统设计人员的经验不足导致系统设计上的缺陷；开发人员的失误导致系统漏洞；有意对信息系统进行攻击和破坏的黑客；用户无意的操作失误；安全事件的报告、分析和处理人员的经验不足导致判断处理不当等，都会造成信息系统的安全问题，因此，人始终是影响信息系统安全的最大因素。全面提高信息系统相关人员的技术水平、道德品质和安全意识是信息系统安全的最重要保证。

（2）技术。信息安全具有对抗性，技术是确保信息安全的一个重要因素。由于历史的原因，在信息技术领域，我国的自主可控能力依然很低，特别是缺乏自主可控的 CPU（中央处理器）、操作系统、数据库、高端设备等，无法打破国外企业的长期垄断局面。因此，信息技术的自主可控等同于国家安全，对信息技术不能自主可控，对国家安全就不能自主可控。从国家层面来看，需要大力发展技术，提高技术产品的自主可控能力，保证国家安全和信息安全。

对于一般的信息系统建设而言，可选择技术相对成熟、先进的产品。为了能够正确运用这些技术和合理部署相关产品，机构应建立一套有效的技术与产品采购策略和过程，具体包括制定安全策略、信息安全保障原则、信息保障产品选用准则、经可信第三方认证的产品采购原则、产品配置，以及进行系统风险评估等。

（3）管理。管理是确保信息安全的另一个重要因素，从理论上看，不存在绝对安全的技术，技术固然重要，但管理更不容忽视。虽然"三分技术，七分管理"的说法不一定准确，但却能够说明管理的重要性。从目前我国实际发生的安全事件看，较为薄弱的还是信息安全管理，很多信息安全事件都是由于管理不到位、责任不落实造成的。因此，建立信息安全管理机构，加强组织协调，发挥其统筹规划、科学管理、宏观调控和决策的作用，强化信息安全管理，形成全方位的信息安全管理体系至关重要。有关信息安全管理的内容将在第 7 章详细介绍。

　　坚持管理和技术并重，做到管理手段和技术手段相结合，也就是在加强管理的前提下，采用先进的安全技术，在提升技术的基础上强化管理。

2. 安全单元

信息安全体系结构主要有 4 个层面的安全单元。

（1）物理安全。物理安全又叫实体安全（physical security），是保护计算机设备、设施（网络及通信线路）免遭地震、水灾、火灾、有害气体或其他环境事故（如电磁污染等）破坏的措施和过程。

（2）系统安全。系统安全就是对计算机系统的硬件、软件和数据加以保护，不因偶然的或者恶意的原因而造成破坏、更改或泄露，使计算机系统得以连续正常地运行。

（3）网络安全。网络安全是指网络系统的硬件、软件及其系统中的数据受到保护，不被偶然的或者恶意的原因破坏、更改或泄露，系统连续可靠正常地运行，网络服务不中断。广义来说，凡是涉及网络上信息的保密性、完整性、可用性、可控性和不可否认性的相关技术和理论都是网络安全所要研究的领域。

（4）应用安全。应用系统的安全是安全建设最主要的目的。信息总是通过应用系统来存取的，所以应用系统的安全是确保信息安全的根本。

3. 安全过程

安全过程遵循 PDRR 安全模型，包括保护（protect）、检测（detect）、反应（react）和恢复（restore）4 个部分，他们构成了一个动态的信息安全周期，其中每一部分都有相应的安全策略来支持，如图 1 - 2 所示。

（1）保护。保护是 PDRR 模型的最重要部分，他预先阻止攻击可以发生的条件，让攻击者无法顺利地入侵，保护可以减少大多

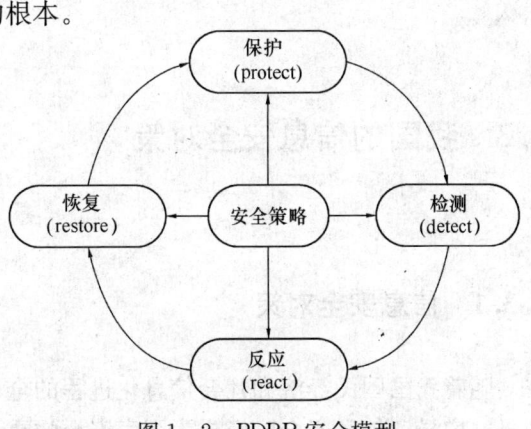

图 1 - 2　PDRR 安全模型

数的入侵事件。

（2）检测。检测是 PDRR 模型中的第二个环节。前面环节的保护系统可以除掉入侵事件发生的条件，一般能阻止绝大多数入侵事件的发生，但是他不能阻止所有的入侵，尤其是一些针对新的系统缺陷、新的攻击手段的入侵。因此，一旦入侵发生，就通过检测环节检测出来，常用的检测工具就是 IDS（入侵检测系统）。

（3）反应。反应是 PDRR 模型中的第三个环节，是在已知一个攻击（入侵）事件发生之后所进行的处理。在一个大规模的网络中，反应工作都由一个特殊部门负责，即计算机应急响应小组（CERT）。

（4）恢复。恢复是 PDRR 模型中的最后一个环节，是当攻击（入侵）事件发生后，把系统恢复到原来的状态，或者比原来更安全的状态。恢复可以分为系统恢复和信息恢复两种方式。系统恢复指的是修补该攻击（入侵）事件所利用的系统缺陷，包括系统升级、软件升级和打补丁等，避免黑客再次利用这样的缺陷入侵；信息恢复就是从备份和归档的数据中恢复出原来数据。

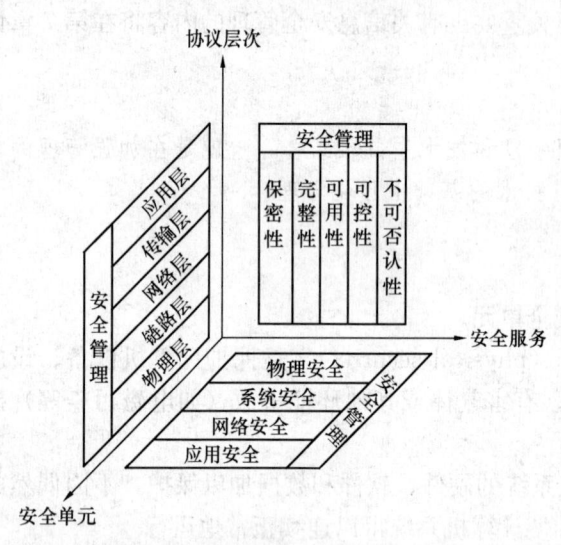

图 1-3　信息安全技术体系结构

1.2.2　信息安全技术体系

图 1-3 给出了信息安全技术体系结构，借鉴了美国国防部信息系统安全计划（DISSP）提出的三维安全体系结构的思路，将安全服务、安全单元和协议层次作为三维坐标系中的 3 个维度。安全服务包括保密性、完整性、可用性、可控性和不可否认性；安全单元包括物理安全、系统安全、网络安全和应用安全；协议层次包括可配置安全服务的 5 个层次，即物理层、链路层、网络层、传输层和应用层。另外，每一维度都有相应安全管理的要求。每一种安全服务可对应到相应的协议层次，也可对应到相应的安全单元，不同的安全单元对应到相应的协议层次。

1.3　我国的信息安全对策

1.3.1　信息安全对策

随着我国国民经济和社会信息化进程的全面加快，网络与信息系统的基础性、全局性作用日益增强，信息安全已经成为国家安全的重要组成部分。党和政府对信息安全高度重视，并提出了具体要求，标志着我国信息安全保障工作有了基本纲领和大政方针，明确了指导思想和主要任务。

1. 总体要求

我国信息安全保障工作的总体要求是：坚持积极防御、综合防范的方针，全面提高信息安全防护能力，重点保障基础信息网络和重要信息系统安全，创建安全健康的网络环境，保障和促进信息化发展，保护公众利益，维护国家安全。

积极防御就是要充分认识信息安全风险和威胁，立足于安全防护，加强预警和应急处置，重点保护基础信息网络和关系国家安全、经济命脉、社会稳定的重要信息系统；从更深层次和长远考虑，积极防御还要求国家要有一定的信息对抗能力和反制手段，从而对信息网络犯罪和信息恐怖主义等形成威慑。

综合防范就是要从预防、监控、应急处理和打击犯罪等环节，法律、管理、技术、人才等各个方面，采取多种技术和管理措施，通过全社会的共同努力，全面提升信息安全防护能力。

2. 主要原则

我国信息安全保障工作的主要原则是：立足国情，以我为主，坚持管理与技术并重；正确处理安全与发展的关系，以安全保发展，在发展中求安全；统筹规划，突出重点，强化基础性工作；明确国家、企业、个人的责任和义务，充分发挥各方面的积极性，共同构筑国家信息安全保障体系。

3. 主要任务

我国信息安全保障工作的主要任务是：

① 实行信息安全等级保护；

② 加强以密码技术为基础的信息保护和网络信任体系建设；

③ 建设和完善信息安全监控体系；

④ 重视信息安全应急处理工作；

⑤ 加强信息安全技术研究开发，推进信息安全产业发展；

⑥ 加强信息安全法制建设和标准化建设；

⑦ 加快信息安全人才培养，增强全民信息安全意识；

⑧ 保证信息安全资金；

⑨ 加强对信息安全保障工作的领导，建立健全信息安全管理责任制。

1.3.2 信息化发展战略

2006 年 3 月 19 日，中共中央办公厅、国务院办公厅印发了《2006—2020 年国家信息化发展战略》（中办发〔2006〕11 号），分析了全球信息化发展的基本趋势和我国信息化发展的基本形势，提出了我国信息化发展的指导思想、战略目标、战略重点、战略行动计划和保障措施。把建设国家信息安全保障体系作为我国信息化发展的战略重点，为我国的信息安全保障工作指明了方向。

在 11 号文件中"建设国家信息安全保障体系"部分，有如下 2 方面的要求。

1. 全面加强国家信息安全保障体系建设

坚持积极防御、综合防范，探索和把握信息化与信息安全的内在规律，主动应对信息安全挑战，实现信息化与信息安全协调发展。坚持立足国情，综合平衡安全成本和风险，确保重点，优化信息安全资源配置。建立和完善信息安全等级保护制度，重点保护基础信息网络和关系国家安全、经济命脉、社会稳定的重要信息系统。加强密码技术的开发利用。建设网络信任体系。加强信息安全风险评估工作。建设和完善信息安全监控体系，提高对网络安全事件应对和防范能力，防止有害信息传播。高度重视信息安全应急处置工作，健全完善信息安全应急指挥和安全通报制度，不断完善信息安全应急处置预案。从实际出发，促进资源共享，重视灾难备份建设，增强信息基础设施和重要信息系统的抗毁能力和灾难恢复能力。

2. 大力增强国家信息安全保障能力

积极跟踪、研究和掌握国际信息安全领域的先进理论、前沿技术和发展动态，抓紧开展对信息技术产品漏洞、后门的发现研究，掌握核心安全技术，提高关键设备装备能力，促进我国信息安全技术和产业的自主发展。加快信息安全人才培养，增强国民信息安全意识。不断提高信息安全的法律保障能力、基础支撑能力、网络舆论宣传的驾驭能力和我国在国际信息安全领域的影响力，建立和完善维护国家信息安全的长效机制。

本 章 小 结

（1）信息的安全属性包括保密性、完整性、可用性、可控性和不可否认性等。其中保密性、完整性和可用性是得到各国专家公认的 3 个基本安全属性。

（2）信息安全的发展过程经历了 3 个阶段，即通信安全阶段、计算机安全和信息安全阶段、信息保障阶段。

（3）信息安全保障是对信息和信息系统的安全属性、功能、效率进行保障的动态行为过程。运用源于人、管理、技术等因素所形成的保护能力、检测能力、反应能力和恢复能力，在信息和信息系统生命周期全过程的各个状态下，保证信息内容、计算环境、边界与连接、网络基础设施的可用性、完整性、保密性、可控性、不可否认性等安全属性，从而保障应用服务的效率和效益，促进信息化的可持续健康发展。

（4）不能离开信息所依赖的信息系统环境，孤立和单纯地去寻求直接保护信息内容的方式。研究信息安全就是研究信息系统安全，研究信息安全体系结构实际就是研究信息系统的安全体系结构。

（5）我国政府对信息安全提出了具体要求，标志着我国信息安全保障工作有了基本纲领和大政方针，明确了指导思想和主要任务。

习　题

1. 信息的安全属性有哪些?
2. 信息安全的概念是什么?
3. 信息安全的 3 个发展阶段分别是什么?
4. 我国信息安全保障工作的总体要求是什么? 主要原则是什么?

第 2 章　信息安全体系结构设计

2.1　网络基础

2.1.1　ISO/OSI 参考模型

ISO/OSI 参考模型是 ISO（international standard organization，国际标准化组织）制定的 OSI（open system interconnection，开放系统互连）参考模型，实现了两个异构系统之间的通信。OSI 参考模型按功能划分为 7 个层次，从低到高依次为：物理层、数据链路层、网络层、传输层、会话层、表示层和应用层，如图 2-1 所示。

7	应用层
6	表示层
5	会话层
4	传输层
3	网络层
2	数据链路层
1	物理层

图 2-1　ISO/OSI
参考模型

1. 物理层

物理层提供在物理介质上透明的传输比特流所需的各种功能。定义了接口和传输介质的机械和电气规范，以及物理设备和接口在传输时所必须执行的过程和功能。

2. 数据链路层

数据链路层提供在两个相邻节点间无差错的传输数据帧。将一条有可能出差错的信道转变为几乎无差错的数据链路，实现可靠传输。帧是数据链路层的协议数据单元。

3. 网络层

网络层确定分组从源端到目的端的路由，负责将源端发出的分组按照路由规则传送到目的端，实现主机到主机的传输。网络层还负责解决网际互联的问题，实现分组跨越多个通信子网的传输。分组是网络层的协议数据单元。

4. 传输层

传输层提供端到端的通信，实现透明的报文段传输。报文段是传输层的协议数据单元。

5. 会话层

会话层提供在两个通信的应用进程之间建立、维持和同步其交互。他对数据传输进行管理，但不参与具体的数据传输。

6. 表示层

表示层主要解决所传输的数据的语法表示。用于数据格式的转化、加密、解密以及压缩等。

7. 应用层

应用层直接为用户的应用进程提供服务,对应用进程经常使用的一些功能以及实现这些功能所要使用的协议标准化。Internet的主要应用有:WWW、电子邮件、远程登录、文件传输等。

ISO/OSI参考模型从概念和功能上给出了一种异型网络互连的标准框架,概念清楚,指明了每一层上应该做什么事情,也为每一层制定了相应标准,理论较完整。OSI参考模型为描述网络提供了详细标准,对统一网络体系结构和协议起到了积极作用,是开发网络协议标准和体系结构的理论框架。但由于其结构复杂,几乎没有厂家生产符合OSI参考模型标准的网络产品。

图2-2给出了基于OSI参考模型的数据传输基本过程。

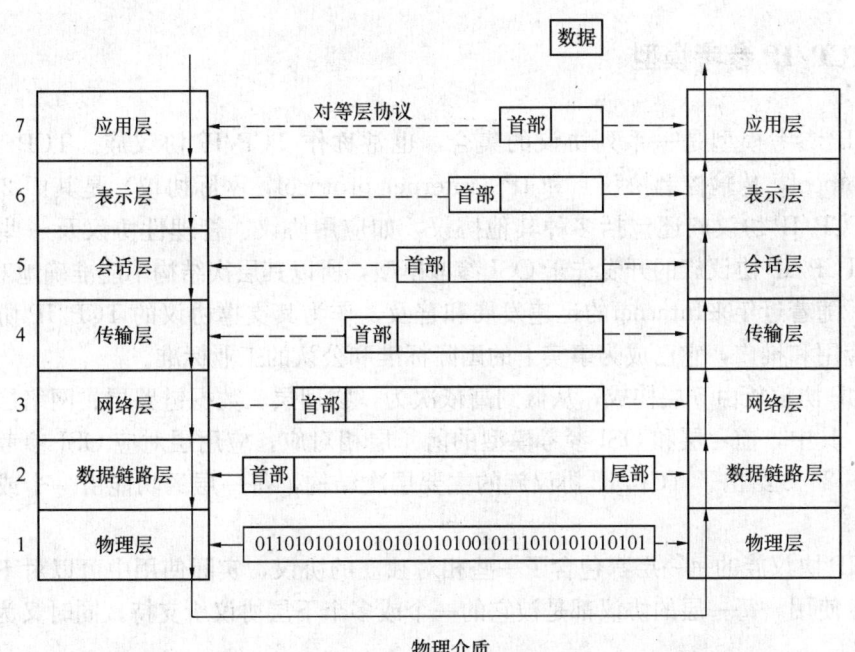

图2-2　OSI参考模型中的数据传输基本过程

在图2-2中,每一层调用与它直接相邻的下一层提供的服务,同时又向上一层提供服务。例如,第 N 层(网络层)调用第 $N-1$ 层(数据链路层)提供的服务,同时又向第 $N+1$ 层(传输层)提供服务。每一层提供的服务通过该层实体的功能体现出来,上下层只知道服务的调用接口,而不知道具体的实现细节。同一层上的2个实体称作对等实体,通信只在对等实体间进行。每一层对等实体间定义了相应的通信协议,称作对等层协议,协议一般包括首部和数据2个部分,某些协议还可能包含一个尾部。

数据传输过程中,在发送端第 N 层收到 $N+1$ 层传递下来的数据时,都要加上本层协议的首部再传送到第 $N-1$ 层。第 N 层并不知道也不应该知道第 $N+1$ 层给它的数据中哪一部分是数据,哪一部分是协议首部,而是把从第 $N+1$ 层接收到的协议数据单元看成给本层(N 层)的数据再加上本层的协议首部,组成本层的协议数据单元,传送给它的下一层

（N−1层），这一过程称作封装。封装过程在每一层被重复进行，直至数据到达物理层，然后通过物理介质传输到接收端。

在接收端接收数据时执行一个与封装相反的过程。当从物理层接收到比特串后传递给上一层（数据链路层），数据链路层根据预先约定的本层协议规范，区分帧首部和数据部分，把数据部分再传递给上一层（网络层）。依次类推，每一层收到从相邻的下一层送来的数据后，都要去掉本层协议的首部再向上一层递交，即逐层剥去各首部，直到应用层把数据递交给接收进程。

在图 2-2 中的数据传输过程中，实线箭头方向给出了数据的实际传输方向，在物理介质上进行的是实通信，即比特串实际就在该物理通道上传输，在各对等层实体之间进行的是虚通信。对于端用户来说，可以把数据传输看做是在对等实体间的直接通信，这样可以简化每一层的设计，体现网络分层体系结构的优点。

2.1.2　TCP/IP 参考模型

TCP/IP 参考模型是一系列协议的集合，也常称作 TCP/IP 协议族。TCP（transport control protocol，传输控制协议）和 IP（internet protocol，网际协议）是其中 2 个最重要的协议。TCP/IP 协议族还包括多种其他协议，如应用协议、管理性协议及一些工具性协议。由于 TCP/IP 协议族的开发先于 OSI 参考模型，所以其层次结构不能准确地对应到 OSI 参考模型。随着近年来 Internet 的迅速发展和普及，作为其支撑协议的 TCP/IP 协议族得到了广泛的应用和推广，它已成为事实上的国际标准和公认的工业标准。

TCP/IP 协议族由 5 层构成，从低到高依次为：物理层、数据链路层、网络层、传输层和应用层。其中，前 4 层和 OSI 参考模型的前 4 层相对应，应用层对应 OSI 参考模型中的上 3 层。图 2-3 给出了 TCP/IP 协议族的主要层次结构，每一层的功能由一个或多个协议实现。

TCP/IP 协议族的每一层都包含了一些相对独立的协议，实际使用中可以对不同层的协议进行配套使用。每一层的协议都是被它的一个或多个下层协议所支持，同时又为上层协议提供服务。

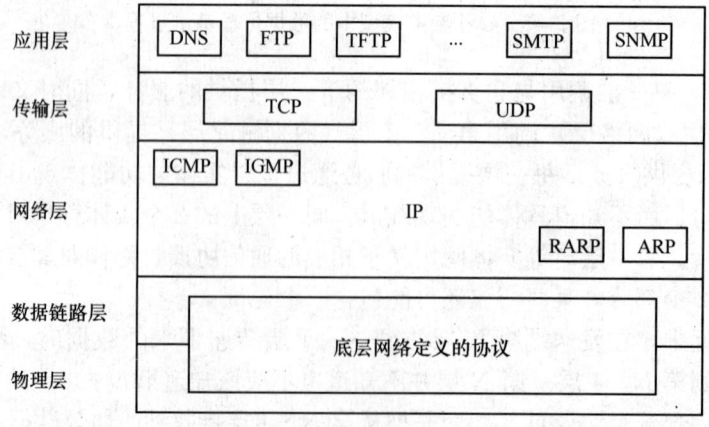

图 2-3　TCP/IP 协议族的层次结构

1. 物理层和数据链路层

物理层和数据链路层的协议由底层网络定义，TCP/IP 协议族没有定义任何特定的协议。TCP/IP 互连的底层网络可以包括局域网、城域网和广域网。

2. 网络层

IP 协议是网络层的主要协议，提供一种不可靠的、尽最大努力交付的服务。IP 协议是主机到主机的协议，根据网络层路由表实现分组路由，把分组从一个物理设备交付到另一个物理设备。在 IP 协议之上可以有多个传输协议，每个协议为应用程序提供不同类型的服务。

网络层还包含了一些其他协议，如 ARP（address resolution protocol，地址转换协议）和 RARP（reverse address resolution protocol，逆地址转换协议）实现 IP 地址与物理地址的相互转换；ICMP（Internet control message protocol，Internet控制报文协议）实现网络层的差错报告和查询报告；IGMP（Internet group management protocol，Internet组管理协议）是多播路由中必不可少的协议，用于多播路由器和实现多播的站点之间进行群组成员关系的通信。在网络层中还有一类路由协议，如 RIP（routing information protocol，路由信息协议）和 OSPF（open shortest path first，开放最短路径优先协议）用于动态生成路由表。

3. 传输层

传输层包括 TCP（transport control protocol，传输控制协议）和 UDP（user datagram protocol，用户数据报协议）2 种协议。TCP 协议提供面向连接的、可靠的传输服务；UDP 提供无连接服务，不能保证数据报传输的可靠性。TCP 和 UDP 协议都使用相同的网络层 IP 协议。

TCP 和 UDP 协议实现进程到进程间的通信，也被称为端到端的协议。两种协议分别适用不同的应用场合，如 TCP 协议应用于可靠传输的情况，而 UDP 协议应用于实时性要求较高的情况。

4. 应用层

应用层包含了各种直接针对用户需求的协议，每个应用层协议都是为了解决某一类应用问题而设计的。例如，DNS（domain name server，域名服务系统）用于实现域名和 IP 地址的对应；FTP（file transfer protocol，文件传输协议）用于实现传输文件的功能；SMTP（simple message transfer protocol，简单邮件传送协议）用于实现电子邮件的发送；SNMP（simple network management protocol，简单网络管理协议）用于实现网络管理的需要。

2.2　一些基本概念

2.2.1　脆弱性

脆弱性是信息系统及其资源带有的，可能被威胁源用来对信息系统及其资源实施具有损害行为的缺陷或漏洞。

1. 硬件设施的脆弱性

除了难于抗拒的自然灾害外，信息系统所处环境的温度、湿度、静电和尘埃等也能够威胁其正常工作。在一定范围内，可以通过并不复杂的设备来捕获计算机系统工作时辐射产生的电磁波来重现信息，从而造成信息的泄露。保存在存储介质上的数据擦除不干净，使得介质上留下可读的痕迹，造成信息的泄露。例如，大多数计算机操作系统删除文件时，仅仅是将文件名删除并释放相应的存储空间，而文件的内容却还保留在存储介质上，因此，容易造成信息的泄露。磁盘、光盘和 U 盘等移动存储介质的使用，使存储的大量信息容易带离安全环境，在不经意间造成信息的泄露。

2. 软件的脆弱性

信息系统中的软件一般可分为系统平台软件和应用软件两大类。常用的系统平台软件，例如操作系统和数据库系统，是构成信息系统的基础平台，支撑着上层应用软件的运行。应用软件实现满足应用系统所需要的功能。因此，系统平台软件的安全是整个信息系统安全的基础，它的任何风险都直接影响到应用软件能否安全运行，而应用软件的任何风险直接表现为信息系统的风险。在软件的设计与开发过程中往往存在着一定的错误或缺陷，从而形成系统的安全隐患，而且系统越大越复杂，这种安全隐患就越严重。据有关资料估计，微软开发的 Windows 操作系统，平均每 100 行代码要出现 0.5～1 个错误或缺陷。

3. 网络通信协议的脆弱性

近年来Internet在全球迅速发展，TCP/IP 是其实现互联的主要网络通信协议。由于 TCP/IP 协议最初设计的应用环境是美国国防部的内部网络系统，基本没有考虑安全问题，但当它应用于全社会的公众环境时，安全问题就出现了。其主要的安全隐患包括：TCP/IP 协议缺乏对入网用户身份的鉴别，容易导致地址欺骗等攻击；缺乏对路由协议的鉴别认证，容易通过修改路由信息而改变网络传输路径，误导网络分组传输；TCP、UDP 协议自身设计上的缺陷，容易受到拒绝服务攻击等。

4. 管理的脆弱性

管理上的脆弱性是造成信息系统不安全的另一个主要因素，这种管理脆弱性可能来自于工作人员的失误、安全管理流程不规范或管理不严等。

2.2.2 信息安全威胁

所谓威胁是指可能导致对系统或组织损害的不期望事件发生的潜在原因。这种导致损害发生的行为称为攻击。

信息安全所面临的威胁来自多个方面，并且随着时间的变化而变化。威胁可以宏观地分为自然威胁和人为威胁两大类。

自然威胁可能来自于各种自然灾害、恶劣的场地环境、电磁辐射和电磁干扰、网络设备的自然老化等。这些无目的的事件，有时会直接威胁信息安全，而且无法确定其发生时间。

人为威胁一般又可以分为敌意的威胁和非敌意的威胁两大类。

非敌意威胁没有恶意的目的、动机和企图，但实际在一定程度上造成的危害有时甚至超越了敌意威胁带来的危害。潜在的非敌意威胁可能来自于系统使用者和维护者的不熟练的操作。

敌意的威胁具有一定的目的、动机和企图。潜在的威胁可能来自于恐怖分子、心理不平衡的人、单独的犯罪分子或有组织的犯罪分子、与外敌勾结的内部人员、对本机构不满意或心理不平衡的内部人员以及潜伏在机构内部的间谍或犯罪分子等。

2.2.3　攻击

《信息保障技术框架》中定义了以下 5 种类型的攻击。

1. 被动攻击

被动攻击包括网络流量分析、监视未受保护的通信、解密弱加密的数据流获得认证信息等。常见的被动攻击方式有监视明文、解密加密不善的通信数据、口令嗅探和通信量分析等。抵抗这类攻击可以使用 VPN（virtual private network，虚拟专用网）或加密被保护网络。

2. 主动攻击

主动攻击包括企图避开或打破安全防护、引入恶意代码（如计算机病毒）以及破坏数据或系统的完整性。常见的主动攻击方式有修改传输中的数据、重放、会话拦截、拒绝服务攻击等。典型对策包括增强边界保护（如防火墙）、基于身份认证的访问控制、自动病毒检测工具、审计和入侵检测等。

3. 邻近攻击

邻近攻击指未授权者以修改、收集或拒绝访问信息为目的而物理上接近网络、系统或设备。常见的邻近攻击方式是攻击者获得物理访问后修改或窃取信息，干涉系统的运行或进行物理破坏等。典型对策有增强物理访问控制等。

4. 内部人员攻击

内部人员攻击来自于机构的内部，包括恶意和非恶意两种。

恶意攻击是指内部人员有计划地窃听、偷窃或损坏信息；以欺骗方式使用信息，拒绝其他授权用户的访问。内部人员熟悉信息系统的布局、有价值的数据、已采用的安全防范系统等，因此恶意的内部人员攻击常常难于检测和防范。美国联邦调查局的评估显示 80% 的攻击和入侵来自机构内部人员。非恶意攻击包括由授权用户引起的并非故意破坏信息或信息系统，而是由于某些特殊行为而对系统产生了破坏。

常用的恶意攻击方式有修改数据或安全机制、建立未授权的网络连接、隐通道、物理破坏等；非恶意内部人员攻击方式为内部人员缺乏训练不小心修改了数据或造成了物理破坏等。

典型对策包括增强内部人员的安全意识和训练，加强人员身份鉴别、访问控制、审计和入侵检测等。

5. 分发攻击

分发攻击是指在软件和硬件开发出来之后和安装之前，或在分发阶段，恶意修改软件或硬件。常见的分发攻击方式有在制造商的设备上修改软/硬件、在产品分发时修改软/硬件等。典型对策包括受控分发，或使用由最终用户检验的签名软件和访问控制等。

2.2.4　信息安全风险

信息安全风险是指由于系统存在的脆弱性，人为或自然的威胁导致安全事件发生的可能性及其造成的影响。安全风险由安全事件发生的可能性及其造成的影响这两种指标来衡量。信息系统的脆弱性是安全风险产生的内因，威胁和攻击则是安全风险产生的外因。一般地，信息系统安全体系的成功标志是风险的最小化、收敛性和可控性，而不是零风险。信息系统的零风险永远是追求的一个极限目标，安全风险的大小可以通过风险评估进行判断。

信息安全风险评估是指依据国家有关信息安全技术标准，对信息系统及由其处理、传输和存储的信息的保密性、完整性和可用性等安全属性进行科学评价的过程。风险评估要评估信息系统的脆弱性、信息系统面临的威胁以及脆弱性被威胁源利用后所产生的实际负面影响，并根据安全事件发生的可能性和负面影响的程度来识别信息系统的安全风险。风险评估是信息安全保障体系建立过程中的重要的评价方法和决策机制。没有准确及时的风险评估，将使得各个机构无法对其信息安全的状况做出准确的判断。

2.2.5　信息安全措施

信息安全措施是指对付威胁，减少脆弱性，保护资产，限制意外事件的影响，检测、响应意外事件，促进灾难恢复和打击信息犯罪而实施的各种实践、规程和机制的总称。

信息安全措施可以分为预防性措施和保护性措施。预防性措施可以降低威胁发生的可能性和减少安全脆弱性，如制订业务持续性计划等；保护性措施可以减少因威胁发生所造成的影响，如购买商业保险等。

通过风险评估，一个机构应对已采取的信息安全措施进行识别并确认已采用措施的有效性，继续保持有效的安全措施，避免不必要的工作和费用，防止安全措施的重复实施。对于那些确认为不适当的安全措施，应核查其是否应被取消，或者用更合适的控制措施来代替。

2.2.6　信息安全机制

信息系统的功能是为用户提供信息服务，信息系统安全的目的就是为用户提供安全的信息服务，因此，信息安全是整个信息系统安全的核心。

信息系统中的信息安全，首先依赖于系统自身的安全，包括构成信息系统的各种计算机硬件、通信设备的安全。在此基础上，保证系统中信息的安全，使其具有保密性、完整性、可用性、可控性和不可否认性等。因此，为了提供安全服务，除了在管理上和法律上可以给予保护外，还必须在技术上采取相应的技术手段。

信息安全机制是实现信息安全服务的技术手段。例如，网络信息系统的安全是一个系统的概念，为了保障整个系统的安全可以采用多种安全机制。在 ISO 7498－2 中定义了 8 类安全机制：加密、数字签名、访问控制、数据完整性、鉴别交换、通信业务填充、路由选择控制和公证。

2.3　开放系统互连安全体系结构

开放系统互连安全体系结构的研究始于 1982 年，于 1988 年完成，其标志性成果是 ISO 在 1988 年发布了 ISO 7498-2 标准。这是基于 OSI 参考模型的 7 层协议之上的信息安全体系结构，对具体网络环境的信息安全体系结构具有重要指导意义。该标准的核心内容是，为了保证异构计算机进程之间远距离交换信息的安全，定义了系统应当提供的 5 类安全服务，8 种安全机制，确定了安全服务与安全机制之间的关系，以及在 OSI 参考模型中安全服务和安全机制的配置，另外还确定了 OSI 的安全管理。图 2-4 给出了 ISO 7498-2 中协议层次、安全服务与安全机制之间的三维空间关系。

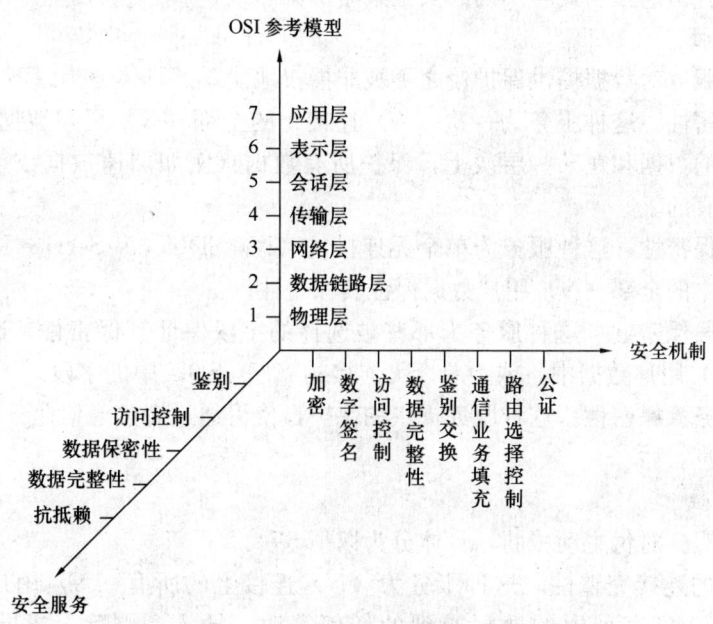

图 2-4　ISO 7498-2 中协议层次、安全服务与安全机制的关系

在 1995 年，ISO 7498-2 标准被等同采用为我国的国家推荐标准《信息处理系统 开放系统互连 基本参考模型——第二部分：安全体系结构》（GB/T 9387.2—1995）。

2.3.1　安全服务

1. 鉴别

鉴别服务提供对通信中的对等实体和数据来源的鉴别，分为对等实体鉴别和数据原发鉴别两种。

（1）对等实体鉴别。确认通信中的对等实体是所需要的实体。这种服务当由（N）层提供时，将使（N+1）实体确信与之打交道的对等实体正是它所需要的（N+1）实体。这种服务在连接建立或在数据传送阶段的某些时刻提供使用，用以证实一个或多个连接实体的身份。使用这种服务可以（仅仅在使用时间内）确信：一个实体此时没有试图冒充别的实体，或没有试图将先前的连接作非授权地重演。实施单向或双向对等实体鉴别是可能的，可以带有效期检验，也可以不带。这种服务能够提供各种不同程度的鉴别保护。

（2）数据原发鉴别。确认通信中的数据来源是所需要的实体。这种服务当由（N）层提供时，将使（N+1）实体确信数据来源正是所要求的对等（N+1）实体。数据原发鉴别服务对数据单元的来源提供确认。这种服务对数据单元的重复或篡改不提供鉴别保护。

2. 访问控制

访问控制服务提供保护以对付 OSI 可访问资源的非授权使用。这些资源可以是经 OSI 协议访问到的 OSI 资源或非 OSI 资源。这种保护服务可应用于对资源的各种不同类型的访问（例如：使用通信资源；读、写或删除信息资源；处理资源的执行）或应用于对一种资源的所有访问。这种访问控制要与不同的安全策略协调一致。

3. 数据保密性

数据保密性服务对数据提供保护使之不被非授权地泄露。具体分为以下 4 种。

（1）连接保密性。这种服务为一次（N）连接上的全部（N）用户数据保证其保密性。在对某些使用中的数据和在某些层次上，保护所有数据（例如加速数据或连接请求中的数据）可能是不适宜的。

（2）无连接保密性。这种服务为单个无连接的（N）SDU（N Service Data Unit，N 层服务数据单元）中的全部（N）用户数据保证其保密性。

（3）选择字段保密性。这种服务为那些被选择的字段保证其保密性，这些字段或处于（N）连接的（N）用户数据中，或为单个无连接的（N）SDU 中的字段。

（4）通信业务流保密性。这种服务提供的保护，使得通过观察通信业务流而不可能推断出其中的保密信息。

4. 数据完整性

数据完整性服务对付主动威胁，具体分为以下 5 种。

（1）带恢复的连接完整性。这种服务为（N）连接上的所有（N）用户数据保证完整性，并检测整个 SDU 序列中的数据遭到的任何篡改、插入、删除，或同时进行补救和恢复。

（2）不带恢复的连接完整性。与上述（1）中的服务相同，只是不作补救恢复。

（3）选择字段的连接完整性。这种服务为在一次连接上传送的（N）SDU 的（N）用户数据中的选择字段保证其完整性，所取形式是确定这些被选字段是否遭到了篡改、插入、删除或不可用。

（4）无连接完整性。这种服务当由（N）层提供时，对发出请求的那个（N+1）实体提供完整性保证。这种服务为单个的无连接 SDU 保证其完整性，所取形式可以是确定一个接受到的 SDU 是否遭受了篡改。另外，在一定程度上也能提供对连接重放的检测。

（5）选择字段无连接完整性。这种服务为单个无连接的 SDU 中的被选字段保证其完整性，所取形式为确定被选字段是否遭受了篡改。在一次连接上，连接开始时使用对等实体鉴别服务，并在连接的存活期使用数据完整性服务就能联合起来为在此连接上传送的所有数据单元的来源提供保证，为这些数据单元的完整性提供保证。而且，如使用顺序号，还能为数据单元的重复提供检测。

5. 抗抵赖

抗抵赖服务可取如下 2 种形式，或两者之一。

（1）有数据原发证明的抗抵赖。为数据的接收者提供数据来源的证据，这将使发送者谎称未发送过这些数据或否认他的内容的企图不能得逞。

（2）有交付证明的抗抵赖。为数据的发送者提供数据交付证据，这将使得接收者事后谎称未收到过这些数据或否认他的内容的企图不能得逞。

2.3.2　安全机制

1. 加密

加密既能为数据提供保密性，又能为通信业务流信息提供保密性。加密机制还成为本小节中所介绍的一些其他安全机制中的一部分起补充作用。

加密算法可以是可逆的，也可以是不可逆的。可逆加密算法有 2 大类：

（1）对称加密。对于这种加密，知道了加密密钥也就意味着知道了解密密钥，反之亦然。

（2）非对称加密。对于这种加密，知道了加密密钥并不意味着同时知道了解密密钥，反之亦然。

这种系统的这样 2 个密钥有时称之为"公钥"与"私钥"。

不可逆加密算法可以使用密钥，也可以不使用。若使用密钥，这密钥可以是公开的，也可以是秘密的。除了某些不可逆加密算法的情况外，加密机制的存在便意味着要使用密钥管理机制。

2. 数字签名

数字签名机制确定 2 个过程：数据单元签名，验证签过名的数据单元。第一个过程使用签名者所私有的（即独有的和保密的）信息；第二个过程所用的规程与信息是公之于众的，但不能够从这些内容推断出该签名者的私有信息。

签名过程涉及使用签名者的私有信息作为私钥，或对数据单元进行加密，或产生出该数据单元的一个密码校验值。验证过程涉及使用公开的规程与信息来决定该签名是不是用签名者的私有信息产生的。签名机制的本质特征为该签名只有使用签名者的私有信息才能产生出来。因而，当该签名得到验证后，他能在事后的任何时候向第三方（例如法官或仲裁人）证明：只有那个私有信息的唯一拥有者才能产生这个签名。

3. 访问控制

访问控制机制可以使用实体已鉴别的身份，或使用有关该实体的信息（例如他与一个已知的实体集的从属关系），或使用该实体的权力决定和实施一个实体的访问权。如果这个实体试图使用非授权的资源，或者以不正当方式使用授权资源，那么访问控制功能将拒绝这一企图，另外还可能产生一个报警信号或记录他作为安全审计跟踪的一部分来报告这一事件。对于无连接数据传输，发给发送者的拒绝访问的通知只能作为强加于原发的访问控制结果而被提供。

访问控制机制可以建立在使用下列的一种或多种信息之上。

（1）访问控制信息库。在这里保存有对等实体的访问权限。这些信息可以由授权中心保存，或由正被访问的那个实体保存。信息的形式可以是一个访问控制表，或者是等级结构的矩阵。还要预先假定对等实体的鉴别已得到保证。

（2）鉴别信息。例如口令，对这一信息的占有和出示便证明正在进行访问的实体已被授权。

（3）权力。对他的占有和出示便证明有权访问由该权力所规定的实体或资源。权力应是不可伪造的并以可信赖的方式进行运送。

（4）安全标记。当与一个实体相关联时，这种安全标记可用来表示同意访问或拒绝访问，通常根据安全策略而定。

（5）试图访问的时间。

（6）试图访问的路由。

（7）访问持续期。

访问控制机制可应用于通信联系中的一个端点，或应用于任一中间点。涉及原发点或任一中间点的访问控制是用来决定发送者是否被授权与指定的接收者进行通信，或是否被授权使用所要求的通信资源。在无连接数据传输目的端上的对等级访问控制机制的要求在原发点必须事先知道，还必须记录在安全管理信息库中。

4. 数据完整性

数据的完整性有 2 个方面：单个数据单元或字段的完整性、数据单元流或字段流的完整性。一般来说，用来提供这两种类型完整性服务的机制是不相同的。

决定单个数据单元的完整性涉及两个过程，一个是在发送实体上，另一个是在接收实体上。发送实体给数据单元附加上一个量，这个量为该数据的函数。这个量可以是分组校验码那样的补充信息，或是一个密码校验值，而且他本身可以被加密。接收实体产生一个相应的量，并把他与接收到的那个量进行比较以决定该数据是否在传送中被篡改过。单靠这种机制不能防止单个数据单元的重放。在网络体系结构的适当层上，操作检测可能在本层或较高层上导致恢复作用（例如重传或纠错）。

对于连接方式数据传送，保护数据单元序列的完整性（即防止乱序、丢失、重放、插入或篡改）还需要某种明显的排序形式，例如顺序号、时间标记或密码链。对于无连接数据传送，时间标记可以用来在一定程度上提供保护，防止个别数据单元的重放。

5. 鉴别交换

可用于鉴别交换的一些技术有：使用鉴别信息，例如口令，由发送实体提供而由接收实体验证；密码技术；使用该实体的特征或占有物。

鉴别交换机制可设置在 N 层以提供对等实体鉴别。如果在鉴别实体时，这一机制得到否定的结果，就会导致连接被拒绝或终止，也有可能在安全审计跟踪中增加一个记录，或给安全管理中心一个报告。

当采用密码技术时，这些技术可以与“握手”协议结合起来以防止重放（即确保存活期）。

鉴别交换技术的选用取决于他们的使用环境。在许多场合，鉴别交换技术将必须与下列各项结合使用：时间标记与同步时钟；两方握手和三方握手（分别对应于单方鉴别和相互鉴别）；由数字签名和公证机制实现的抗抵赖服务。

6. 通信业务填充

通信业务填充机制能用来提供各种不同级别的保护，抵抗通信业务分析。这种机制只有在通信业务填充受到保密性服务保护时才是有效的。

7. 路由选择控制

路由可通过动态方式或预定，使用物理上安全可靠的子网络、中继站或链路。在检测到持续的操作攻击时，端系统可希望网络服务的提供者经不同的路由建立连接。安全策略使带有某些安全标记的数据禁止通过某些子网络、中继站或链路。连接的发起者（或无连接数据单元的发送者）可以指定路由选择说明，由他请求回避某些特定的子网络、链路或中继站。

8. 公证

有关在两个或多个实体之间通信的数据的性质，如他的完整性、原发性、时间和目的地等能够借助公证机制而得到确保。这种保证是由第三方公证人提供的。公证人为通信实体所信任，并掌握必要信息以一种可证实方式提供所需的保证。每个通信事例可使用数字签名、加密和完整性机制以适应公证人提供的那种服务。当这种公证机制被用到时，数据便在参与通信的实体之间经由受保护的通信事例和公证方进行通信。

2.3.3　安全服务与安全机制的关系

ISO 7498-2 标准说明了实现哪类安全服务应该采用哪种（些）安全机制。一般来说，一类安全服务可以通过某种安全机制单独提供，也可以通过多种安全机制联合提供；一种安全机制也可以提供一类或多类安全服务。表 2-1 说明了 OSI 安全服务与安全机制之间的关系。表 2-2 说明了安全服务与 OSI 参考模型协议层之间的关系。

表 2-1　OSI 安全服务与安全机制之间的关系

安全服务		安全机制							
		加密	数字签名	访问控制	数据完整性	鉴别交换	通信业务填充	路由选择控制	公证
鉴别	对等实体鉴别	Y	Y	—	—	Y	—	—	—
	数据原发鉴别	Y	Y	—	—	—	—	—	—
访问控制	访问控制	—	—	Y	—	—	—	—	—
数据保密性	连接保密性	Y	—	—	—	—	—	Y	—
	无连接保密性	Y	—	—	—	—	—	Y	—
	选择字段保密性	Y	—	—	—	—	—	—	—
	通信业务流保密性	Y	—	—	—	—	Y	Y	—
数据完整性	带恢复的连接完整性	Y	—	—	Y	—	—	—	—
	不带恢复的连接完整性	Y	—	—	Y	—	—	—	—
	选择字段连接完整性	Y	—	—	Y	—	—	—	—
	无连接完整性	Y	Y	—	Y	—	—	—	—
	选择字段无连接完整性	Y	Y	—	Y	—	—	—	—
抗抵赖	有数据原发证明的抗抵赖	—	Y	—	Y	—	—	—	Y
	有交付证明的抗抵赖	—	Y	—	Y	—	—	—	Y

说明：Y 表示安全服务可由该机制提供；—表示不提供。

表 2-2　安全服务与 OSI 参考模型协议层之间的关系

安全服务		协议层						
		1	2	3	4	5	6	7
鉴别	对等实体鉴别	—	—	Y	Y	—	—	Y
	数据原发鉴别	—	—	Y	Y	—	—	Y
访问控制	访问控制	—	—	Y	Y	—	—	Y
数据保密性	连接保密性	Y	Y	Y	Y	—	Y	Y
	无连接保密性	—	Y	Y	Y	—	Y	Y
	选择字段保密性	—	—	—	—	—	Y	Y
	通信业务流保密性	Y	—	Y	—	—	—	Y
数据完整性	带恢复的连接完整性	—	—	—	Y	—	—	Y
	不带恢复的连接完整性	—	—	Y	Y	—	—	Y
	选择字段连接完整性	—	—	—	—	—	—	Y
	无连接完整性	—	—	Y	Y	—	—	Y
	选择字段无连接完整性	—	—	Y	—	—	—	Y
抗抵赖	有数据原发证明的抗抵赖	—	—	—	—	—	—	Y
	有交付证明的抗抵赖	—	—	—	—	—	—	Y

说明：Y 表示该安全服务应该在相应的层中提供；—表示不提供。

2.3.4　安全管理

OSI 安全管理涉及两方面：与 OSI 有关的安全管理以及 OSI 管理的安全。OSI 安全管理与这样一些操作有关，他们不是正常的通信情况但却为支持与控制这些通信的安全所必需。

由分布式开放系统的行政管理强加的安全策略可以是各种各样的，OSI 安全管理标准应该支持这样的策略。从属于单一的安全策略、受单个授权机构管理的多个实体构成的集合称之为"安全域"。安全域以及他们的相互作用是有待进一步开拓的重要领域。

OSI 安全管理涉及 OSI 安全服务的管理与安全机制的管理。这样的管理要求给这些服务与机制分配管理信息，并收集与这些服务和机制的操作有关的信息。例如，密钥的分配，设置行政管理强加的安全选择参数，报告正常的与异常的安全事件（审计跟踪），以及服务的激活与停止。安全管理并不强调在呼叫特定的安全服务的协议中（例如连接请求的参数中）传递与安全有关的信息。

SMIB（security management information base，安全管理信息库）是一个概念上的集存地，存储开放系统所需的与安全有关的全部信息。这一概念对信息的存储形式与实施方式不提出要求。但是每个端系统必须包含必需的本地信息使他能执行某个适当的安全策略。SMIB 在端系统的一个（逻辑的或物理的）组中执行一种协调的安全策略是必不可少的，在这一点上，SMIB 是一个分布式信息库。在实际中，SMIB 的某些部分可以与 MIB（management information base，管理信息库）结成一体，也可以分开。SMIB 有多种实现办法，例如数据表、文卷、嵌入开放系统软件或硬件中的数据或规则。

管理协议，特别是安全管理协议，以及传送这些管理信息的通信信道存在着抗攻击的脆弱性。所以应加以特别关心以确保管理协议与信息受到保护，不致削弱为通常的通信实例提供的安全保护。

安全管理可以要求在不同系统的行政管理机构之间交换与安全有关的信息，以便使 SMIB 得以建立或扩充。在某些情况下，与安全有关的信息将经由非 OSI 通信通路传递，局部系统的管理者也将采用非 OSI 标准化方法来修改 SMIB。在另外一些情况下，可能希望在一个 OSI 通信通路上交换这样的信息，这时这些信息将在运行于实开放系统中的 2 个安全管理应用之间传递。该安全管理应用将使用这些通信信息来修改 SMIB。SMIB 的这种修改可以要求事先给适当的安全管理者授权。应用协议将为在 OSI 通信信道上交换与安全有关的信息作出规定。

OSI 安全管理活动可分为 3 类：系统安全管理；安全服务管理；安全机制管理。另外，还必须考虑到 OSI 管理本身的安全。

1. 系统安全管理

系统安全管理涉及总的 OSI 环境安全方面的管理。属于这一类安全管理的典型活动如下：①总体安全策略的管理，包括一致性的修改与维护；②与别的 OSI 管理功能的相互作用；③与安全服务管理和安全机制管理的交互作用；④事件处理管理，包括远程报告那些违反系统安全的明显企图，以及对用来触发事件报告的阈值的修改；⑤安全审计管理，包括选择将被记录和被远程收集的事件，授予或取消对所选事件进行审计跟踪日志记录的能力，所选审计记录的远程收集，准备安全审计报告；⑥安全恢复管理，包括维护那些用来对实有的或可疑的安全事故作出反应的规则，远程报告对系统安全的明显违反，安全管理者的交互作用。

2. 安全服务管理

安全服务管理涉及特定安全服务的管理。在管理一种特定安全服务时可能执行的典型活动如下：①为该种服务决定与指派安全保护的目标；②指定与维护选择规则（存在可选情况时），用以选取为提供所需的安全服务而使用的特定的安全机制；③对那些需要事先取得管理同意的可用安全机制进行协商；④通过适当的安全机制管理功能调用特定的安全机制，例如，用来提供行政管理强加的安全服务；⑤与别的安全服务管理功能和安全机制管理功能的交互作用。

3. 安全机制管理

安全机制管理涉及的是特定安全机制的管理。典型的安全机制管理功能如下：

（1）密钥管理。包括间歇性地产生与所要求的安全级别相称的合适密钥；根据访问控制的要求，对于每个密钥决定哪个实体应该接受密钥的拷贝；用可靠办法使这些密钥对实开放系统中的实体实例是可用的，或将这些密钥分配给他们。

某些密钥管理功能将在 OSI 环境之外执行。这包括用可靠手段对密钥进行物理的分配。

（2）加密管理。包括与密钥管理的交互作用；建立密码参数；密码同步。密码机制的存在意味着使用密码管理，和采用共同的方式调用密码算法。由加密提供的保护的辨别水准决定于 OSI 环境中哪些实体独立地使用密钥。一般说来，这反过来又决定于安全体系结构，特别地由密钥管理机制决定。为获得对加密算法的共同调用可使用密码算法寄存器，或在实体间进行事前的协商。

（3）数字签名管理。包括与密钥管理的交互作用；建立密码参数与密码算法；在通信实体与可能的第三方之间使用协议。一般说来，数字签名管理与加密管理极为类似。

（4）访问控制管理。包括可涉及安全属性（包括口令）的分配，或对访问控制表或权力表进行修改。也可能涉及在通信实体与其他提供访问控制服务的实体之间使用协议。

（5）数据完整性管理。包括与密钥管理的交互作用；建立密码参数与密码算法；在通信的实体间使用协议。当对数据完整性使用密码技术时，数据完整性管理便与加密管理极为类似。

（6）鉴别管理。包括把说明信息、口令或密钥（使用密钥管理）分配给要求执行鉴别的实体。他也可以包括在通信的实体与其他提供鉴别服务的实体之间使用协议。

（7）通信业务填充管理。包括预定的数据率；指定随机数据率；指定报文特性，例如长度；可能按日时间或日历来改变这些规定。

（8）路由选择控制管理。包括确定那些按特定准则被认为是安全可靠或可信任的链路或子网络。

（9）公证管理。包括分配有关公证的信息；在公证方与通信的实体之间使用协议；与公证方的交互作用。

4. OSI 管理的安全

所有 OSI 管理功能的安全以及 OSI 管理信息的通信安全是 OSI 安全的重要部分。这一类安全管理将借助对上面所列的 OSI 安全服务与机制作适当的选取以确保 OSI 管理协议与信息获得足够的保护。例如，在管理信息库的管理实体之间的通信一般将要求某种形式的保护。

5. 特定的系统安全管理活动

（1）事件处理管理。包括远程报告那些违反系统安全的明显企图，以及对用来触发事件报告的阈值的修改。

（2）安全审计管理。包括选择将被记录和被远程收集的事件；授予或取消对所选事件进行审计跟踪日志记录的能力；所选审计记录的远程收集；准备安全审计报告。

（3）安全恢复管理。包括维护那些用来对实有的或可疑的安全事故作出反应的规则；远程报告对系统安全的明显违反；安全管理者的交互作用。

2.3.5　OSI 安全体系到 TCP/IP 的映射

ISO 7498-2 是基于 OSI 参考模型之上构建的安全体系结构，TCP/IP 模型中的每一层对应于 OSI 参考模型中的一层或多层。可以将 ISO 7498-2 安全体系结构中的安全服务和安全机制映射到 TCP/IP 模型中，如表 2-3 给出了安全服务与 TCP/IP 协议层之间的关系。

表 2-3　安全服务与 TCP/IP 参考模型协议层之间的关系

安　全　服　务		TCP/IP 协议层			
		物理链路层	网络层	传输层	应用层
鉴别	对等实体鉴别	—	Y	Y	Y
	数据原发鉴别	—	Y	Y	Y

续表

安 全 服 务		TCP/IP 协议层			
		物理链路层	网络层	传输层	应用层
访问控制	访问控制	—	Y	Y	Y
数据保密性	连接保密性	Y	Y	Y	Y
	无连接保密性	Y	Y	Y	Y
	选择字段保密性	—	—	—	Y
	通信业务流保密性	Y	Y	—	Y
数据完整性	带恢复的连接完整性	—	—	Y	Y
	不带恢复的连接完整性	—	Y	Y	Y
	选择字段连接完整性	—	—	—	Y
	无连接完整性	—	Y	Y	Y
	选择字段无连接完整性	—	—	—	Y
抗抵赖	有数据原发证明的抗抵赖	—	—	—	Y
	有交付证明的抗抵赖	—	—	—	Y

说明：Y 表示该安全服务应该在相应的层中提供；— 表示不提供。

2.4 复杂互联系统的信息安全防护框架

对复杂互联的重要信息系统，可构成三纵（涉密区域、专用区域、公共区域）三横（应用环境、应用区域边界、网络通信）和两个中心（安全管理中心、密码管理中心）的信息安全防护框架，如图 2-5 所示。3 种不同性质的应用区域在各自采用相应的安全保障措施之后，互相之间有一定的沟通，应该采用安全隔离与信息交换设备进行连接。在重要应用域之间，也需要采用安全隔离与信息交换设备进行边界保护。

从技术层面上可以分为以下 5 个环节（即 2 个中心支撑下的三重保障体系结构）：

（1）应用环境安全。包括单机、C/S、B/S 模式的安全。采用身份认证、访问控制、密码加密、安全审计等机制，构成可信应用环境。

（2）应用区域边界安全。通过部署边界保护措施控制对内部局域网的访问，实现局域网与广域网之间的安全。采用安全网关、防火墙等隔离过滤机制，保护共享资源的可信连接。

（3）网络和通信传输安全。确保通信的保密性、一致性和可用性。采用密码加密、完整性校验和实体鉴别等机制，实现可信连接和安全通信。

（4）安全管理中心。提供认证、授权、实时访问控制策略等运行安全服务。

（5）密码管理中心。提供互联互通密码配置、公钥证书和传统的对称密钥的管理，为信息系统提供密码服务支持。

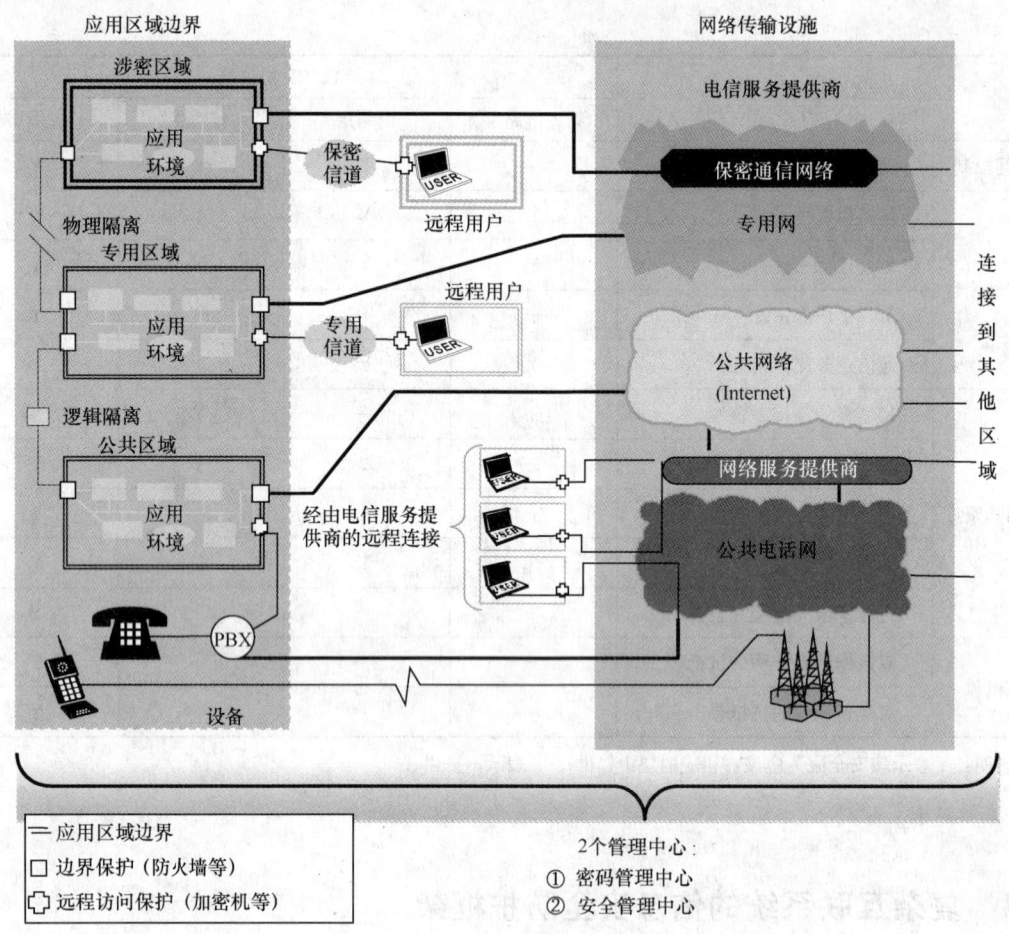

图 2-5　复杂互联系统的信息安全防护框架

2.5　信息安全需求分析

信息安全需求是对抗和消除安全风险的必要方法和措施，安全需求是制定和实施安全策略的依据。

通过安全需求分析明确需要保护哪些信息资产？需要投入多大力度？应该达到怎样的保护程度？

信息安全需求一般来自以下 3 个方面：

（1）法律法规、合同条约的要求。在信息安全需求中，与信息安全相关的法律法规是对组织的强制性要求，应识别现有的法律法规，将适用于组织的法律法规转化为信息安全需求。这里的法律法规包括国家法律、行政法规及各部委和地方的规章及规范性文件等。此外，信息安全需求中还要考虑商务合作方和客户对组织提出的信息安全要求，可能包含在合同条约、招标文件和承诺中。例如，合同中可能明确要求组织的信息安全管理水平达到信息安全管理体系（ISO 27000）的认证。

（2）组织自身的信息安全要求。根据组织既定的信息安全方针、安全目标来确定组织的信息安全要求，确保支持业务运作的信息处理活动的安全性。

（3）风险评估的结果。除了以上两个方面获得信息安全需求外，风险评估是确定安全需求最主要的一个途径。组织对信息资产的保护程度和控制方式的确定都应建立在风险评估的基础之上。一般来讲，通过综合分析每项资产自身的弱点、面临的威胁、威胁所造成的潜在影响和发生的可能性等，确定具体的信息安全需求。风险评估是获得信息安全需求的主要来源。

安全需求和据此制定的安全策略应尽可能地对抗所预见的信息系统风险，一般地，增加信息安全方面资金的投入，可以降低系统的风险，提高系统的安全性。但信息系统的零风险是不存在的，如何达到"风险—安全—投资"的平衡关系，在一定的信息安全资金投入下，为信息系统提供有效的安全服务，保证系统安全运行。

平衡"风险—安全—投资"三者之间的关系，可以参考以下 2 个方面：① 把风险降低到可以接受的程度；② 威胁和/或攻击信息系统（如非法获取或修改数据）所花的代价大于入侵信息系统后所获得的现实的和潜在的信息系统资源的价值。

　信息系统的脆弱性是安全风险产生的内因，威胁和攻击是安全风险产生的外因。人们对安全风险有一个认识过程，一般地，安全需求总是滞后于安全风险的发生。零风险永远是追求的极限目标，所以信息系统安全体系的成功标志是风险的最小化、收敛性和可控性，而不是零风险。

信息安全需求分析主要从物理安全、系统安全、网络安全、应用安全和安全管理等层面来考虑。下面介绍各个层面的主要安全需求。

1. 物理安全

物理安全是整个信息系统安全的基础，主要从外界环境、运行设备、介质等方面为信息系统安全运行提供基本的保障，使其免受物理环境、自然灾害以及人为操作失误和恶意操作等各种威胁所产生的攻击。

物理安全分为环境安全、设备安全和介质安全 3 个方面。环境安全是指对信息系统所在环境的安全保护；设备安全是指对信息系统设备的安全保护，包括设备的防盗、防毁，电源保护，防止电磁泄漏，防线路截获和抗电磁干扰等；介质安全是指对存储介质的安全管理，目的是保护存储在介质中的信息。

物理安全需求描述如表 2-4 所示。

表 2-4　物理安全需求

物理安全需求	描　　述
物理位置选择	考虑周围的外部环境以及所选物理位置能否为信息系统正常运行提供物理上的基本保障
物理访问控制	控制内部授权用户和临时外部人员进出系统物理环境
防盗窃和破坏	考虑机房内的设备、介质和通信线缆等的安全性，如设置监控报警装置
防雷电	考虑雷电对设备造成的不利影响
防静电	考虑静电对设备和人员造成的伤害
防火灾	考虑防范火灾的措施
温度和湿度控制	保证各种设备正常运行的温度和湿度范围
电力供应	防止电源故障、电力波动范围过大的措施
电磁防护	防止电磁辐射可能造成的信息泄露或被窃取的措施

2. 系统安全

系统安全是保障信息系统安全的中坚力量，主要提供安全的操作系统和数据库管理系统，以确保操作系统和数据库管理系统的安全运行。系统安全包括系统自身的安全等级和防护措施 2 个方面的需求。系统安全需求描述如表 2－5 所示。

表 2－5　系统安全需求

系统安全需求	描　述
操作系统、数据库的安全需求	根据信息系统的定级要求，选择满足相应级别的操作系统和数据库系统
基于主机的入侵检测	检测针对主机的未授权使用、误用和滥用的情况
基于主机的漏洞扫描	周期性运行以检测主机的脆弱性并评估其安全性的防御方法
基于主机的恶意代码检测与防范	检测主机中的恶意代码并进行删除、报警等处理
基于主机的文件完整性检查	周期性运行以检验文件的完整性以及文件更改的时间
容灾、备份与恢复	确保系统对灾害、攻击和破坏具有一定的抵抗能力

3. 网络安全

网络安全确保网络系统安全运行，提供有效的网络服务，确保在网上传输数据的保密性、完整性和可用性等。网络安全需求描述如表 2－6 所示。

表 2－6　网络安全需求

网络安全需求	描　述
传输安全	考虑传输线路上的信息泄露、搭线窃听、篡改和破坏等安全需求
网络边界防护安全	限制外部非授权用户对内部网络的访问
基于网络的入侵检测	检测针对网络的未授权使用、误用和滥用的情况
基于网络的恶意代码检测和防范	检测网络中的恶意代码并进行删除、报警等处理
网络漏洞扫描	周期性运行以检测网络的脆弱性并评估其安全性的防御方法

4. 应用安全

应用安全主要保证信息系统的各种业务应用安全运行。

5. 安全管理

安全管理的内容见第 7 章信息安全管理体系。

2.6　设计目标与设计原则

2.6.1　设计目标

针对所要保护的信息系统资源，假设资源攻击者及其攻击的目的、技术手段和造成的后果，分析系统所受到的已知的、可能的各种威胁，进行信息系统的安全风险分析，并形成信息系统的安全需求。

安全需求和据此制定的安全策略应尽可能地抵抗所预见的安全风险。信息系统安全体系结构的目标就是从管理和技术上保证安全策略完整准确地得到实现，安全需求全面准确地得到满足，包括必需的安全服务、安全机制和技术管理的确定，以及他们在系统上的合理部署和配置。

2.6.2　设计原则

1. 木桶原则

信息系统安全的木桶原则是指对信息均衡、全面的进行保护。"木桶的最大容积取决于最短的一块木板"。攻击者使用的"最易渗透原则"，必然在系统中最薄弱的地方进行攻击。因此，充分、全面、完整地对信息系统的安全漏洞和安全威胁进行分析、评估和检测是设计信息系统安全体系结构的必要前提。安全机制和安全服务设计的首要目的是防止最常用的攻击手段，根本目的是提高整个系统"安全最低点"的安全性能。

2. 整体性原则

信息系统安全的整体性原则是指采用多种安全措施，分层次有重点地对系统进行防护，不仅要注重防外，而且要注重防内，防内与防外并重。

要求在信息系统遭受攻击、破坏事件的情况下，必须尽可能快速恢复信息系统的运行，减少损失。因此，信息系统安全体系结构应该包括安全防护机制、安全检测机制、安全反应机制和安全恢复机制。安全防护机制是根据信息系统存在的各种安全威胁采取的相应的防护措施，避免攻击的进行；安全检测机制是检测系统的运行情况，及时发现对系统进行的各种攻击；安全反应机制是对检测到的各种攻击行为进行处理；安全恢复机制是在安全防护机制失效的情况下，进行应急处理和尽量、及时地恢复信息，减少攻击的破坏程度。

3. 安全、代价平衡原则

对任何信息系统，绝对安全难以达到，同时也不一定是必要的。安全体系结构设计时，要正确处理安全需求、安全风险和成本之间的关系，制定相应的规范和措施，确定实际可行的安全策略，在确保将信息系统安全风险控制在可接受范围内的前提下，将信息系统安全体系结构的成本控制在合理的范围之内。

4. 标准优先原则

安全体系结构的设计必须遵循一系列的标准，积极采纳现有的技术标准和管理标准，才能确保信息系统各个部分的一致性，使得整个系统安全地互联互通、信息共享，节约后期的建设成本。

5. 管理与技术并重原则

安全体系结构的设计是一个复杂的系统工程，涉及人、技术、管理等要素，单靠技术或单靠管理都不可能实现，应做到管理与技术并重。因此，必须将各种安全技术与运行管理机制、规章制度、人员思想教育与技术培训、安全规章制度建设相结合。

6. 动态发展原则

安全体系结构的设计不是一成不变的，随着网络环境和应用的改变，新的攻击方式的出现，会不断提出新的安全需求，他是一个动态发展的过程。

2.6.3　防御策略

为了保证信息系统的安全性，采用的防御策略包括：

(1) 最小特权。仅有完成指定任务所必需的特权。

(2) 纵深防御。建立具有纵向协议层次和横向结构层次的完备的安全体系。

(3) 阻塞点。不允许有不被管理员控制的信息系统对外网络连接通道。

(4) 监测并消除最薄弱的环节。

(5) 失效保护。系统运行出现错误或发生故障时，必须拒绝入侵者进入系统内部。

(6) 普遍参与。要求员工普遍参与安全管理的协调，集思广益。

(7) 防御多样化。使用不同厂商、不同平台的安全保护系统。

本 章 小 结

(1) 开放系统互连参考模型是国际标准化组织 ISO 定义的开放系统体系结构，是一种将异构系统互连的 7 层分层结构，提供了控制互连系统交互的标准框架。

(2) 开放系统互连安全体系结构（ISO 7498-2）是基于 OSI 参考模型 7 层协议之上的信息安全体系结构。定义了 5 类安全服务，8 种安全机制，确定了安全服务与安全机制的关系以及在 OSI7 层模型中安全服务的配置。

(3) 5 类安全服务是鉴别、访问控制、数据保密性、数据完整性以及抗抵赖。8 种安全机制是加密、数字签名、访问控制、数据完整性、鉴别交换、通信业务填充、路由选择控制及公证。

(4) OSI 安全体系的安全管理涉及与 OSI 有关的安全管理以及 OSI 管理的安全两个方面。

(5) 对复杂的重要信息系统，可构成三纵（涉密区域、专用区域、公共区域）三横（应用环境、应用区域边界、网络通信）和 2 个中心（安全管理中心、密码管理中心）的信息安全防护框架。

(6) 信息系统的脆弱性是安全风险产生的内因，威胁和攻击是安全风险产生的外因。零风险永远是追求的极限目标，信息系统安全体系的成功标志是风险的最小化、收敛性和可控性，而不是零风险。

(7) 信息安全需求是对抗和消除安全风险的必要方法和措施，安全需求是制定和实施安全策略的依据。

(8) 信息安全需求分析主要从物理安全、系统安全、网络安全、应用安全和安全管理等层面考虑。

(9) 信息安全体系结构的设计中应遵循木桶原则，整体性原则，安全、代价平衡原则，标准优先原则，管理与技术并重原则，动态发展原则等。

习　　题

1. 画出 OSI 参考模型的层次结构图，并简述各层的主要功能。
2. 画出 TCP/IP 模型的层次结构图，并简述各层的主要功能。
3. 简述信息安全脆弱性、威胁和风险的概念。
4. OSI 开放系统互连安全体系结构中包含哪些安全服务？
5. OSI 开放系统互连安全体系结构中包含哪些安全机制？
6. 简述安全服务和安全机制的关系。
7. 简述物理安全、系统安全、网络安全、应用安全和安全管理 5 个层面的主要安全需求。
8. 简述对信息安全体系结构设计原则的理解。

第3章 物理安全

保证计算机信息系统各种设备的物理安全是保障整个网络系统安全的前提。物理安全又叫实体安全（physical security），是保护计算机设备、设施（网络及通信线路）免遭地震、水灾、火灾、有害气体和其他环境事故（如电磁污染等）破坏的措施和过程。

物理安全主要包括环境安全、电源系统安全、设备安全以及通信线路安全等方面，广义的安全还包括设备实体的电磁干扰和电磁信息泄露等。

3.1 环境安全

环境安全是对系统所在环境的安全保护，国家标准 GB 50173—93《电子计算机机房设计规范》、GB 2887—89《计算站场地技术条件》和 GB 9361—88《计算站场地安全要求》等标准中给出了计算机环境安全保证的规范。

环境的影响因素主要有温度、湿度、灰尘、电磁干扰、机房安全等。这些因素从不同侧面影响计算机的可靠工作。

1. 温度

温度过高过低对计算机的可靠性与安全性都有影响。几乎所有的三极管参数都与温度有关，一般电子元器件的工作温度范围是 $0 \sim 45℃$，当环境温度超过 $60℃$ 时，计算机系统就不能正常工作，温度每升高 $10℃$，电子元器件的可靠性就会降低 25%。元器件可靠性降低无疑将影响计算机的正确运行，影响结果的正确性。

温度对磁介质的导磁率影响很大，温度过高或过低都会使导磁率降低，影响磁头读写的正确性。温度还会使磁带、磁盘表面热胀冷缩发生变化，造成数据的读写错误，影响信息的正确性。

温度过高会使插头、插座、计算机主板、各种信号线腐蚀速度加快，容易造成接触不良。温度过高也会使显示器各线圈骨架尺寸发生变化，使图像质量下降。温度过低会使绝缘材料变硬、变脆，使磁记录媒体性能变差，也会影响显示器的正常工作。计算机的工作环境温度最好是可调节的，一般控制在 $20℃$ 左右。

2. 湿度

计算机运行环境的温度与湿度高低交替大幅度变化，会加速对计算机中各种器件与材料的腐蚀与破坏作用，如在高湿度环境下存储时间过长，将导致故障发生。

将网络设备长时间地放置在过度潮湿的空气中时，网络设备中的不少电子元件自身也容易出现被腐蚀现象，如此一来就容易造成电子元件内部线路由于接触不良而不能稳定工作的现象，甚至还可能发生某些电子元件漏电事故。

当然，空气要是太过干燥，也不利于网络设备的安全工作，毕竟在空气湿度极为低的情况下，静电现象随时都可能发生，网络管理人员稍微不注意，人体表面的静电现象就能把网络设备主板中的电子元器件击穿，严重时还能导致火灾事故的发生。

3. 灰尘

空气中的灰尘对计算机中的精密机械装置，如磁盘、光盘驱动影响很大。如果清洁度低，极易导致灰尘或纤维性颗粒聚集，使磁盘及磁头蒙尘过多，轻则造成读写错误，重则酿致划盘损伤；而灰尘中所含有的微生物，还会造成导线腐蚀和断裂，并使相关设备及正常运行受到严重影响。此外，灰尘的沉积还会在电子元器件与空气之间形成绝缘层，从而使元器件所产生的热量向外散发受到阻碍。

4. 电磁干扰

电磁干扰（EMI）的含义非常广泛，他是造成电子系统暂时或永久故障的原因，其根源既可能是相关系统所处的自然环境或人为电磁环境，又可能是通过接口电缆从其他设备馈入的意外感应电流和电压。

流经电子系统和电气系统的高频电流也可能导致电磁干扰。如果系统设计上可承受操作环境中的电磁威胁，且不超过规定水平的电磁辐射，则该系统设计符合电磁兼容性标准。

对计算机正常运行影响较大的电磁干扰是静电干扰和周边环境的强电磁场干扰。计算机中的芯片大部分都是 MOS 器件，静电电压过高会破坏这些 MOS 器件。据统计，50% 以上的计算机设备的损害直接或间接与静电有关。防静电的主要方法有：机房应该按防静电要求装修，整个机房应该有一个独立且良好的接地系统，机房中各种电器和用电设备都接在统一的地线上。周边环境的强电磁场干扰主要指无线电发射装置、微波线路、高压线路、电气化线路、大型电机、高频设备等产生的强电磁场干扰。

5. 机房安全

为了确保计算机硬件和计算机中信息的安全，保证机房安全是重要的因素。机房的安全分为 A 级、B 级、C 级 3 个基本级别，各级别要求如表 3-1 所示。A 级对机房的安全有严格的要求，有完善的机房安全措施；B 级对机房的安全有较严格的要求，有较完善的机房安全措施；C 级对机房的安全有基本的要求，有基本的机房安全措施。

机房场地选址要求如下：

①应避开易发生火灾危险程度高的区域；

②应避开易产生粉尘、油烟、有害气体源以及存放腐蚀、易燃、易爆物品的地方；

③应避开低洼、潮湿和地震频繁的地方；

④应避开强振动源和强噪声源；

⑤应避开强电磁场的干扰；

⑥应避免设在建筑物的高层或地下室，以及用水设备的下层或隔壁；

⑦应远离核辐射源。

表 3-1　安全级别要求

项　目	级　别		
	A 级	B 级	C 级
场地选址	○	□	△
结构防火	○	□	□
火灾自动报警系统	○	□	△
自动灭火系统	○	□	△
灭火器	□	□	□
内部装饰	○	□	△
供配电系统	○	□	△
空气调节系统	○	□	□
防水	○	□	□
防静电	○	□	△
防雷击	○	□	□
防电磁干扰	○	□	△
防噪声	□	□	△
防鼠害	○	□	□
入侵报警系统	□	△	△
视频监控系统	□	△	△
出入口控制系统	○	□	△
集中监控系统	□	△	△

注：○ 表示要求并可有附加要求；□ 表示要求；△ 表示无要求。

3.2　设备安全

　　信息泄密的途径很多，计算机及其外部设备内的信息通常通过两种途径被泄露：

　　(1) 辐射泄露。以电磁波的形式辐射出去的称为辐射泄露，主要是指计算机内部产生的电磁辐射。这种辐射是由计算机内部的各种传输线（包括印制板上的走线）、信号处理电路、逻辑电路、显示器、开关元件和电机及其驱动控制电路产生的。

　　(2) 传导泄露。通过各种线路和金属管道传导出去的称为传导泄露。计算机系统的电源线、机房内的电话线、上下水管道和暖气管道以及地线等，都可能成为传导媒介，产生传导泄露。传导泄露往往伴生着辐射泄露。其中电磁辐射是计算机及其网络系统泄密的重要途径之一，对他的研究正越来越受到人们的重视。

　　1. TEMPEST 技术

　　计算机及其外部设备在工作时通过电磁波将有用信息泄露出去的过程称为计算机电磁泄露。

　　计算机及其外部设备（包括主机、显示终端、硬盘驱动器、软盘驱动器、磁盘机、磁带机、打印机等），在工作时都会产生不同程度的电磁泄露，如主机中各种数字电路电流的电磁泄露、键盘按键开关引起的电磁泄露、显示器视频信号的电磁泄露、打印机的低频电磁泄露等。这些辐射出去的电磁波，任何人都可以借助仪器设备在一定范围内收到，尤其是利用高灵敏度的仪器可以准确、清晰地获取计算机正在处理的信息。

　　TEMPEST（transient electromagnetic pulse emanation surveillance technology）技术是电磁环境安全防护（电磁安防）的一部分，是包括了对电磁泄露信号中所携带的敏感信息进行分析、测试、接收、还原以及防护的一系列技术，TEMPEST 是一系列的构成信息安全保密领域的总称。TEMPEST 技术的研究于 20 世纪 50 年代始于美国。随后，俄罗斯、英国、法国和德国等国家都开始积极研究和发展 TEMPEST 技术。我国从 20 世纪 80 年代中期开始关注 TEMPEST 问题。20 世纪 90 年代初，在国家相关单位牵头组织下，经过多年的理论研究、实验测试以及产品开发，已经在信息设备的电磁泄露的发射机理、安全评估、技术产品测评、实验室和现场测试、红黑信号识别等方面取得了一定成果。

　　2. TEMPEST 技术中电磁泄露的防护

　　对于电磁泄露，目前可以采用的措施主要有：使用低辐射设备、利用噪声干扰源、电磁屏蔽、滤波技术和光纤传输。

　　（1）使用低辐射设备。这是防辐射泄露的根本措施，这些设备在设计和生产时就采取了防辐射措施，把设备的电磁泄露抑制到最低限度。

　　（2）利用噪声干扰源。电磁辐射干扰技术就是采用干扰器对计算机辐射进行电磁干扰，使窃收方难以提取信息。

　　（3）电磁屏蔽。屏蔽技术是将计算机设备置于屏蔽室中，达到防止电磁辐射的目的，该技术是所有防辐射技术手段中最为可靠的一种。屏蔽技术的另一种方法是使用防信息泄露玻璃。

　　（4）滤波技术。滤波技术是对屏蔽技术的一种补充。采用滤波技术，只允许某些频率的信号通过，而阻止其他频率范围的信号，起到滤波作用，从而有效地抑制传导干扰和传导泄露。

　　（5）光纤传输。光纤传输是一种新型的通信方式。光纤内传输的是光信号，不仅能量损耗小，而且不存在电磁信息泄露的问题。

3.3　通信线路安全

　　传输信息的方式很多，有局域计算机网、Internet 和分布式数据库，有蜂窝式无线、分组交换式无线、卫星电视会议、电子邮件及其他各种传输技术。信息在存储、处理和交换过程中，都存在泄密或被截收、窃听、篡改和伪造的可能性。

　　网络通信线路的安全问题主要有以下 6 个方面。

　　1. 电磁泄露

　　网络端口、传输线路和计算机都有可能因屏蔽不严或未屏蔽而造成电磁泄露。目前，大多数机房屏蔽和防辐射设施都不健全，通信线路也同样容易出现信息泄露。

2. 搭线窃听

随着信息传递量的不断增加，传递数据的密级也在不断提高，犯罪分子为了获取大量情报，可能监听通信线路，非法接收信息。

3. 非法终端

有可能在现有终端上并接一个终端，或合法用户从网上断开时，非法用户乘机接入，并操纵该计算机通信接口使信息传到非法终端。

4. 非法入侵

不法分子通过技术渗透或利用网线侵入网络，非法使用、破坏或获取数据和系统资源。

5. 注入非法信息

通过网线有预谋地注入非法信息，截获所传信息，再删除原有信息或注入非法信息后再发出，使接收者收到错误信息。

6. 无线网络信息泄露

现在使用无线局域网的单位越来越多，非法攻击者通过一些简单操作，就能借助无线网络获取单位局域网中的隐私信息，没有采取任何安全防范措施的无线网络自然就会成为信息泄密"通道"。

对于网络通信线路的安全问题通常采用数据加密、用户认证和室外使用光缆传输介质等措施来解决。近年来，计算机网络系统由于电磁辐射使信息被截获而失密的案例很多，这种截获，其距离可达几百甚至千米，给计算机系统信息的保密工作带来了极大的危害。为了防止计算机网络系统中信息在空间上扩散，通常在物理上采取对主机房和重要部门进行屏蔽处理的防护措施，以减少扩散出去的空间信号。终端分散的重要部门采取主动式的干扰设备（如干扰机）来干扰扩散出去的空间信号，以阻止不法分子窃取信息。

除上述环境安全、设备安全及通信线路安全之外，电源系统安全也是物理安全的重要组成部分。

配电与供电不当，会影响电源可靠性，包括瞬变、断电、欠压、过压、频率稳定和电源干扰等，电压和频率干扰可以通过各种稳频稳压设备解决，电源干扰可以通过良好的接地解决。接地包括两种：

（1）环境接地。楼层网格接地，水管、铜板或网格接地等，不允许采用避雷线、煤气管道等做接地线。

（2）设备接地。各种电气电子设备进行的接地，接地电阻随季节而变化，要综合考虑。

计算机机房的所有设备都必须接地。接地电阻必须小于规定值，一般小于 3W，精密设备必须小于 0.1W。具体电源系统安全技术细节请参见《电子计算机线性滤波器设置标准》。

本 章 小 结

（1）保证计算机信息系统各种设备的物理安全是保障整个网络系统安全的前提。本章主要介绍了保证系统物理安全时所考虑的几个方面，包括环境安全、电源系统安全、设备安全和通信线路安全。

（2）环境安全是对系统所在环境的安全保护，需要从温度、湿度、灰尘、电磁干扰、机房安全等多个方面进行考虑，才能系统提供一个安全运行环境。

（3）电源系统安全是保证系统所在环境不受电源干扰，可以通过环境接地和设备接地等途径减少电源干扰。

（4）设备安全是为了减少计算机及其外部设备内的信息被泄露出去，泄露途径包括辐射（电磁）泄露和传递泄露。对于电磁泄露可以采用低辐射设备、噪声干扰、电磁屏蔽、滤波技术和光纤传输等方法。

（5）通信线路安全是保证信息在存储、处理和交换过程中不被泄露。对于网络通信线路的安全问题通常采用数据加密、用户认证和室外使用光缆传输介质等措施来解决。

习　　题

1. 为保证信息系统物理安全，应主要从哪几个方面考虑？
2. 电磁辐射会造成信息泄露吗？如果能，应如何避免由它所造成的危害？

第4章 系统安全

计算机系统是目前信息技术的基本物质基础，其本身的安全性问题是整个国家信息安全的基本问题。随着网络发展和网上业务的扩充，系统安全技术的内容也发生着巨大的变化，计算机系统由独立的个体发展为多个系统互联的开放网络，也对系统安全提出了新的挑战。传统计算机系统由于没有足够的安全保障措施，遭受入侵的可能性急剧增加。计算机系统的安全问题比过去任何时候都显得更为重要，如何增强其安全性成为亟待解决的问题。

计算机系统安全是一个涉及面很广的概念，至今也没有一个统一的定义，但其基本内容就是对计算机系统的硬件、软件和数据加以保护，不因偶然的或者恶意的原因而造成破坏、更改或泄露，使计算机系统得以连续正常地运行。

在当今计算机化、国际化、互联互通、相互依存的世界中，不同用户、不同行业、不同地点和不同社会制度下计算机系统的安全保障需求是不同的，如隐私保护、商业机密、防假冒、防篡改、可认证、可审计等。就目前来说，用户对计算机系统的安全需求主要包括以下几个方面：

（1）保密性需求。防止信息被泄露给未授权的用户。系统中某些信息是非常重要的，如军事系统中的核武器数据，公司电脑中的财务信息，个人电脑中的银行信用卡账号等。这些信息一旦被未授权用户获取，将给国家、企业和个人带来不可估量的损失。系统必须确保授权用户能够访问哪些信息，防止未授权信息的泄露。

（2）完整性需求。防止未授权用户对信息的修改。信息完整性是为了维护系统资源始终处于一个有效的、预期的状态，防止资源被非授权篡改。如病毒在未经授权情况下对系统中执行文件和关键数据的破坏就是系统完整性遭到损坏的鲜明实例。

（3）可用性需求。保证授权用户对系统信息的可访问性。系统可用性可以描述为"授权用户根据需要可以随时访问所需信息"。可用性需求主要是针对系统的功能来说的，但有的时候，系统功能是否正常和安全密切相关。如拒绝服务攻击就是黑客破坏系统可用性的一种典型的方式。

（4）可审计性需求。防止用户对访问过某信息或执行过某操作予以否认。计算机系统应该对出现的各种安全问题提供事后调查的依据，当安全问题发生后，有必要知道用户执行了什么操作，对哪些资源进行了访问。因此，系统需要对有关安全的活动进行完整记录，以便系统管理者了解系统被破坏的程度，从而有针对性地采取恢复措施并追究其相关法律责任。

（5）可信性和可控性需求。可信性是确保系统中的程序能够代理用户完成各种既定的任务，并且完成任务的过程中依据用户授权仅仅执行了期望的操作。可控性指授权用户随时可以控制系统资源的访问权，如在必要的时候用户可以更改其授权，以控制系统的行为。

系统安全是保障信息安全的基础，但随着人类信息技术的不断发展，需要考虑的安全需求也会不断更新，并且随着应用的不同，需要考虑的侧重点也会有所不同，例如，军事安全策略侧重于系统的保密性要求；商业安全策略侧重于系统的完整性与可审计性要求；个人用户则更侧重于系统的可用性、可信性和可控性需求。因此系统的安全需求应与实际应用相结合才有实际意义。

4.1　系统硬件平台安全

保证系统硬件安全是保障整个系统安全的前提。系统硬件的安全应包括机房是否具有较强的防火能力；温度、湿度、洁净度是否达到规定标准；电磁波干扰的防控能力；断电应急措施及防雷防电设施等物理安全。另外，还需要从技术层面上解决系统硬件平台安全，如安全芯片、自安全存储设备和物理隔离等技术。

4.1.1　系统硬件面临的安全威胁

系统硬件是指计算机系统各种实体部件的统称，是整个计算机系统的物质基础。硬件资源易受到自然灾害、电磁辐射、人为破坏以及机器本身的内耗，使可靠性降低，寿命缩短。任何机器包括计算机部件都不可能永久地运行。各种故障常有发生，主要有以下几方面：

（1）硬盘。硬盘储存着大量的重要数据，是系统硬件中非常重要的一个部件，一旦损坏，将给用户带来无法弥补的损失。应经常对硬盘进行整理，及时清除硬盘中的垃圾文件。如果发现硬盘有响声等异常情况，就应该引起注意。

（2）内存。内存是用来存储程序和数据的部件，较强的辐射可以改变芯片的内部数据，致使存储器发生错误，这类问题很难检测，因此应尽量避免计算机被放置在较强辐射的环境中。

（3）输入/输出设备，如显示器、键盘和鼠标等。这些部件的损坏一般只会影响正常工作而不会影响系统中的数据安全。

此外，当各种数据在计算机中产生并被传送到网络上，且在机器之间高速传输，用来连接计算机的线路会受到电磁波的干扰及物理损伤，这将导致数据在产生和传输的过程中损坏或丢失。其面临的安全威胁主要有以下几点：

（1）线路故障。此类故障通常表现为线路不通，并不损害数据。诊断此种情况时应逐个查找、逐个解决，比如首先调查该线路上的流量是否存在，再用 ping 来检查线路远端的路由器能否响应，最后用 traceroute 来检查路由器配置是否正确。

（2）路由器故障。在网络连接中，一方面，若路由器中有大量的缓冲容量，高强度的信息流量造成的延时极有可能会导致会话超时；另一方面，路由器 CPU 的利用率过高或路由器中的缓冲区太小就可能造成路由器阻塞，而导致数据包的丢失，两者都可能影响网络服务的质量。建议采用一种 CPU 的利用率和缓冲区大小比较适中的路由器。

4.1.2 系统硬件安全技术

4.1.2.1 安全芯片技术

可信平台模块（trusted platform module，简称 TPM）和 LaGrande 技术是当前国内外正在研究并即将推广应用的主要安全芯片技术。

1. 可信平台模块（TPM）

"可信计算（trusted computing）"的概念最早在 1999 年由微软、Intel、HP、IBM 等国际大公司发起的，这些公司成立了可信计算联盟（TCPA）。在 2003 年，该联盟改称为 TCG（可信计算组织），成员也增加到 190 多个，遍布全球各地。可信计算技术的主要思想是针对目前计算机体系结构上固有的弱点，在现有计算机系统中增加一个硬件形态的信任根源即可信平台模块，从底层硬件采取措施，通过在计算机系统中集成专用硬件模块建立信任源点，利用密码机制建立信任链，构建可信赖的计算环境，从根本上提高计算机系统的安全性。其可信计算平台的信任传递流程如图 4-1 所示（其中（1）（3）（5）代表验证顺序；（2）（4）（6）代表执行顺序）。

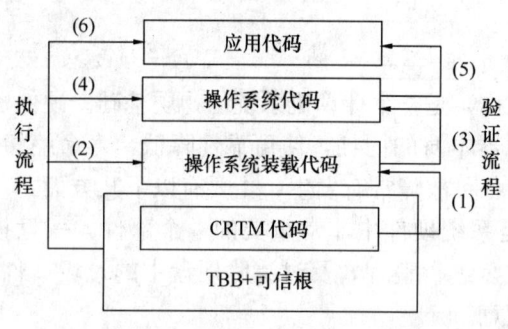

图 4-1 可信计算平台的信任传递流程

图 4-1 中 CRTM（core root of trust for mesurement）为可信度量核心根，即可信根，属于计算机启动时执行的那一部分的最初代码，是对环境测量信任的初始点，只有当可信根检测到当前环境和即将装载的操作系统是可信的时候，才会将控制传递给装载的操作系统。TBB（trust building block）为可信构件模块，以上 2 个模块合起来称为 TPM。基于 TPM 芯片的可信计算机从加电到操作系统加载的过程中，每一次可信范围的扩展都是首先对目标代码进行完整性度量，通过校验以后才将运行控制权交予这段代码。因此从信任根到硬件平台、到操作系统、到应用软件，一级认证一级、一级信任一级，从而把这种信任扩展到整个计算机系统。因此计算机的安全是建立在 TPM 的基础上，其操作系统引导、应用软件启动和敏感数据的安全都受到可信平台模块的保护。

TPM 芯片是一款 SOC 芯片，内部集成了 CPU 核、RAM、ROM、Flash、加密算法协处理器和随机数生成器等模块。他的主要功能是实现密码计算及数据、密钥的安全存储和对环境测量信息的签名和报告，是数据存储和信息报告信任的初始点。TPM 的硬件组成如图 4-2 所示。各组成部分功能如下。

CPU：8 位 51 核或 32 位 RISC CPU 硬核。

HASH 协处理器：硬件实现散列算法、SHA1 和散列消息鉴别码。

RSA 协处理器：硬件实现 RSA 算法加解密处理。

3DES 协处理器：硬件实现 3DES 算法加解密处理。

RNG：随机数产生器，快速生成各种安全运算所需的随机数。

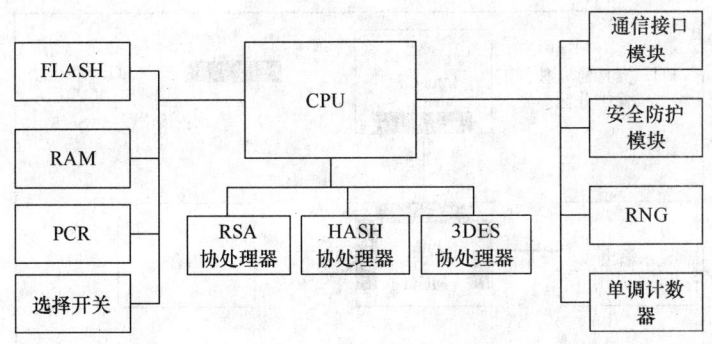

图 4-2　TPM 硬件组成

单调计数器：计数器值始终增加，用于防止重放攻击。

安全防护模块：采用电流平衡分布设计技术防止能量攻击，采用硬件访问控制技术和存储加密技术来保护片上敏感信息。

通信接口模块：采用 LPC 总线、GPIO 或 USB 接口模块实现与外部的通信。

RAM：主要用作核心软件模块的运行和高速结果的暂存。

FLASH：用于系统程序的静态存储，升级及保存密钥、证书及标志。

选择开关：为物理接口用于控制 TPM 关/开，使其能/禁止或激活/停止。

PCR：TPM 内部的平台配置寄存器，用来存储目前平台的状态信息。系统每次上电的时候，平台开始测量系统的状态，将当前的测量值和之前 PCR 中存储的值进行连接，然后进行哈希算法，获得系统最新的 PCR 值。

2. LaGrande 技术

计算机系统中易存在安全隐患的包括内存、存储、输入、输出等几个部分，而在现有 PC 架构下，数据的内部读取都是毫无安全性可言的。任何程序都可以访问到他想访问的区域，没有任何机制能够预防这一情况的发生，所以会出现木马程序、恶意代码能将系统轻松攻陷的可能。

为了打造下一代真正的安全计算机，微软公司与 Intel 公司携手合作共同提出 LaGrande/NGSCB 技术。其中微软提出的方案是 NGSCB（next generation secure computing base，下一代安全计算基），并将在下一代 Longhorn 操作系统中实现；Intel 所带来的则是集成在处理器/芯片组内的 LaGrande 技术，该技术其实是一组增强硬件的逻辑组件，并被整合于处理器、芯片组、输入/输出系统以及其他各个系统组件上。基于 LaGrande 技术的 PC 机硬件组成如图 4-3 所示。

LaGrande 技术所要构建的是一套严格的安全保护机制，将内存页面、存储系统、输入/输出过程严密地保护起来，而这项保护功能完完全全是通过硬件来实现的。LaGrande 技术所具有的安全保护功能，具体包含以下几个方面：

（1）运行程序的保护。某些关键的应用程序可运行在操作系统创建的安全保护分区之内，该分区与标准分区相隔离，由操作系统、处理器与芯片组负责专项管理和分配资源，这样在标准分区内运行的其他软件就不可能对这些关键程序进行窥探或破坏。

（2）数据存储的保护。保护分区内运行的程序。如果有数据存储的请求，那么待存储的数据会被预先进行硬件加密处理，以此实现对外封闭的存储。如果要对这些加密数据进行解

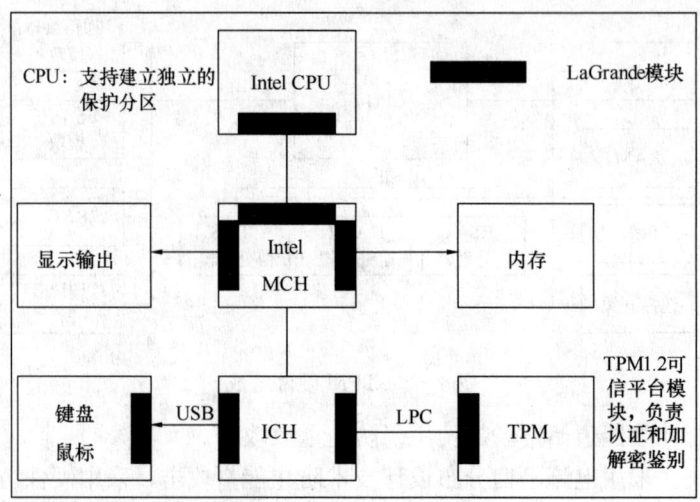

图 4-3　基于 LaGrande 技术的 PC 机硬件组成

密，那么系统的软硬件运行环境必须与被加密时完全相同，即便黑客窃取到这些数据，也无法在其他硬件平台上将他正常解密。

（3）输入过程的保护。键盘、鼠标的输入操作是容易被非法窥探的不安全点，为此，LaGrande 创建了一种保护机制。如果在安全保护环境下运行的程序需要与键盘/鼠标进行通信，那么这个通信过程会被严格加密，应用程序必须使用相同的密钥才可以对它们进行正确解密，这就有效防止了键盘/鼠标的输入信息被未经认可的非法程序所窥探。

（4）输出过程的保护。输出过程的安全隐患主要存在于从显存输出到屏幕终端的环节。LaGrande 通过创建一条安全的信息传输途径来解决问题，经由该途径传输的数据同样经过加密处理，未经授权的程序无法对该过程进行干扰，这就使黑客无法通过更改登录界面来骗取密码。

LaGrande 技术需要同 NGSCB 技术的操作系统和应用程序相互配合，才可以在硬件层面上直接保护计算机系统中数据的保密性和完整性。

4.1.2.2　自安全存储设备

随着信息化的不断发展，在各种应用环境下对信息的安全存储变得越来越重要。黑客入侵、内部人员泄密、管理员权限滥用等很容易造成信息泄露，从而导致难以弥补的严重损失，而信息的丢失和泄露所造成的经济损失远远超过了物理受灾所造成的损失。自安全存储设备是将主机系统上的安全机制转移分布到存储设备上，从最低层硬件实施对数据的保护，在主机系统受到攻击的情况下能保证存储数据的可用性和完整性。

自安全存储设备具有一种新的安全特性，即存储磁盘甚至可以不信任本机的操作系统，怀疑所有对数据的读写请求。自安全存储器并不附属于主机操作系统，而是在自安全的存储磁盘内部有一个嵌入式的子系统，通过内置的操作指令对存储的数据进行管理。由于存储设备与主机系统是相互独立的，因此在主机系统遭受攻击后，存储系统中的安全机制仍能有效地保护数据的安全。自安全存储设备提供给客户端和主机的是一个单一的存储接口，在这个接口后，存储设备可以监视用户提交给存储器的每一个请求，在发现可疑的行为时向系统管理员发出警告或采取相应的措施。

自安全存储设备的独立性，使得其实现起来相对比较简单，而且不同的存储介质可以使用不同的安全策略。其优点还包括以下几方面：

① 只需占用很少的资源来实现入侵检测、错误诊断以及数据恢复等；

② 自安全存储设备不仅可以对存储在其上的数据实施保护，而且可以进行数据访问控制；即使操作系统被入侵，自安全的存储磁盘还可以通过访问控制对数据进行保护。

③ 自安全的存储设备使系统从软件和硬件两个方面分别实施安全保护，增强了整体的安全性能，也起到了一定的容侵容错作用。

然而，由于自安全存储设备的设计仍然基于传统计算机系统，因此也存在某些无法避免的缺陷。首先，自安全设备无法及时防御攻击行为，因为根据其原理，必须在攻击入侵行为发生之后，入侵检测系统才能检测到，然后进行挽救恢复措施。此外，自安全存储设备需要巨大的额外空间进行操作记录和数据备份，短短几周就可能耗光上百 GB 容量的磁盘，性能也会有比较明显的下降。

4.1.2.3 物理隔离技术

如果主机系统与网络进行物理连接，必然会受到来自网络的安全威胁，物理隔离技术可以进一步将主机系统中受保护的资源同网络彻底分离。目前单硬盘隔离卡是国内较先进的客户端物理隔离产品，也是国外普遍采取的隔离技术，其实现原理是将原计算机的单个硬盘从物理层上分割为公共和安全两个分区，安装两套操作系统，从而实现内外网的安全隔离。

单硬盘隔离卡具有以下优点：有严密的硬盘数据保护功能；有方便的使用方式，如使用热启动切换两个网络；有较强的可扩展功能，用户可以根据自己的需要在不同的网络环境（内网或外网）中自由切换，操作时感受不到任何区别。

对主机系统采用严格的物理隔离，利用硬件手段实现一块硬盘对局域网、广域网、Internet "三网" 隔离，从而达到防病毒和防黑客的目的。

系统硬件安全是计算机系统安全的物质前提，其安全性不仅需要从环境、电源和电磁辐射等非技术角度考虑，而且需要从安全芯片、自安全存储设备和物理隔离等技术角度来考虑。

4.2 操作系统安全

操作系统的安全性在计算机系统的整体安全性中具有至关重要的作用，没有操作系统提供的安全机制，计算机系统的安全性就没有基础。由于上层的应用软件要想获得运行的高可靠性和信息的完整性、保密性必须依赖于操作系统提供的安全机制，操作系统的安全机制在支持高层应用程序的安全性上有着重要的作用，他对整个系统安全的重要性是不可替代的。

安全操作系统是指系统本身具备一系列特定的安全属性，并能够使用这些属性提供的支持来对系统中的信息的访问操作，从而确保只有具备合理授权的用户或者是代表这些用户的进程才有能力对指定的信息进行读、写、创建或删除。要达到安全系统的目标，就要满足下面的 4 个基本要求：

（1）必须为系统定义一个清晰、完整的安全策略，并且系统在这一安全策略上实施。所谓安全策略就是一组安全规则集，他们定义了一个操作系统要实现的安全目标和实现这些安全目标的途径。比如对于系统中的已识别的主/客体，系统根据这些安全规则来决定某个给定主体是否可以存取某个特定的客体。

（2）必须有能力为系统中的每个实体指派相关的标志。标志是系统为实现安全策略而在每个对象上所加的标记。比如系统可以通过用户标志来区分不同的用户。

（3）提供有效全面的责任说明。也就是说安全的操作系统要求记录系统中发生过的安全相关事件，并能够由此进行对侵犯系统安全的事件进行事后调查，同时还要保证分析的有效性和系统的性能。

（4）能够提供连续的保护要求。可信机制必须有能力连续地抵抗攻击或未授权的修改企图，并且要求在计算机系统的整个生命周期中提供这一保护。

4.2.1　访问控制技术

访问控制就是当计算机系统所属的信息资源遭受未经授权的操作威胁时，能够提供适当的管理机制以及防护措施，保护信息资源的保密性和正确性，访问控制本质上是对资源使用的限制，决定主体是否被授权对客体执行某种操作，即允许被授权的主体对某些客体的访问，同时拒绝向非授权的主体提供服务的策略。访问控制主要包括 3 个要素：

（1）主体（subject）。主体是指一个提出请求或要求的实体，是动作的发起者，但不一定是动作的执行者，简记为 S。在操作系统范围内，主体可以是用户或其他任何代理用户行为的实体（例如进程、作业和程序等）。

（2）客体（object）。客体是接收其他实体访问的被动实体，简记为 O。客体的概念也很广泛，凡是可以被操作的信息、资源、对象都可以认为是客体。在操作系统范围内，客体代表了文件、内存空间、进程等。

（3）控制策略。控制策略是主体对客体的操作行为集和约束条件集，简记为 KS。简单讲，控制策略是主体对客体的访问规则集，用以确定一个主体是否具有对客体访问控制的能力。

访问控制的目的是为了限制访问主体对访问客体的访问权限，从而使计算机系统在合法范围内被使用。只有经过授权的合法用户，才允许访问特定的系统资源。为了保证网络资源受控、合法地使用，用户只能根据自己的权限大小来访问系统资源，不得越权访问。

4.2.1.1　访问控制矩阵模型

访问控制矩阵（access control matrix，简称 ACM）是最初实现访问控制策略的概念模型，他的基本思想是利用二维矩阵规定任意主体和任意客体间的访问权限。访问控制矩阵模型的具体实现是将所有的访问控制信息存储在一个矩阵中集中管理，矩阵中的行代表主体（S）的访问权限属性，矩阵中的列代表客体（O）的访问权限属性，矩阵中的每一格表示所在行的主体对所在列的客体的访问授权。其中常见的访问授权是 r（只读）、w（读写）、a（只写）、e（执行）、c（控制）等，它们被称为权限（right）集合，记为 R。访问控制矩阵模型如图 4-4 所示。

访问控制矩阵是以主体为行索引，以客体为列索引的矩阵，矩阵中的每一个元素表示一组访问方式，是若干访问方式的集合。如图 4-4 所示矩阵中第 n 行第 j 列的元素记录着第 n 个主体 S_n 可以执行对第 j 个客体 O_j 的访问方式，则 M_{nj} 表示主体 S_n 可以对客体 O_j 进行读、写和执行访问。

访问控制矩阵实现的原理易于理解，但在实际应用中却存在一些问题，比如在较大的系统中，用户和文件系统要管理的文件很多，访问控制矩阵不仅变得非常巨大，而且矩阵中的许多格可能都为空，造成很大的存储空间浪费，因此在现实中实现访问控制很少利用矩阵形式。

	O_1	O_2	...	O_j	...	O_k
S_1	{r,a,w}			{r}		
S_2				{w}		
...						
S_i	{r}	{r,w,c}		{r,w}		{w}
...						
S_n	{r}			{r,w,e}		

$M_{nj}=\{r,w,e\}$

图 4-4　访问控制矩阵模型

4.2.1.2　自主访问控制

自主访问控制（discretionary access control，简称 DAC）最早出现在 20 世纪 70 年代初期的分时系统中，在目前流行的 Unix 类操作系统中被广泛使用。自主访问控制的基本思想是：系统中具有授予某种访问权限的主体（用户或用户进程）可以自主地将其拥有的对客体的访问权限或访问权限的子集授予其他主体。在自主访问控制中具有这种授予权力的主体通常是客体的主人，因此有学者把自主访问控制称为基于主人的访问控制。

自主访问控制的实现方法是以访问控制矩阵为基础，但为了提高效率，在其实现过程中并不保存整个矩阵，而通过基于矩阵的行或列来实现访问控制。因此，根据访问控制方法是基于访问控制矩阵的行（主体）或列（客体），自主访问控制有 2 种基本的实现机制：访问控制表（access control list）机制和访问能力表（access capabilities list）机制。

1. 访问控制表机制

访问控制表机制是以访问控制矩阵中的列为中心建立访问控制表，实现了客体所对应主体的访问权限，也称为基于名单的一种方式。根据图 4-4 的访问控制矩阵，客体 O_j 的访问控制表的结构如图 4-5 所示。

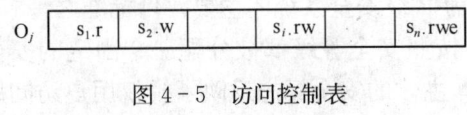

O_j | $s_1.r$ | $s_2.w$ | | $s_i.rw$ | | $s_n.rwe$

图 4-5　访问控制表

表中登记了特定客体的访问用户名及访问权隶属关系，比如 $S_2.w$ 表示主体 S_2 对客体 O_j 具有写（w）权限。利用访问控制表，比较容易查出对一定资源有访问权限的所有用户，能够有效地实施授权管理，同样也很容易撤销特定客体的授权访问。只要把该客体的访问控制表置为空即可撤销特定客体的授权访问。由于访问控制表机制的表述直观、易于理解，目前仍然是一种成熟且有效的访问控制实现方法，许多通用的操作系统使用访问控制表来提供访问控制服务。该方法的不足是在查询特定主体能够访问的客体时，需要遍历查询所有客体的访问控制表。

2. 访问能力表机制

访问能力表机制是以访问控制矩阵中的行为中心建立访问权限表，实现了主体所对应客体的访问权限，也称为基于门票的一种方式。根据图 4-4 的访问控制矩阵，主体 S_i 的访问能力表的结构如图 4-6 所示。

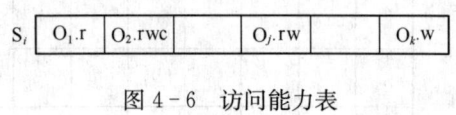

| S_i | $O_1.r$ | $O_2.rwc$ | | $O_j.rw$ | | $O_k.w$ |

图 4-6　访问能力表

表项包括客体的标志和 S_i 对该客体的访问能力，比如 $O_2.rwc$ 表示主体 S_i 对客体 O_2 具有读（r）、写（w）和控制（c）权限。利用访问能力表可以很方便查询一个主体的所有授权访问，但是检索具有授权访问特定客体的所有主体，则需要遍历所有主体的访问能力表。

自主访问控制是一种允许主体对访问控制施加特定限制的访问控制策略。他根据用户的身份及允许访问权限决定其访问操作，只要用户身份被确认后，即可根据访问控制表上赋予该用户的权限进行限制性用户访问。其优势主要表现在以下几个方面：

（1）它是一种对单独用户执行访问控制的过程和措施，能够在一定程度上实现权限隔离和资源保护；

（2）权限的授予和撤销容易，即用户可以随意地将自己拥有的访问权限授予其他用户，之后也可以随意地将所授予的权限撤销；

（3）由于自主访问控制将用户权限与用户直接对应，因此自主访问控制具有较高的访问效率。

尽管自主访问控制为用户提供了灵活和易行的数据访问方式，目前在商业和工业环境中已被广泛应用，然而这种方式提供的安全保护容易被非法用户绕过而获得访问。例如，若某用户 A 有权访问文件 F，而用户 B 无权访问 F，则一旦 A 获取 F 后再传送给 B，则 B 也可访问 F，其原因是在自主访问策略中，用户在获得文件的访问后，并没有限制对该文件信息的操作，即并没有控制数据信息的分发。所以自主访问控制提供的安全性还相对较低，不能够对系统资源提供充分的保护，不能抵御特洛伊木马的攻击。

4.2.1.3　强制访问控制

强制访问控制（mandatory access control，简称 MAC）是一种由系统管理员从全系统的角度定义和实施的访问控制，具有较高安全级别的访问控制策略。他最早出现在 Mulctis 系统中，在 1985 年美国国防部的 TCSEC 中被用作为 B 级安全系统的主要评价标准之一。

强制访问控制的基本思想是：系统中的主/客体按照安全等级都被分配一个固定的安全标志，其中客体的安全标志反映了信息的敏感程度；主体的安全标志反映了授权用户访问敏感信息的信任度，而用户不能改变自身和客体的安全标志，只有管理员才能够确定用户和组的访问权限。强制访问控制通过比较主体与客体的安全标志来决定是否允许主体访问客体，强制性地限制信息的共享和流动，使不同的用户只能访问到与其有关的、指定范围的信息。同自主访问控制相比，强制访问控制提供了更加强硬的控制手段，即他不再让普通用户进行访问控制的管理，而是把所有的权限都归于系统集中管理，保证信息的流动始终处于系统的控制之下。

强制访问控制中的安全标志通常被划分为四个级别：绝密级（top secret，简称 TS），机密级（secret，简称 S），秘密级（confidential，简称 C）和无密级（unclassified，简称

U）。若用"＞"标志安全标志的秘密程度，则有 TS＞S＞C＞U。不同级别标记不同重要程度和能力的实体，不同级别的主体对不同级别的客体的访问是在强制的安全策略下实现的，其中主体对客体的访问主要有 4 种方式：

（1）向下读（read down，简称 rd）。主体安全级别高于客体信息资源的安全级别时允许的读操作。

（2）向上读（read up，简称 ru）。主体安全级别低于客体信息资源的安全级别时允许的读操作。

（3）向下写（write down，简称 wd）。主体安全级别高于客体信息资源的安全级别时允许的写操作或者执行动作。

（4）向上写（write up，简称 wu）。主体安全级别低于客体信息资源的安全级别时允许的写操作或者执行动作。

如图 4 - 7 所示，在强制访问控制策略中，将安全级别进行排序，如按照从高到低排列，规定高级别可以单向访问低级别，也可以规定低级别单向访问高级别，这种访问可以是读，也可以是写或修改。强制访问控制主要采用上读/下写策略保障信息完整性，下读/上写策略保障信息保密性。

为了保障信息的完整性，强制访问控制采用的是下写/上读策略，即属于某一个安全级的主体可以写本级和本级以下的客体，可以读本级和本级以上的客体。在这种策略中，低级别的主体不能写高级别的客体，这样低密级的用户永远无法修改高密级的信息，从而能够保障信息的完整性；但是低级别的主

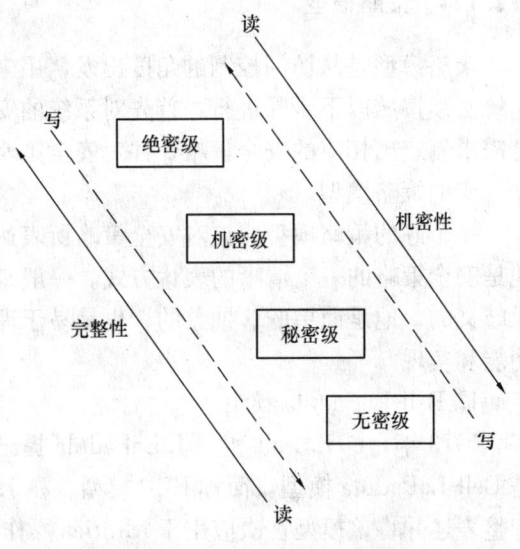

图 4 - 7 强制访问控制策略

体可以读高级别客体的信息，这样低密级的用户可以看到高密级的信息，因此，信息内容可以无限扩散，从而使信息的保密性无法保障。目前最典型策略模型如 Biba 安全模型所制定的原则是利用不下读/不上写策略来保证数据的完整性。

同保障完整性策略相反，为了保障信息的保密性，强制访问控制采用的是下读/上写策略，即属于某一个安全级的主体可以写本级和本级以上的客体，可以读本级和本级以下的客体。在这种策略中，低级别的主体不可以读高级别的信息，这样低密级的用户永远无法看到高密级的信息，从而能够保障信息的保密性；但是低级别的主体可以写高级别的客体，这样低密级的用户可以修改高密级的信息，因此信息完整性可能被破坏。目前最典型策略模型 Bell-Lapadula 安全模型所制定的原则是利用不上读/不下写来保证数据的保密性。

强制访问控制实现了比自主访问控制更严格的访问控制措施，不易使访问权限扩散、信息泄露。由于系统权限都是由管理员统一分配，强制访问控制的最大优势在于资源管理非常集中，可实现严格的权限管理，然而也存在以下 3 点不足：

（1）根据用户的可信任级别及信息的敏感程度来确定他们的安全级别，在控制粒度上不能满足最小权限原则。

（2）应用领域比较窄，使用不灵活。一般只用于军事等具有明显等级观念的行业或领域。

（3）完整性方面控制不够。重点强调信息从低安全级向高安全级的方向流动，对高安全级信息的完整性保护强调不够。

　　　　　　由于自主访问控制较弱，而强制访问控制又太强，会给用户带来许多不便。因此，实际应用中，往往将自主访问控制和强制访问控制结合在一起使用。自主访问控制作为基础的、常用的控制手段；强制访问控制作为增强的、更加严格的控制手段。

4.2.1.4　策略模型

策略模型是从访问控制的角度出发，用来描述安全系统的一种方法。要想设计一个安全系统必须按照以下步骤进行：首先对系统的安全需求进行全面、清晰的了解；然后再根据安全需求制定出相应的安全策略，并对安全策略所表达的安全需求进行清晰、准确的描述，建立相应的策略模型。

一个好的策略模型应该对安全策略所表达的安全需求进行简单、精确和无歧义的描述，他是安全策略的一个清晰的表达方式。一般来说，策略模型应具有如下特点：他是精确的，无歧义的；他是简单的、抽象的、也是易于理解的；他仅涉及安全性质，不过分限制系统的功能和实现。

1. Bell-LaPadula 模型

1973 年，D. E. Bell 和 L. J. LaPadula 提出了第一个可证明的安全系统的数学模型，这就是 Bell-LaPadula 模型，简称 BLP 模型。在 1976 年完成的研究报告中给出了 BLP 模型的最完整表述并将该模型首次应用于 Multies 操作系统中。

BLP 模型的主要思想是：用强制访问控制策略来加强自主安全策略以执行信息流策略，依据强制访问控制策略可以有效防止低级用户和进程读安全级别比他们高的信息资源，同时防止安全级别高的用户和进程向比他们安全级别低的用户和进程写入数据，即无上读和无下写两种规则来保障信息的保密性。因此，BLP 模型的安全策略包括 2 个部分。

（1）自主安全策略。自主安全策略按照用户的意愿来进行访问控制，他通常使用一个访问矩阵（如图 4-4）来表示，主体只能按照在访问矩阵中被授予的访问权限对客体进行相应的访问。

（2）强制安全策略。强制安全策略是系统对所有的主体和客体都分配一个安全级别，如绝密级（TS）、机密级（S）、秘密级（C）、无密级（U），其中不同级别标记不同重要程度和能力的实体，系统通过比较主体和客体的访问级别来强制性约束主体对客体的访问。

强制安全策略是通过无上读和无下写两种规则来保障信息的保密性，可分别用简单安全特性和星号安全特性来形式化表达。假设系统中主体 S 的安全等级用 I_s 表示，客体 O 的安全等级用 I_o 表示，其最初的描述分别为：

①简单安全特性：如果主体 S 能读客体 O，当且仅当 $I_o \leqslant I_s$。

简单安全性表明一个主体对客体进行读访问的必要条件是主体的安全级必须大于或等于

客体的安全级，即主体只能向下读。其目的是防止主体读取安全级别比他的允许安全级别高的客体中的信息，并阻止主体直接从不允许他存取的级别的客体中存取信息。

②星号安全特性：如果主体 S 能写客体 O，当且仅当 $I_s \leqslant I_o$。

星号安全特性表明一个主体对客体进行写访问的必要条件是主体的安全级必须小于或等于客体的安全级，即主体只能向上写。显然一个主体对客体既能进行读访问又能进行写访问，二者的安全级必须完全相同。其目的是为了防止不可信的进程（例如有可能被入侵者安置了进行窃密的特洛伊木马程序）从同等级别或更高级别的文件中读出信息后，通过"向下写"来窃取系统的机密。因此，如果一个进程（主体）没有对大于或等于本身密级的文件（客体）进行读访问，那么这个进程对于密级小于本身密级的客体进行写访问，并不破坏系统的保密性，有的系统允许这种写访问。

BLP 模型为通用的计算机系统定义了安全性属性，即以一组规则表示什么是一个安全的系统，其优点是这种基于规则的模型比较容易实现，但是他存在以下问题：

（1）不能以一般语义的形式阐明安全性的含义，因此，这种模型不能解释主—客体框架以外的安全性问题。例如，在一种远程读的情况下，一个高安全级主体向一个低安全级客体发出远程读请求，这种分布式读请求可以被看做是从高安全级向低安全级的一个消息传递，也就是"向下写"。

（2）如何处理可信主体的问题。可信主体可以是管理员或是提供关键服务的进程，像设备驱动程序和存储管理功能模块，这些可信主体若不违背 BLP 模型的规则就不能正常执行他们的任务，而 BLP 模型对这些可信主体可能引起的泄露危机没有任何避免和处理的方法。

2. Biba 模型

Biba 模型于 1977 年发布，是一种处理多级敏感信息的安全模型和基于格的访问策略模型，其重点是从保护系统的信息完整性的角度研究系统的安全性。Biba 模型的实现同 BLP 模型相反，主要依据强制访问策略严格地防止低完整性级别的主体对信息的修改，即以"无下读"和"无上写"两种规则来保障信息的完整性。这种规则可分别用简单完整性特性和完整性星号安全特性来形式化表达。假设安全系统中包括主体集合 B 和客体集合 O，对于 B 中的每个主体 b 和 O 中的每个客体 o，存在一个固定的完整性级 $I(b)$ 和 $I(o)$，其具体描述为：

①简单完整性特性：仅当 $I(o) \geqslant I(b)$，主体 b 可以读客体 o。

简单完整性特性说明安全系统中有读某客体访问权的主体的完整性级别不得高于该客体的完整性级，即无下读。

②完整性星号安全特性：如果主体 b 对具有完整性级 $I(o)$ 的客体有读访问权，则对于客体 p，仅当 $I(o) \geqslant I(p)$ 时，b 对目标 p 有写访问权。

完整性星号安全特性说明主体 b 读到客体 o 的内容后，只能把他写到比 o 完整性级还低的客体中，即无上写。这个性质也可表示为仅当 $I(b) \geqslant I(o)$ 时，主体 b 可以写客体 o。

Biba 模型支持的是信息的完整性，与 BLP 多级安全模型不同的是，Biba 模型的信息访问约束规则中读/写限制是相反的，即主体从下读和向上写。除此以外，这两个模型几乎是一样的。

3. DTE 模型

DTE（domain and type enforcement）模型是由 O'Brien and Rogers 于 1991 年提出的一种访问控制技术，是近年来被较多的作为实现信息完整性保护的模型，他的基本思想是：

赋予保护对象一种抽象的数据类型，该类型表明了保护对象要保护的完整性属性，然后规定只有经授权的主动进程能替代用户访问这一完整性属性，并限制该主动进程的活动范围，使其获得他应该完成目标以外的能力极小化。

Domain	Type		
	File_A	File_B	File_C
Task_A	own/read/wirte	read	read/wirte
Task_B	wirte	own/read/wirte	read
Task_C	read/wirte	wirte	own/read/wirte

图4-8　DTE模型示例

DTE模型将系统视为一个主动实体（主体）的集合和一个被动实体（客体）的集合。每个主体有一个属性——域（domain），每个客体有一个属性——类型type，这样，所有的主体被划分到若干个域中，所有的客体被划分到若干个类型中。DTE再建立一个域定义表（domain definition table），描述各个域对不同类型客体的操作权限。同时建立另一张域交互表（domain interaction table），描述各个域之间的许可访问模式（如创建、发信号、切换）。系统运行时，依据访问的主体域和客体域，查找域定义表，决定是否允许访问。DTE模型是访问矩阵的改进模型，其样例如图4-8所示。

　　该DTE模型定义了客体文件File_A、File_B、File_C三种类型和主体任务Task_A、Task_B、Task_C三种域，不同的Domain成员对Type成员具有不同的权限，包括读（read）、写（write）、拥有（own）等，比如Task_A对File_A具有拥有、读和写的权限。

　　DTE模型的优点主要表现在：其访问矩阵类中没有冗长的规则定义，应用方式灵活；可以对进程的访问权限进行细粒度的控制，即控制到每个进程对资源进行何种访问，还可以将进程对系统的影响降到最小，所以具有广泛的应用。

　　然而DTE模型的访问矩阵随着系统的复杂性变得愈来愈庞大，且矩阵的使用效率较低。同时，客体的拥有主体可以撤销其他主体对该客体的访问权限，造成对迁移了的权限的难以预测。另外，与自主访问控制策略一样，不能有效防范特洛伊木马的攻击。

　　4. 基于角色的访问控制模型

　　基于角色的访问控制（role based access control，简称RBAC）模型是近年来影响很大的且不局限于特定策略的访问控制策略的描述方法，他的基本思想是：在用户与权限之间引入角色的概念，利用角色来实现用户和权限的逻辑隔离，即用户与角色相关联，角色与权限相关联，用户通过成为相应角色的成员而获得相应权限。

　　在目前所出现的几种RBAC模型中，由美国Goegre Mason大学的R. Sandhu等人提出的RBAC96模型系统因其全面地描述了RBAC多层次、多方面的意义而得到广泛认可，其基本结构如图4-9所示。

　　用户是指可以访问系统中数据资源的主体。

　　角色是组织中的工作职能或职位，代表角色成员的资格、权利和责任。

　　用户角色分配为用户分配一定的角色，

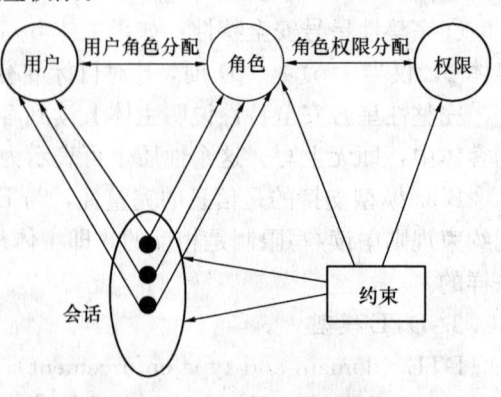

图4-9　RBAC96模型结构

即建立用户与角色的多对多关系。

角色权限分配为角色分配一组访问权限，即建立角色与访问权限的多对多关系，这样通过角色将用户与访问权限联系起来。用户具有其所属诸角色的访问权限的总和。

权限描述拥有权限的用户在系统中的执行操作的能力。

约束用于对角色的分配、权限的分配等进行约束，以适应实际的要求。比如银行系统中的会计和出纳不能同时分配给一个用户，因此系统需要定义互斥约束条件，即互斥角色不能同时赋予某个用户。

会话是一个动态概念，用户激活角色集时建立会话。会话是在特定环境下一个用户与一组角色的映射，即用户为完成某项任务而激活其所属角色的一个子集，激活角色权限的并集即为该用户的当前有效访问权限。另外，一个用户可以同时打开多个会话。

RBAC 这种授权管理相对个体的授权来说，可操作性和可管理性要强得多。由于角色的变动远远低于个体的变动，因此 RBAC 的一个主要的优点是策略无关性。角色的概念贴近于现实世界的信息管理系统，其实用性表现在：基于角色的策略包含的表示方法对于非技术的组织策略制定者而言很容易被理解；基于角色的策略很容易被映射到一个访问控制矩阵或基于组的策略陈述从而实现访问控制；可以把基于角色的策略看做是一类基于规则的或强制式访问控制策略，也可以通过一个安全区域来自动实施。

同 DAC 和 MAC 相比，RBAC 技术也存在一定的不足。一方面，RBAC 技术还不十分成熟，在角色配置的工程化、角色动态转换等方面还需要进一步研究。此外有关 RBAC 实现技术的研究也需要进一步开展。另一方面，RBAC 比 DAC 和 MAC 复杂，系统实现难度大，再者，RBAC 的策略无关性需要用户自己定义适合的安全策略，而定义众多的角色和访问权限及他们之间的关系也是一项非常复杂的工作。

5. 信息流模型

从安全模型所控制的对象来看，一般有两种不同的方法来建立安全模型：一种是访问控制模型；另一种是信息流模型。访问控制模型是从访问控制的角度描述安全系统，主要针对系统中主体对客体的访问及其安全控制。以上介绍的 BLP、Biba、DTE 和 RBAC 模型都属于访问控制类模型。

由于访问控制类模型缺乏对信息流的必要保护，许多信息泄露（如隐蔽通道）很难控制。例如遵守 BLP 模型的系统，应当遵守"下读上写"的规则，即低安全进程不能读高安全级文件，高安全级进程不能写低安全级文件。然而在实际系统中，许多客体尽管不一定能直接为主体所见，但还是可以被所有不同安全级的主体更改和读取，这样入侵者就可能利用这些客体间接地传递信息。要建立高级别的安全操作系统，必须在建立完善的访问控制机制的同时，依据适当的信息流模型实现对信息流的分析和控制。

信息流模型是访问控制模型的一种变形，主要着眼于对客体之间的信息传输过程的控制。也就说这类模型不检查主体对客体的访问，而是试图控制从一个客体到另一个客体的信息传输过程，根据两个客体的安全属性来决定是否允许当前操作的进行。信息流模型需要遵守的安全规则是：在系统状态转换时，信息流只能从访问级别低的状态流向访问级别高的状态。信息流模型实现的关键在于对系统的描述，即对模型进行彻底的信息流分析，找出所有的信息流，并根据信息流安全规则判断其是否为异常流。若是就反复修改系统的描述或模型，直到所有的信息流都不是异常流为止。

同访问控制模型相比，信息流模型最大的优势在于帮助系统识别隐蔽通道。由于隐蔽通道的核心是低安全等级主体对于高安全等级主体所产生信息的间接读取，而信息流模型则通过对信息流向的分析保证其对敏感信息访问时不会造成信息的泄露，彻底切断系统中信息流的隐蔽通道，防止对信息的窃取。然而该模型把焦点放在系统用户的可见行为上的安全模型不能对内部具有因果限制关系的保密性要求进行很好的建模。迄今为止，信息流模型对具体的实现只能提供较少的帮助和指导。

4.2.2　Windows 安全机制

Windows 是一个为个人计算机和服务器用户设计的操作系统，从 1983 年 Microsoft 公司宣布 Windows 的诞生到现在 Windows 7 的推出，已经历了将近 30 年的历史。Windows 系统之所以获得了世界个人计算机操作系统软件的垄断地位，主要归功于他用户界面统一、友好、美观，并且拥有丰富的与设备无关的图形操作和丰富的 Windows 软件开发工具，对用户来说易学易用。

早期的 Windows 系统，如 Windows 3. x、Windows 95 和 Windows 98 几乎无安全可言。而从以 Windows NT 为内核的系统开始，Microsoft 便为 Windows 系统引入了越来越多的安全机制，如身份验证机制、访问控制机制、数据保护机制、安全审计机制等。

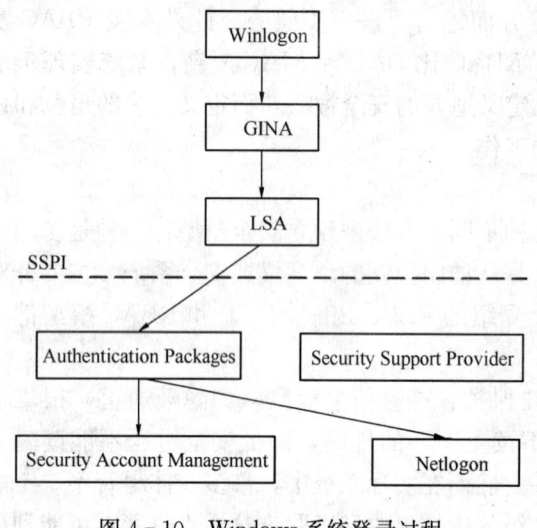

图 4 - 10　Windows 系统登录过程

4.2.2.1　身份验证机制

Windows 系统最常用的身份验证机制是基于用户名/密码方式。当用户登录 Windows 系统时，系统首先启动一个自启动 Winlogon 程序，他监视整个系统登录的过程。Windows 系统登录过程如图 4 - 10 所示。

Windows 系统登录的具体实现过程如下：

首先，在 Winlogon 程序启动时，加载 GINA（graphical identification and authentication，图形标志和身份验证），GINA 是一个动态链接库，提供交互的界面为用户登录提供验证请求。GINA 被设计成独立的模块，是微软为系统登录提供的接口，可以满足所有用户的登录要求，比如可采用 USB 或指纹等方式登录系统。

然后，GINA 再调用 LSA（local security authority），LSA 的作用就是加载认证包 AP（authentication packages）管理域间的信任关系，并由 LSA 本地安全验证子系统在 SAM（security account management）数据库中作对比。如果数据匹配，LSA 子系统生成一个访问令牌（access token），并传递给用户。Windows 系统可以通过用户的访问令牌实施对用户资源访问的控制。另外，Netlogon 在域间登录时用来建立安全通道，其中登录时所用到的用户名/密码在通道里是加密传输的。而 SSP（security support provider）可以提供额外的验证机制，比如 eKey、指纹或域间认证时 Kerberos 协议等。

不同版本的 Windows 操作系统，其用户账号（即用户名/密码等信息）的管理方式也不一样。如 Windows 9X 系统中将用户密码默认保存在扩展名为 pwl 的缓存文件中。该文件包含了共享资源访问密码、拨号网络密码、用户登录密码等信息，是一个用于访问网络资源的高速缓存的密码清单，一般位于系统目录（通常为 C：\Windows）下。不同的用户使用不同的 pwl 文件，通过用户名来命名文件名。只要获取 pwl 文件，就可以获得该用户的各种密码。而 Windows NT/2K/XP/Server 2003 系统中使用安全账号管理器（security account manager）机制对用户账户进行安全管理，其内容主要包括以下 2 个方面：

（1）在账号创建的同时，安全标识符（security identifiers）就被创建。一旦账号被删除，安全标志也被同时删除。即使是相同的用户名，在每次创建时获得的安全标志也是完全不同的，故安全标志是唯一的。安全标识符主要由计算机名、当前时间、当前用户态线程的 CPU 耗费时间的总和 3 个参数决定，以保证他的唯一性。

（2）安全账号管理器的具体表现是 "%SystemRoot% \ system32 \ config \ sam" 文件。与 Windows 9X 系统相同的是 Windows NT/2K/XP/Server 2003 等系统同样使用了文件 sam 对用户密码进行保存。不同的是 sam 文件是用户账户的数据库，所有用户的登录名及密码等信息都保存在这个文件中。系统在保存 sam 信息之前对 sam 文件进行了压缩。Windows NT/2K/XP/Server 2003 系统采用了 2 种加密机制。sam 文件为每一个账户保存着两个加密项，分别由 LM 散列算法和 NT 散列算法计算得出，故 sam 文件中的信息是不可读取的。在系统运行期间，sam 文件被系统账号锁定，即使是管理员账号也不能打开 sam 文件。

微软为提高操作系统的安全性在 Windows Vista 系统中引入新的技术——用户账户控制（user account control，简称 UAC）机制，他要求用户在执行可能会影响计算机运行的操作或执行更改影响其他用户的设置的操作之前，提供权限或管理员密码。通过在这些操作启动前对其进行验证，UAC 可以帮助防止恶意软件和间谍软件在未经许可的情况下在计算机上进行安装或对计算机进行更改。

4.2.2.2 访问控制机制

Windows 系统依靠访问控制表（access control list，简称 ACL）对系统资源访问进行控制，访问控制表有 2 种：一种是自主访问控制表（discretionary access control list，简称 DACL），他包含了用户和组的列表以及相应的权限（允许或拒绝），每一个用户或组在 DACL 中都有特殊的权限；另一种是系统访问控制表（system access control list，简称 SACL），他是为了审计服务的，设置建立了需要记录到审核日志的事件。

Windows 系统的 ACL 中主要元素是访问控制项（access control entity，简称 ACE），而一个 ACL 可能包含 0 到多个 ACE，每个 ACE 又包含下列访问控制信息：

（1）安全描述符（SID）。在 Windows 中所有命名的对象都具有安全描述符，他关联到一个安全对象，包含了安全对象相关的安全信息。一个安全描述符包含下面的安全信息：拥有者或基本组对象的安全 ID；DACL 指定特殊用户或组的允许或拒绝的访问权限；SACL 指定对象通用评估记录尝试的访问类型；和安全描述符的意思相符的控制位集合。

（2）一个访问掩码指定 ACE 控制的访问权限。一个访问掩码是一个 32b 的值，他对应到对象支持的访问权限。所有的 Windows NT/2000/XP 安全对象使用一个 Windows 访问掩码格式，这个格式包含通用访问权限、标准访问权限、SACL 访问权限及目录服务访问权限。当一个线程想打开一个对象的句柄，线程通常指定一个访问掩码来请求一系列的访问权限。一个访问权限是一个标志位对应到一个特殊操作集合，这个集合表示线程可以在安全对象上执行的操作。例如：注册表键 KEY_SET_VALUE 访问权限，对应到线程在这个键下设置值的能力。如果线程想在一个对象执行一个操作，但没有必要的访问权限，系统不执行操作。

（3）一个指示 ACE 类型的标志位。有 6 种类型的 ACE，3 种被所有的安全对象支持，其他类型是对象特定的 ACE，由目录服务对象支持。表 4-1 列出了 3 个所有安全对象支持的 ACE 类型。

表 4-1　安全对象支持的 ACE 类型

类　型	描　述
访问拒绝 ACE	在一个 DACL 中拒绝到一个 ACE 的访问权限
访问允许 ACE	在一个 DACL 中允许到 ACE 的访问权限
系统评估 ACE	在 SACL 中，当 ACE 尝试检查指定访问权限时产生一个评估记录

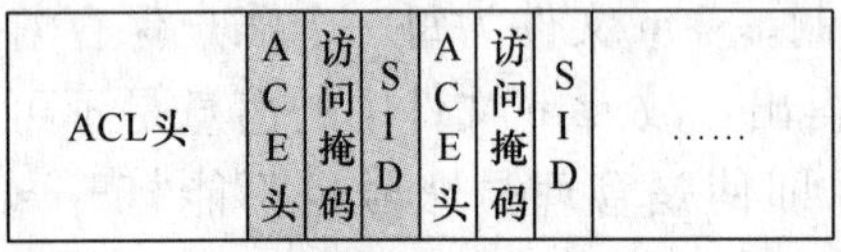

图 4-11　Windows 2000 的 DACL 格式

Windows 2000 的 DACL 格式如图 4-11 所示。

Windows 系统要决定是否允许某个主体对某个对象执行操作需要检查主体的权限、主体的访问令牌以及对象的安全描述符，其检查过程为：

①首先将对象的安全描述符随主体的访问令牌一起传递给 AccessCheck 例程，然后查找安全描述符中所请求的访问掩码位向量，其中该向量代表访问权限检查成功所必须具备的访问权力，且将该向量随主体的安全描述符再一同传递给 AccessCheck 例程。

②由 AccessCheck 例程根据所请求的访问和对象的 ACL 检查用户的访问令牌并考量主体权限。如果主体的权限满足所请求的访问，则授予访问权限；否则将按顺序检查 ACL 中的访问控制项 ACE。一旦安全系统能够证明允许所有请求的访问组件或拒绝其中任何请求，他将相应返回成功或失败。

由于 Windows 访问控制机制是通过顺序检查 ACL 中的访问控制项 ACE 来实现某个主体是否对某个对象具有访问权，因此，在访问控制列表 ACL 中，多个 ACE 的排列顺序非常重要。Windows 系统采用的标准排序是：显式拒绝、显式允许、一般（组）拒绝和（组）允许，如果不使用规范排序可能会导致预想不到的允许或拒绝。

4.2.2.3　数据保护机制

自 Windows 2000 操作系统开始，微软就在操作系统上采用加密文件系统（encrypt file system，简称 EFS）实现对存储在 NTFS 磁盘卷上的文件和文件夹进行加、解密操作，有效地保证数据存储的安全性。然而 EFS 对系统的某些敏感区域，如注册表配置单元文件、计算机设备的物理丢失导致的数据失窃或恶意泄露等问题无法实施保护。因此在 Windows Vista 中，新加入了一个叫做 BitLocker 的数据保护功能，可以提供磁盘级的数据加密能力。

1. EFS

EFS 是 NTFS 文件系统独有的一种安全特性，采用对称加密技术对文件/文件夹进行加密，并以密文形式存储在硬盘上。EFS 加密文件/文件夹所使用的密钥由公钥加密技术来保护，即通过与用户的 EFS 证书对应的私钥加密。被 EFS 加密的文件/文件夹只有被授权的用户才能访问，而对用户验证过程是在用户登录 Windows 时进行的。因此，授权用户在访问加密的文件/文件夹时不受到任何限制，即 EFS 对用户来说是透明的。

（1）EFS 加密原理。EFS 加密实现过程如图 4-12 所示。

随机生成一个加密密钥，称之为 FEK（文件加密密钥），记为 k；用 FEK 对目标文件 M 进行加密生成 $E_k(M)$；若第一次使用，系统自动为该用户生成一对公钥/私钥，记为 pk/sk；用该用户的公钥 pk 对 FEK 进行加密，即 $E_{pk}(k)$；删除原始的 FEK。将 $E_k(M)$ 作为加密文件的一个属性和加密文件保存在一起。

（2）EFS 解密原理。EFS 解密实现过程如图 4-13 所示。

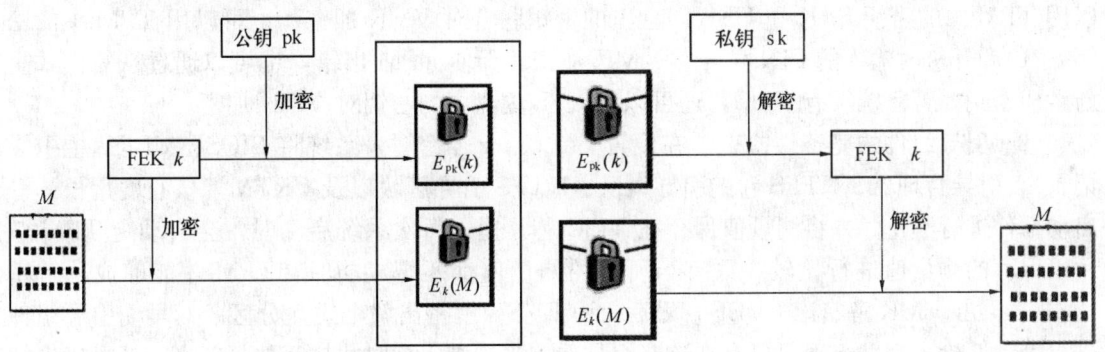

图 4-12　EFS 加密过程　　　　　　图 4-13　EFS 解密过程

EFS 系统用用户的私钥 sk 解密 FEK 即 $D_{sk}(E_{pk}(k))$ 得到 k；用解密后的 FEK k 将加密的文件 $E_k(M)$ 解密 $D_k(E_k(M))$ 得到 M。如果用户持有已加密的 NTFS 文件的私钥，那么用户就能够打开该文件，并且将该文件作为普通的文档透明的使用，所有的加密、解密过程都在 NTFS 底层进行。反之，文件将拒绝用户的访问。

（3）EFS 加密文件/文件夹的方法。在资源管理器中找到待保护的文件/文件夹，右键选择属性；在"常规"选项页中选择"高级"；勾选高级属性中的"加密内容以便保护数据"项，点击"确定"；在返回的常规选项页中点击"确定"。

2. BitLocker

BitLocker 驱动器加密是 Windows Vista 中新增的一个系统级数据保护功能，它提供完整的驱动器加密功能，有效地避免因计算机设备的物理丢失而导致的数据失窃或恶意泄露，也就是说即使非法用户启动另外一个系统或者运行黑客工具软件，以脱机方式浏览存储在受保护驱动器里的数据，也无法读出加密信息，从而提高了数据的安全性，因此，BitLocker 技术也称之为安全启动。BitLocker 主要有 2 种工作模式：TPM 模式和 U 盘模式，为了实现更高程度的安全，可以同时启用这两种模式。

（1）TPM 模式。要求计算机中必须具备不低于 1.2 版 TPM 芯片，其功能是负责生成加密密钥，存储密钥、密码、数字证书以及计算机系统关键部件的测量值。TPM 模式一般只出现在对安全性要求较高的商用计算机或工作站上，家用计算机或普通的商用计算机通常不会提供。

（2）U 盘模式。要求计算机支持 USB 接口，并且需要有一个专用的 U 盘来保存密钥。当计算机 BIOS 支持 USB 启动时，可以将解锁磁盘所需的密钥存储在 U 盘中。开机时插入 U 盘，同样可以解锁加密的 Windows 卷。但这种加密模式，无法实现启动部件的完整性检测。

BitLocker 通过两个子功能结合来增强对磁盘数据的保护，一是驱动器加密，另一个是对早期引导组建的完整性检查。

（1）驱动器加密。BitLocker 采用 FVE（全卷加密驱动程序）进行全卷加密。FVE 是一个筛选级驱动程序，该系统随机产生一个密钥，叫做 FVEK（全卷加密密钥）。FVE 可以收到 NTFS 文件系统发送给卷的所有 I/O 请求，写入的时候自动加密，读取的时候自动解密。FVEK 对 Windows 分区进行加密，然后再由 VMK（卷主密钥）对 FVEK 进行加密，加密后的 FVEK 密钥保存在卷的特殊元数据区域。当系统有 TPM 1.2 及以上版本的芯片时，可以用 TPM 中的密钥 SRK 和 USB 闪盘里的密钥联合对 VMK 加密；也可以用 TPM 中的密钥 SRK 和开机时输入的 PIN 联合对 VMK 加密。即使 TPM 出错，也可以通过恢复模式重新生成密钥。若系统没有 TPM，还可以用 USB 闪盘中的密钥对 VMK 加密。

（2）引导组件的完整性检查。在设置 BitLocker 加密时，系统将 BIOS、MBR（主引导记录）、引导管理器、NTFS 卷的引导扇区、NTFS 引导区块以及 CRTM（核心度量根）等启动部件进行测量，并将测量值保存在 TPM 芯片里。每次系统启动时，会自动与 TPM 芯片里保存的测量值进行比较。只有当所有的测量值都匹配成功时，TPM 才能够成功解密 VMK，再由 VMK 解密出 FVEK，最后，由 FVEK 解密出整个磁盘分区。对早期引导组件进行完整性检查有助于确保只有在这些组件看起来未受干扰时才执行数据解密，还可确保加密的驱动器位于原始计算机中。

3. EFS 与 BitLocker 的对比

BitLocker 与 EFS 数据保护机制的共同点是对于终端用户来说都是透明的。这主要体现在以下几个方面。

（1）由于对数据的加解密过程都是在后台完成，不需要用户干预，因此当合法的用户访问系统数据时，他们是感受不到这种保护措施存在的。比如只要在驱动器上实现了 BitLocker 技术，那么当用户往这个驱动器中保存文件时，操作系统会自动对其加密。当下次访问时，操作系统也会自动对其进行解密。

（2）当非授权用户试图访问加密数据时，无论 EFS 或 BitLocker 都会发出"访问拒绝"的错误提示，即能够很好地防止用户的非授权访问。

（3）这 2 种机制下的用户验证过程都是在登录 Windows 操作系统时完成的。也就是说，他们的密钥同操作系统的账户关联。因此，在没有合法用户的授权（证书）时，即使非法用户将文件复制到其他主机上，拥有了这些文件，他们也无法打开。

尽管 BitLocker 与 EFS 都能够在很大程度上保障数据文件的安全，但他们的加密机制存在很大的差异，主要表现在以下 2 个方面。

（1）EFS 是针对特定的文件或者文件夹来进行加密的，而 BitLocker 则是针对整个驱动器来进行加密。也就是说，采用 EFS 技术，用户可以有选择地对一些重要的文件或者文件夹进行加密；而如果采用 BitLocker，用户没有这个选择权，即要么对某个驱动器的所有文件夹进行加密，要么就全部不加密。

（2）当系统顺利启动后，BitLocker 无法对数据提供保护，而 EFS 加密可以保证系统启动后对用户数据提供保护。因此 BitLocker 加密主要用于系统登录之前，当登录到用户环境后，系统所有文件都处于解密状态，这时需要 EFS 加密实现基于用户的文件保护。

4.2.2.4 安全审计机制

安全审计是一种事后追查的安全机制，通过对所关心的事件日志进行记录和分析来实现。他的主要目标是检测和判定非法用户对系统的渗透或入侵，识别误操作并记录进程基于特定安全级活动的详细情况。目前 Windows NT/XP/2000 等主流操作系统中的每一项事务都可以在一定程度上被审计。其中在 Windows XP 中可以在 Explorer 和 User Manager 这两个地方打开审计，例如 Explorer 中，选择 Security，再选择 Auditing，在 Directory Auditing 对话框中选择跟踪有效的和无效的文件访问。在 User Manager 中，系统管理员可以根据各种用户事件的成功和失败选择审计策略。另外，Windows 2000/XP 的事件查看器是系统日志查看工具，他通过事件日志来记录收集到的关于本地机器硬件、软件和系统问题的信息，并可监视 Windows 的安全事件。

通常 Windows 操作系统至少维护应用程序日志、系统日志和安全日志这三个相对独立的日志文件，通过他们用户可以详细了解系统的运行情况。

（1）应用程序日志。应用程序日志主要记录用户程序和商业通用应用程序的运行方面的错误活动，他包括性能监视审核的事件以及由应用程序或一般程序记录的事件，例如失败登录的次数、硬盘使用的情况、数据库中文件错误的记录、某些设备驱动程序加载失败等。

（2）系统日志。系统日志记录系统进程和设备驱动程序的活动，他主要包括启动失败的设备驱动程序、硬件错误、重复的 IP 地址以及服务启动、暂停和停止等。

（3）安全日志。安全日志通常是应急响应调查阶段最有用的日志，他记录同系统安全相关的一些活动，主要包括用户特权的变化、文件和目录访问、打印以及系统登录和注销等。管理员可以指定安全日志中记录的事件类型，如登录审核，那么每一次系统登录尝试将记录在安全日志中。默认情况下，Windows 安全日志为空且只有管理员用户有权查看。

除了操作系统日志之外，在 Windows 中运行的各种应用程序往往也有日志功能，尤其是针对网络的各种服务软件或程序，例如 Internet 信息服务（如 DNS 服务、FTP 服务的客户端软件 CutFtp 和服务器端软件 Serv-U、WWW 服务等），数据库软件 SQL Server，防火墙软件 SkyNet，杀毒软件 Kaspersky，聊天工具 QQ 等。应用程序日志总的来说较系统日志具有多样性、关联性和数据量大的特点；甚至某些应用程序日志可读性差且不易获取，如各种数据库日志，他们需要特定的工具才能查看。表 4-2 列出了常见的 Windows 操作系统日志和应用程序日志的位置。

表 4-2 常见的 Windows 操作系统日志和应用程序日志的位置

日 志 文 件	日 志 文 件 位 置
安全日志文件	%systemroot% \ system32 \ config \ SecEvent. evt
系统日志文件	%systemroot% \ system32 \ config \ SysEvent. evt
应用程序日志文件	%systemroot% \ system32 \ config \ AppEvent. evt

续表

日 志 文 件	日 志 文 件 位 置
DNS 日志文件	％systemroot％ \ system32 \ config
SkyNet 日志文件	％SkyNet ＿ Home％ \ FireWall \ log
……	……

Windows 系统日志由事件记录组成，每个事件记录为 3 个功能区：记录头区、事件描述区和附加数据区。事件记录的长度不等，与具体事件相关，表 4 - 3 描述了事件记录的结构。

表 4 - 3　事件记录的结构

记录头	事件类别	日　期	时　间	事件来源
	事件分类	事件标号	主体标志	计算机名
事件描述	事件描述区的内容取决于具体事件，可以是事件的名称、详细说明、产生该事件的原因、建议的解决方案等信息			
附加数据	附加数据区通常包括可以以十六进制表示的二进制数据。具体内容由产生事件记录的应用程序决定			

（1）事件类别。代表着事件的严重程度，共分为错误、警告、信息、成功审核和失败审核五类：

① 错误：重要的问题，如数据丢失或功能丧失。例如在启动过程中某个服务加载失败，这个错误将会被记录下来。

② 警告：不是非常重要，但有潜在问题的事件。例如当磁盘空间不足时，将会记录警告。

③ 信息：描述了应用程序、驱动程序或服务成功操作的事件。例如当网络驱动程序加载成功时，将会记录一个信息事件。

④ 成功审核：审核成功的安全访问尝试。例如用户试图登录系统成功时，该尝试将会作为成功审核事件被记录下来。

⑤ 失败审核：审核失败的安全登录尝试。例如用户试图访问网络驱动器失败时，该尝试将会作为失败审核事件被记录下来。

（2）事件来源。一般指产生报警信息的应用程序。主体标志和计算机名则表示事件相关的用户名和计算机名等信息。

（3）事件标号（EventID）。事件标号是一个整数，是事件类型的唯一标志，可以通过他来识别计算机系统中的事件类型。

4.2.3　Linux 安全机制

Linux 是一种可以免费运行在个人计算机上的类 Unix 操作系统。它从一开始就是一套可以免费使用和自由传播的类 Unix 操作系统，后来由世界各地的程序员参与设计、开发，其目的是建立不受任何商品化软件版权制约的、全世界都能自由使用的 Unix 兼容产品。

现今的 Linux 已发展成一个功能强大的操作系统。它实现了全部的 Unix 特性，是一个符合 POSIX 标准的操作系统，并具有多任务、多用户的工作能力。由于其出色的性能和稳定性，开放源代码特性带来的灵活性和可扩展性以及较低廉的成本，Linux 受到了计算机工业界的广泛关注和应用。

Linux 的开源特性不仅在灵活性和扩展性方面赢得了人们的信赖，在安全方面的优势同样也被寄予了很高的期望。除符合 POSIX 安全标准以外，Linux 提供的安全机制主要有：身份验证机制、访问控制机制、加密文件系统和安全审计等安全技术。

4.2.3.1　身份验证机制

Linux 系统最常用的身份验证机制是采用用户名和口令的方式，另外他还提供了"安全注意键"和 PAM 两种验证机制。

1. 用户名和口令的身份验证机制

在用户登录 Linux 之前，系统管理员首先通过 useradd 命令为用户分配唯一的用户名和初始口令，并将相应的信息保存在/etc/passwd 文件中。当用户登录系统时，首先启动 getty 进程设置终端属性（如波特率等）；然后再激活 login 进程，并提供登录界面，用户通过登录界面接口输入用户名和口令；系统根据/etc/passwd 文件检查用户提供的用户名和口令是否合法，如果是合法的，则为该用户启动一个 shell。Linux 系统允许用户改变自己的口令，而超级用户可以改变任何用户的口令。

Linux 系统使用/etc/passwd 文件来维护系统中每个合法用户的账号信息，主要包括用户的登录名，经过加密的口令、口令时限、用户号（UID）、用户组号（GID）、用户主目录以及用户所使用的 shell。passwd 文件的每一行都代表一个用户账号信息，每个账号由 7 项组成，不同项之间使用"："分割，其格式为"账号名称：口令：uid：gid：个人资料：用户目录：shell"。其中除了口令是加密的以外，其他项都是明文。Linux 账号关键字对照如表 4 - 4 所示。例如某个 passwd 文件内容如下：

> root：x：0：0：root：/root：/bin/bash
> bin：x：1：1：bin：/bin：/sbin/nologin
> daemon：x：2：2：daemon：/sbin：/sbin/nologin
> ⋯
> eric：x：500：500：eric：/home/eric：/bin/bash

表 4 - 4　Linux 账号关键字对照表

域	内　　容
root	用户名称
x	用户口令（若使用了 shadow 机制，则为 x）
0	用户的 ID 号（UID），UID<100 的为系统用户
0	用户所属组的 ID 号（GID）
root	用户的全名
/root	用户的主目录
/bin/bash	用户登录 shell

在用户的账户信息中，用户密码是一个敏感信息，而每个用户都能访问到文件/etc/passwd，这样其他用户的账户密码也被暴露给无关的用户。为了消除这种弊端，现代的Unix 操作系统实现了口令信息与账户信息的分离。即口令信息放到/etc/shadow 文件中，而在/etc/passwd 文件中密码项只显示"x"。/etc/passwd 文件对于所有用户均是可读的，只对 root 用户可写，而/etc/shadow 则是不可读的。例如某个 shadow 文件的内容如下：

    root：1o5HVsRp0$79n2arbVHhGiLe8TEQidn0：11699：0：99999：7：：：
    bin：*：11699：0：99999：7：：：
    ……

从中可以看到，root 用户的密码域是经过加密的字串。该字串由 3 个部分组成，每个部分都是以符号"$"开始，"$1"表示 MD5；第二部分是 8 个字符的 Salt；第三个部分是22 个字符的经过哈希运算后的用户密码。密文关键字对照如表 4-5 所示。

表 4-5   密文关键字对照表

域	内 容
root	用户名称
1o5HVsRp0$79n2arbVHhGiLe8TEQidn0	用户加密口令
11699	密码最后修改日期（从 1970/1/1 起计算）
0	密码最短存留期
99999	密码最长存留期
7	密码修改警告期
NULL	密码保留期
NULL	密码实效期
NULL	保留字段

2. "安全注意键"的身份验证机制

为了防止特洛伊木马的攻击，Linux 提供了"安全注意键"以便用户确信自己的用户名和口令不被别人窃走，其中"安全注意键"是 Linux 预定义的，他的工作过程如图 4-14所示。

当用户键入这组"安全注意键"时，Linux 系统的安全登录过程如下：

① 系统首先通过中断陷入内核，由内核接受并解释用户的键入，若发现是"安全注意键"，便杀死当前终端的所有用户进程（包括特洛伊木马）；

② 重新激活登录界面为用户提供可信路径；

③ 用户输入用户名和口令，重新进行身份验证并登录系统。

3. PAM 的身份验证机制

Linux 系统为用户提供了很多服务，如 login、ftp、telnet、ssh、数据库系统等，当用户登录到每一个服务时，需要认证用户身份，而基于 Linux 早期的认证方式则存在以下 2 个方面的不足：

① 如果让每种服务程序各自拥有自己的认证机制，那么，系统中必然存在大量的认证机制和大量的用户身份数据信息，而这些机制和信息中的很多内容可能是重复的或相似的，

这使系统的管理和维护变得非常困难;

②一种服务(或软件)的认证方法一旦确定下来就很难修改,比如想把口令方式修改成智能卡或指纹方式需要修改相应的应用程序。

目前,一种新的安全性机制可解决上述问题,并已经在 Linux 中实现,这种机制称为可插入身份认证模块(Pluggable Authentication Modules,简称 PAM)。PAM 是一个统一的身份认证框架,起初,是由美国 Sun 公司为 Solaris 操作系统开发的,后来,很多操作系统都实现了对他的支持。PAM 的基本思想是实现服务程序与认证机制的分离,通过一个插拔式的接口,让服务程序插接到接口的一端,让认证机制插接到接口的另一端,从而实现服务程序与认证机制的随意组合。

PAM 机制采用模块化设计,具有插件功能,使得开发者可以轻易地在应用程序中插入新的认证模块或替换原有的模块,而不必对应用程序做任何修改,因为认证机制与应用程序之间相对独立。应用程序可以通过 PAM 的 API 接口方便地使用他所提供的各种认证功能,而不必了解太多的底层细节,他的体系结构如图 4-15 所示。

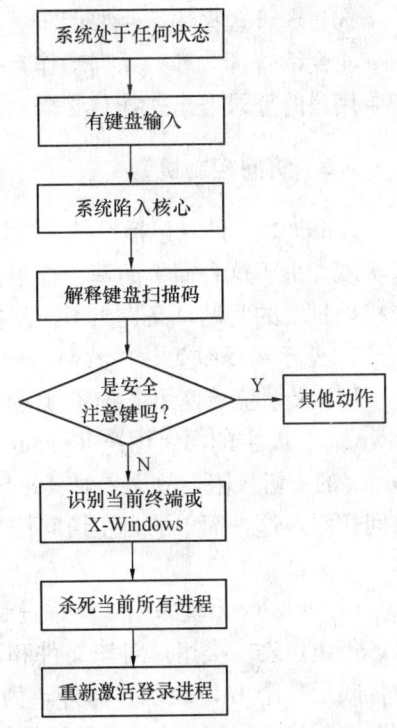

图 4-14 Linux 可信工作通路过程

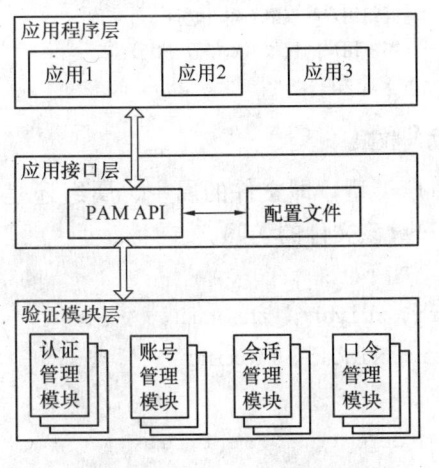

图 4-15 PAM 的体系结构

PAM 采取了分层设计思想,让各验证模块从应用程序中独立出来,然后通过 PAM 的 API 接口作为两者联系的纽带,这样应用程序就可以根据需要灵活地在其中"插入"所需的验证功能模块。PAM 体系结构中各层次的功能如下。

(1)应用程序层。是指具体的使用 PAM 机制的应用程序,如 login、ftp、telnet。他调用 PAM API 接口来实现认证功能。

(2)应用接口层。是连接应用程序和验证模块的中间层,他根据配置文件中的设置,加载相应的验证模块,将请求传递到具体的服务模块。

(3)验证模块层。验证模块是动态链接库,他给应用程序提供具体的认证用户服务。该层定义了 4 种类型的模块,且不同的服务模块完成不同的功能,应用程序有时会使用几个服务模块。

① 认证管理模块主要是接受用户名和密码,进而对该用户的密码进行认证。强制用户在开始服务之前提供认证信息,这个认证信息代表一个口令,这个口令的内容非常广泛,甚至可以包括硬件板卡或传感器。

②账号管理模块,主要是让程序检查账户是否被允许登录系统,口令有效期或访问时间的限制等。典型的用法是基于一天的不同时间段来限制或允许访问某服务。

③口令管理模块，主要用于更新用户的认证标志。

④会话管理，和一系列动作有关，表明服务启动之前和关闭之后所执行的步骤，这包括记录用户的登录登出，挂载必需的目录等。

4.2.3.2　访问控制机制

Linux 对文件（包括设备）的访问控制是采用简单、有效的基于权限位的自主访问控制来实现，由于这种简单的基于权限位的访问控制存在无法实现细粒度的访问控制以及超级用户权限过大的问题，又提出了访问控制列表和特权管理机制。

1. 基于权限位的访问控制

Linux 系统将使用系统资源的人员分成 4 类：超级用户（root）、文件或目录的属主（owner）、属主的同组用户（group）以及其他用户（other）。由于超级用户拥有操作系统 Linux 的一切权限，故无须对其指定文件和目录的访问权限，而对其他三类用户则需要指定访问权限，这种简单的自主访问控制又称为"属主/属组/其他"式的访问控制机制，他的具体实现为：

（1）Linux 系统采用 3 个八进制数（即 9 个 b 位）表示各类用户的访问模式，并分为三组，每组代表一类用户对该文件和目录的 3 种访问权限：r（读）、w（写）、x（执行），每种权限用一个 b 位表示。另外，为了区分文件和目录，Linux 系统用"—"表示文件，用"d"表示目录。Linux 的文件访问权限如图 4-16 所示。

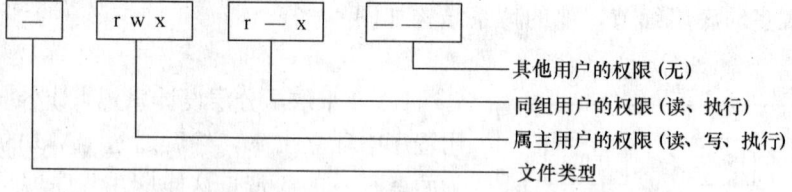

图 4-16　Linux 的文件访问权限

（2）当用户试图访问一个文件时，首先确定该用户类型，即文件的属主、属组还是其他，再找到与该用户匹配的访问权限，从而控制该用户对该文件的访问。

设在某 Linux 操作系统中，部分用户组的配置信息如下：

　　network_group：x：300：weimin, yongsheng, zhiyong, zhaohui

　　security_group：301：weinan, bohu, kankan, xiaoli, liuxing

系统中部分文件的权限配置信息如下：

　　-rwxr-x-x　　　　weimin　　　network_group file1

　　-rw-rw--x　　　　weinan　　　security_group file2

其中，配置信息的第一列是权限，第二列是属主名，第三列是属组名，最后一列是文件名。请问：用户 weimin、yongsheng 和 bohu 可以对文件 file1 进行什么操作？用户 xiaoli 可以对文件 file2 进行什么操作？

解答：

用户 weimin 是文件 file1 的属主，可以对文件 file1 进行读、写和执行操作；

用户 yongsheng 是文件 file1 的属组的成员，因此，该用户拥有分配给文件 file1 的属组的权限，即用户 yongsheng 可以对 file1 进行读和执行操作；

　　用户 bohu 既不是文件 file1 的属主，又不是文件 file1 的属组，因此，该用户拥有分配其余用户的权限，即用户 bohu 可以对 file1 进行执行操作；

　　用户 xiaoli 是文件 file2 的属组的成员，因此，该用户拥有分配给文件 file2 的属组的权限，即用户 xiaoli 可以对 file2 进行读和写操作。

　　自主访问控制在一定程度上能够满足文件系统的安全性需求，特殊属性的支持也有利于对系统内特殊文件的保护。但是，这种自主访问控制机制简单地将文件的访问者分为文件的所有者、同组用户、其他用户 3 类，文件的所有者可自主地确定和修改文件的访问权限，不同的访问权限可分别授予所有者、所有者所在的组成员和其他用户。三种访问权限也无法表达复杂组织中各成员对文件不同要求的访问。故 Linux 原有的自主访问控制机制不能实现更细粒度的访问授权管理。另外，由于超级用户具有管理系统的所有权限，导致权限滥用，违背了"最小特权"管理原则。

　　2. 访问控制列表

　　Linux 系统中基于权限位的访问控制是通过 user（属主）、group（属组）、other（其他）与 r（读）、w（写）、x（执行）的不同组合来实现的。然而随着应用的发展，这些权限组合已不能适应现时复杂的文件系统权限控制的要求。例如，我们可能需把一个文件的读权限和写权限分别赋予两个不同的用户或一个用户和一个组这样的组合。因此，Linux 开发出了一套新的文件系统权限管理方法，即访问控制列表（Access Control Lists，简称 ACL）。

　　访问控制列表可以针对任意指定的用户/组分配 r（读）、w（写）和 x（执行）权限，他的具体实现为：在基于权限位的访问控制的基础上，把属主、属组和其他 3 个用户类扩展为属主、指定用户、属组、指定组和其他 5 个用户类。其中，"指定用户"类可以包含任意个数的相互独立的用户。同样，"指定组"类可以包含任意个数的相互独立的用户组。访问控制列表的格式如图 4 - 17 所示。

User TYPE	Text Form
owner	user：: rwx
named user	user：name：rwx
owning group	group：: rwx
named group	group：name：rwx
other	other：: rwx

图 4 - 17　Linux 访问控制列表的格式

　　在图 4 - 17 中，每行为一个记录，每个记录被冒号（:）分成 3 个字段。第一个字段是记录类型标志：user 标志用户记录，group 标志组记录，other 标志其他用户记录。第二个字段是名称（用户名或组名），若为空表示属主或属组；第三个字段表示权限。

　　访问控制列表机制的最大优势在于可以为细粒度的访问控制提供比较好的支持，即针对任意给定的一个文件或目录，可以为任意个数的用户分配相互独立的访问权限，其中权限相互独立是指，改变分配给任意一个用户的权限，不会对其他用户的权限产生影响。

　　3. 特权管理

　　在基于权限位访问控制机制中，Linux 系统中的超级用户 root 拥有系统内的所有特权，若非法用户获得了超级用户账户，就获得了对整个系统的控制权，这样系统将毫无安全性可言。为了消除对超级用户账户的依赖，有效地保证系统的安全性，从内核为 2.1 版本开始，Linux 系统开发人员通过在 Linux 内核中引入能力的概念，实现了基于能力的特权管理机制。基于能力的特权管理机制包括以下内容：

①使用能力分割系统内的所有特权，使同一类敏感操作具有相同的能力。

②普通用户拥有部分能力，而超级用户在系统启动之初拥有全部的能力。

③在系统启动后，系统管理员为了系统的安全可以剥夺超级用户的某些能力，并且该剥夺过程是不可逆的，也就是说如果一种能力被删除，除非重新启动系统，否则无法恢复被剥夺的能力。

④进程可以放弃自己的某些能力，该过程也是不可逆的。

⑤进程被创建时拥有的能力由他所代表的用户目前所具有的能力和父进程能力两者的与运算来确定。

⑥当一个进程要进行某个特权操作时，通过检查进程是否具有执行相应特权操作所应该具有的能力对系统资源访问进行控制。

基于能力的特权管理机制可以降低依赖单一账户执行特权操作所带来的风险，具体表现在以下 2 个方面：

首先，取消超级用户的某些能力对提高系统的安全性是很有好处的。假设有一台重要的服务器，比较担心可加载内核模块的安全性，而又不想完全禁止在系统中使用可加载内核模块。在这种情况下，系统管理员可以使系统在启动时加载所有的模块，然后删除超级用户的"加载/卸载内核模块"能力，这样，即使有非法用户获得了超级用户账户，也不能加载/卸载任何内核模块。因此，在系统启动后，系统管理员可以根据实际情况删除超级用户的某些能力。

其次，进程放弃没有必要的能力对于提高安全性是有益的。也就是说，服务器软件程序员应该主动放弃进程的所有多余的能力，以确保系统的安全性。

4.2.3.3　加密文件系统

内核为 2.6.19 版本的 Linux 系统中引入了功能强大的企业级加密文件系统，即 eCryptfs，一种堆叠式加密文件系统（stackable cryptographic file system），这种加密文件系统可以看成一个加密/解密的转换层，而并不是一个真实的全功能文件系统，也就是说他堆叠在其他文件系统之上（如 Ext2、Ext3、ReiserFS、JFS 等），为应用程序提供透明、动态、高效和安全的加密功能。其结构如图 4 - 18 所示。

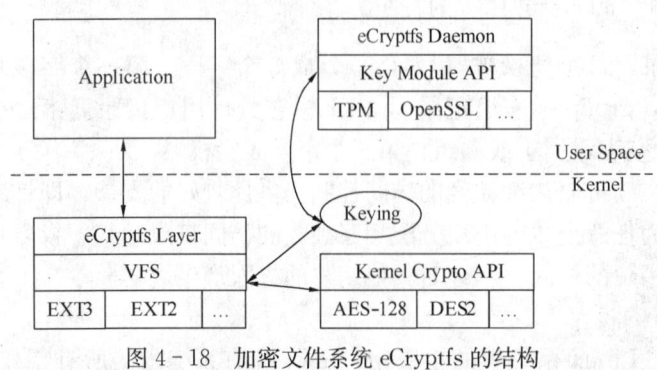

图 4 - 18　加密文件系统 eCryptfs 的结构

在 Linux 系统下，插入了 eCryptfs 加密/解密处理层之后，如果用户要访问的是加密安装点之下的文件，则虚拟文件系统（virtual file system，简称 VFS）首先启动 eCryptfs 进行文件的加密/解密处理，然后再由 eCryptfs 启动 Ext3 或其他具体的文件系统对文件进行读或写操作。其中对文件的加密密钥可以放到内核的密钥环中，他是 Linux 系统内核提供的一种密钥管理机制，由密钥环与用户层的 eCryptfs Daemon 一起对 eCryptfs 的密钥进行管理。为了保证文件加密密钥的安全性，eCryptfs 通过用户空间系统所提供的一些机制和接口，如 TPM、OpenSSL 等对文件的加密密钥进行加密保存。另外，在内核态中，系统也提供了一些加密的 API 接口供 eCryptfs 对文件进行加密使用。

加密文件系统 eCryptfs 的最大优势在于用户可以选择对哪些文件或目录进行加密，而且只要用户通过初始身份认证后，对加密文件的访问和普通文件没有什么区别，可以完全透明地访问加密文件。另外，在 eCryptfs 加密文件系统的作用下，存放到磁盘上的文件是经过加密的，即使磁盘被窃取，文件的内容也不容易泄露。

4.2.3.4 安全审计

Linux 系统的日志信息主要由审计服务进程 syslogd 来维护与管理，则 Linux 系统的审计系统结构如图 4-19 所示。

（1）系统进程、用户进程以及系统内核 klogd 后台进程通过调用 syslogd 函数库中的函数把审计事件以及相关的信息发送给 syslogd 守护进程。

（2）syslogd 守护进程根据配置文件/etc/syslog.conf 中设置的日志种类和处理方式，统一生成日志信息，并送到指定的目的地。其中

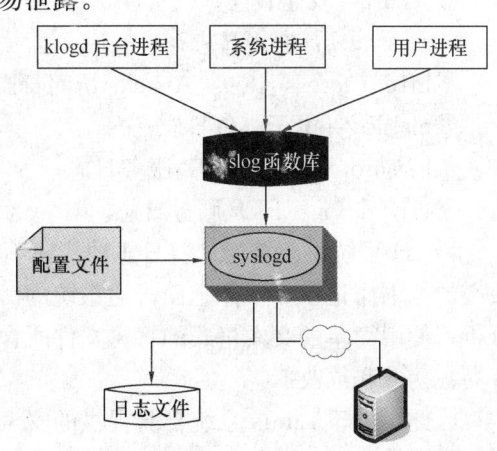

图 4-19 Linux 系统的审计系统结构

配置文件 syslog.conf 是一个文本文件，定义了指导 syslogd 守护进程工作的指令，其内容形式如下：

facility.level　　　　action

每行配置信息由两个域构成，左侧第一个域 facility.level 描述日志信息源；右侧第二个域 action 描述日志信息目的地。域 facility.level 中 facility 表示产生日志的主体，Linux 系统中产生日志的主体包括以下几项。

①auth：认证进程，即要求用户提供用户名口令的进程，如 login 等；
②authpriv：涉及特权信息的认证进程；
③kern：操作系统内核；
④corn：执行周期性任务的 cron 守护进程；
⑤daemon：系统的其他守护进程；
⑥mail：电子邮件系统；
⑦ftp：文件传输系统；
⑧syslog：审计服务守护进程；
⑨lpr：打印系统；
⑩local0....local7：留做系统定制用途；
⑪news：网络新系统；
⑫user：普通用户进程。

域 facility. level 中 level 表示日志的紧迫级别，在 Linux 系统中日志信息的紧迫级别主要有 8 个，即紧急（emerg）、警告（alert）、关键（crit）、出错（err）、提醒（warning）、注意（notice）、通知（info）、提示（debug）。域 action 说明日志信息将发往何处，其形式多样，可以是本地或网络上的其他主机。若目的地是本地的日志文件，Linux 的 syslogd 守护进程产生的日志信息主要存放在/var/log 目录下的日志文件中，该目录下典型的日志文件主要包括以下几个。

①demesg：内核启动日志；

②boot. log：系统引导日志；

③secure：安全日志；

④messages：通用日志；

⑤httpd/access _ log：Apache 访问日志；

⑥maillog：电子邮件日志；

⑦mysqld. log：MySQL 服务日志；

⑧vsftpd. log：FTP 服务日志。

Linux 系统中已有的这些日志功能还不完善，主要表现在：Linux 系统的审计只在各自关心的范围作记录，不能全面表达系统的活动，且内容和格式各异的数据不利于程序的自动分析；使用简单的文本格式的日志文件所含有的信息量少，存储效率低，且可靠性差，非常容易被伪造和篡改。

因此，由于 Linux 系统自身提供的安全机制的限制，目前大多 Linux 系统的安全审计机制也仅支持 C2 级审计。

 操作系统是连接计算机硬件与上层软件及用户的桥梁，他的安全性是计算机安全的重要基础，要妥善解决日益广泛的计算机安全问题，必须有坚固的安全操作系统做后盾。

4.3 数据库安全

数据库技术从 20 世纪 60 年代产生至今，已得到快速的发展和广泛的应用。数据库对人们的生活工作和学习起到了不可估量的作用。大多数企业、组织以及政府部门的电子数据都保存在各种数据库中。数据库服务器还掌握着敏感的金融数据，例如交易记录、商业事务和账号数据、战略上的或者专业的信息，比如专利和工程数据，甚至市场计划等应该保护起来防止竞争者和其他非法者获取的资料。然而，在数据库系统担负着日益艰巨的集中处理大量信息的任务的同时，其安全问题也日渐突出。

相对于其他的计算机系统，数据库系统具有如下基本特点：客体较多；数据生存期较长，对维护的要求高；涉及信息在不同粒度的安全，即客体具有层次性和多项性；在数据库管理系统中受保护的客体可能是复杂的逻辑结构，若干复杂的逻辑结构可能映射到同一物理数据客体上，即客体逻辑结构与物理结构的分离；数据库的安全与数据语法有关；客体之间的信息相关性较大，应考虑推理攻击的防范。

4.3.1　数据库的安全威胁

数据库的安全威胁主要有数据篡改、数据窃取和数据损坏三种情况。

（1）数据篡改。篡改就是对数据库中的数据未经授权就进行修改，破坏数据的真实性。篡改的动机主要有：个人利益驱动、隐匿或毁坏证据、恶作剧或开玩笑、无意识的修改或用户误操作等。数据库中数据的篡改是一个潜在的问题，表面上看来没有任何迹象，在造成不良后果之前，数据库管理者一般很难发现。

（2）数据窃取。窃取主要是对敏感数据的未授权访问，使数据库中的机密信息泄露，其原因可能是不满的员工、辞职的员工或工商业间谍等。窃取的手段可以是将数据复制到其他介质上，或是输出成可直接或间接读取的资料（如打印），还有可能是通过网络连接对敏感数据进行未授权的访问或处理。

（3）数据损坏。数据的真正丢失是数据库安全性所面临的最严重问题。人为的破坏、恶作剧、病毒等原因，导致数据库中的表、数据甚至整个数据库，都有可能被删除、移动或破坏，这样数据库的内容就不可用了。

目前，数据库所面临的安全威胁均来自于对数据库的直接攻击或间接攻击。直接攻击是通过查询以得到几个记录来直接搜索并确定敏感字段的值，其最成功的技术是形成一种特定的查询，恰好与一个数据项相匹配；间接攻击是依据一种或多种统计值推断出结果，通过使用某些明显隐匿的统计量来推导出数据，例如求和、计数、中值等数据来得到某些数据。

4.3.2　数据库的安全要求

虽然数据库系统由于自身的特点，其安全措施在某些方面与其他计算机系统的安全措施有本质的不同，但它对安全的要求与其他计算机系统没有什么区别，同样可归纳为最基本的三类：保密性、完整性和可用性。

1. 数据库系统的保密性

数据库系统的保密性是指保证高级别的信息不会非授权地流向低级别的主体和客体，他的安全要求又包括用户身份鉴别、访问控制、可审计性、推理攻击的防范、隐蔽信道的防范等。

（1）用户身份鉴别。保证访问数据库的每个用户都是合法的，且可识别的。

（2）访问控制。控制主体对客体的访问，即拒绝非授权访问且防止信息泄露。

（3）可审计性。数据库系统一旦发生非法用户的侵入行为、信息泄密与破坏的情况，能够跟踪审计。

（4）推理攻击的防范。防止通过数据库中存放的数据来推断出安全级高的机密信息。

（5）隐蔽信道的防范。防止数据库系统中的隐蔽信道攻击。

2. 数据库系统的完整性

数据库系统的完整性是指保证数据不被非授权地修改或非正确地改动，其安全要求又包括物理完整性、逻辑完整性和元素完整性。

（1）物理完整性。保障数据库物理存储介质及物理运行环境的正确不受侵害，他是保证其他完整性的基础。

（2）逻辑完整性。包括数据库逻辑结构完整性及数据库源码完整性两个方面。

（3）元素完整性。保障各客体数据库元素的合法性、有效性、正确性、一致性、可维护性及防止非授权修改与破坏。

3. 数据库系统的可用性

数据库系统的可用性是指授权用户在其需要时，能够随机访问数据库资源，即读写数据信息。

4.3.3　数据库的安全技术

数据库系统通常是在操作系统和网络系统的控制之下运行，操作系统和网络系统已经提供的安全措施，数据系统可以利用，不必另行考虑。但与操作系统和网络安全相比，其不同之处在于：操作系统中的对象为文件，而数据库系统中要求有更加精确的数据粒度，比如要求精确到数据库的表级、域级，直到行级，元素级等；操作系统并不关心相关的数据对象的语义及其相互关系，而数据库系统则必须重视数据的语义。目前数据库的安全机制主要有身份认证、访问控制、加密技术、并发控制、推理分析、隐通道分析、备份和恢复、审计跟踪与攻击检测及数据库管理员与安全管理等机制，其中备份和恢复技术同 4.5 节。

4.3.3.1　身份认证

身份认证是数据库系统提供的最外层安全保护措施，目的是防止非法用户访问数据库系统。其认证过程为：首先在数据库系统内部保存授权用户的身份信息。每当用户请求进入数据库系统时，须向该系统提供自己的身份信息，再由系统对用户身份的合法性进行鉴别，通过鉴定为授权用户后才能登录数据库系统。目前，身份认证方式主要有以下 3 种。

1. 用户名/口令

用户名/口令认证是数据库系统中验证用户身份最常见的方法。数据库系统需为合法用户创建一个用户名/口令对，当用户访问数据库系统时，首先输入其用户名/口令，系统再核对用户输入的用户名/口令与系统内已有的合法用户的用户名/口令对是否匹配，若与某一项用户名/口令对匹配，则该用户的身份得到了认证。

由于这种用户名/口令认证方式的安全性是基于口令的保密性，而且用户口令一般较短且容易猜测，因此不能抵御口令猜测攻击；另外，在基于网络数据库系统中，用户口令通过网络明文传输，攻击者很容易通过线路窃听及重放等攻击手段伪造合法用户身份。即使口令是加密传输，但协商加密口令的密钥将会增加数据库系统的额外负担。

2. 智能卡

智能卡是一种智能集成电路卡，不但提供读写数据和存储数据的能力，而且具有对数据进行处理的能力，他在身份认证技术中有无法比拟的优势，主要表现在以下 3 个方面。

（1）采用双因子验证机制。由于智能卡有硬件 PIN 码保护，当采用智能卡身份验证方式登录数据库系统时，用户首先需要将智能卡插入智能卡读卡器中，然后再输入一个 PIN 码。也就是说，系统既验证用户持有的凭证（智能卡），又验证用户知晓的信息（智能卡 PIN 码），以此确认用户的身份，这种验证方式称作"双因子认证机制"。

（2）带有安全存储空间。私人密钥和电子证书保存于智能卡的不允许外读的存储单元中，对该存储空间的读写操作必须通过程序实现，用户无法直接读取，因此，断绝了复制用户私有信息的可能性。

（3）具有独立的运算功能。智能卡内置 CPU 可以实现数据摘要、数据加解密和签名的各种算法，加解密运算在智能卡内部进行，保证了用户密钥不会出现在计算机内存中，从而杜绝了用户密钥被黑客截取的可能性。

另外，智能卡可以承担对信息的加密解密、签名及对签名的验证等事务，减轻了客户端系统的负担。而且当需要对加密解密算法进行改动或替换时只需要对智能卡进行相应的改动而无须对客户端系统进行升级，因此采用智能卡使身份验证更有效、安全。

3. 生物识别技术

生物识别技术是借助人们身体的某种特征，如指纹、面部、声音、虹膜，甚至身体的气味进行身份认证的技术。其具体认证过程为：首先，创建生物特征模板；其次，出示个人身份特征；最后，系统把新采集到的身份特征数据与数据库中的相应数据对比，如果匹配，则用户得到认证。

基于生物识别技术的认证方式不需要记住像身份号和密码，也不须随身携带像智能卡之类的东西，具有很好的安全性和有效性。然而生物特征的覆盖面是有限的，某些用户群体不能使用生物特征，比如没有手指的残疾人无法使用指纹识别技术。另外，生物识别技术实现较复杂且不成熟，实施成本昂贵，因此针对数据库系统的客体较多这个特点，其应用推广难度较大。

4.3.3.2 访问控制

访问控制是定义和控制用户对数据库数据的存取访问权限，以确保只授权给有资格的用户，防止和杜绝对数据库中数据的非授权访问，他是对已经进入数据库系统内部的用户的访问控制，是安全数据保护的前沿屏障。为了实现数据安全，当主体访问客体时，就要进行存取控制合法性检查，检查该用户（主体）是否有资格访问这些数据对象（客体），具有哪些访问权限（如建、读、增删改等）。若用户的操作请求超出了数据字典中定义的权限，系统将拒绝此操作。

数据库管理系统中对数据库的存取控制要比操作系统中对文件的存取控制机制复杂得多。由于数据库中的粒度有记录、表、属性、字段、值等，因此数据库管理系统需要对更加精细的数据粒度加以控制。与操作系统的访问控制技术相同，数据库的访问控制机制主要有自主访问控制、强制访问控制和基于角色的访问控制。

1. 自主访问控制

数据库系统中自主访问控制的特点就是当用户拥有数据库对象上的某些操作权限及相应的授权时，可以自由地把这些操作权限部分或全部转授给其他用户，从而使得其他用户也获得在这些数据库对象上的使用权限。同样，在规定用户权限时也需要考虑 3 个因素：用户（主体）、数据对象（客体）和操作（读/写等）。用户访问数据库系统时，根据记录在系统表

（即数据字典）中的授权情况进行检查，以决定是执行操作还是拒绝执行，从而保证用户能够存取他有权存取的数据。

2．强制访问控制

数据库系统中强制访问控制的特点是首先分别给用户（主体）和数据对象（客体）设定安全级，并通过用户和数据对象的安全级的比较来确定访问权限，即当用户访问数据库时，首先检查数据对象是否在用户操作权限的范围内，然后检查该用户的操作请求及安全级与所操作的数据对象的安全级是否匹配。当两个条件都满足时，才执行用户的操作请求，否则拒绝执行。总之，数据库系统要根据用户的操作请求、安全级和数据对象的安全级执行强制访问控制，保证用户只能访问与其安全级相匹配的数据。

3．基于角色的访问控制

由于数据库系统中数据的授权访问粒度更加精细，简单的基于角色的访问控制机制已不能满足其需求。目前提出了一种细粒度的基于角色的访问控制模型，该模型对分配给角色的权限在角色中的重要程度进行设置，然后在用户与角色分配和角色层次关系设置时添加限制条件，从而使不同的用户可以获得角色的不同部分权限，父角色可以继承子角色的部分权限。

4.3.3.3　加密技术

对于数据库系统中数据的安全性仅依靠访问控制加强其保密性是远远不够的。该安全措施存在一个明显弱点，即原始数据是以可读的形式存储在数据库中的，入侵者可以从计算机系统的内存中导出需要的信息，或者采取某种方式进入系统，从系统的后备存储器上窃取数据或篡改数据。因此，对于数据库中的数据还可以采用数据加密技术，他是防止数据库中数据在存储和传输中失密的有效手段。

1．数据库加密的特点

数据库加密与传统的通信或网络加密技术相比，有其自身的要求和特点：数据库加密以后，数据量不应明显增加；某一数据加密后，其数据长度不变；传统的加密以报文为单位，加密脱密都是从头至尾顺序进行，而数据库中的数据必须以字段为单位进行加密，否则该数据库将无法被操作；由于数据保存的时间要长得多，对加密强度的要求也更高；由于数据库中数据是多用户共享，对加密和解密的时间要求也更高，要求加密和解密的速度要足够快，不能明显降低系统性能。

2．数据库加密的方式

目前，数据库系统的体系结构大多是比较流行的3层体系结构：操作系统层、数据库系统的内核层和数据库系统的外层，因此可以在3个不同层次实现对数据库数据的加密。

（1）操作系统层。在操作系统层，由于无法辨认数据库文件中的数据关系，从而无法产生合理的密钥，也无法进行合理的密钥管理和使用。因此，在操作系统层对数据库文件进行加密，对于大型数据库来说，目前还难以实现。

（2）数据库系统的内核层。在数据库系统的内核层实现加密，是指数据在物理存取之前完成加/解密工作。这种加密方式的优点是加密功能强，而且几乎不会影响数据库系统的功能。但是，数据库系统和加密器（硬件或软件）之间的接口需要数据库系统开发商的支持，另外,加/解密运算在服务器端进行,加重了数据库服务器的负载。

(3) 数据库系统的外层。目前比较实际的方式是将数据库加密系统做成数据库系统一个外层工具。其优点是加/解密运算放在客户端进行,减轻了数据库服务器的负载并可实现网上传输加密,但是加密功能会受到一些限制。

3. 数据库加密的粒度

数据库的加密粒度可以分为 4 类:表、属性、记录和数据元素。各种加密粒度的特点不同,一般来说粒度越小灵活性越高,但实现起来越复杂,对系统运行效率影响也较大。

(1) 表加密。加密对象是整个表,这种加密方法类似于系统中文件加密的方法,用密钥对每个表进行加密运算形成密文后存储。这种方式最简单,但是有时会把许多不需要加密的记录或数据项一起进行加密操作,造成巨大的资源浪费,效率很低。

(2) 属性加密。也称位域加密或字段加密,加密对象是列。这种方法可以根据属性的机密程度进行选择,相比表加密灵活性更高,系统开销少。

(3) 记录加密。对每一条记录进行加密,通常的加密方式是在各自密钥的作用下,将数据库的每一个记录加密成密文并存放于数据库文件中。由于密文数据一般不能代替明文进行算术运算和关系运算,因此,采用这种方法使数据库不能实现诸如索引、连接、统计、排序等多种操作,并会影响数据库管理系统某些原有的功能。

(4) 数据元素加密。加密对象是记录中的每个字段。采用这种方法需要加密的数据量比较大,更加灵活,但是系统开销最大。

4.3.3.4 并发控制

目前主流的数据库系统通常都允许多个用户同时使用和共享,即可以同时接纳多个事务,事务可以在时间上重复执行,则称这种执行方式为并发访问。当多用户并发存取数据时,就会产生多个事务同时存取同一数据的情况,从而引起严重的数据错误和程序运行错误。并发控制机制就可以防止多用户并发使用数据库时造成数据错误和程序运行错误,以保证数据的完整性。

1. 基于封锁的并发控制技术

数据库系统并发控制机制实现的主要方法是封锁技术。所谓封锁就是要用正确的方式调度并发操作,使一个用户的事务在执行过程中不受其他事务的干扰,对他要操作的数据有一定的控制能力,从而避免造成数据的不一致性。其实现过程如下:

①事务在操作前要对他将使用的数据提出加锁申请(申请加锁);

②当条件成熟时,系统允许事务对数据进行加锁,从而事务获得数据的控制权(获得锁);

③在完成操作后,事务放弃数据的控制权(释放锁)。

基本的封锁主要有排他锁(X 锁)和共享锁(S 锁)两种类型:

(1) 排他锁(X 锁)。若事务 T 对数据 D 加 X 锁,除 T 对数据 D 有写和修改权外,其他任何事务都不能再对数据 D 进行写和修改,也不能加任何类型的锁,直至 T 释放 D 上的 X 锁;一般要求在修改数据前要向该数据加排他锁,所以排他锁又称为写锁。

(2) 共享锁(S 锁)。若事务 T 对数据 D 加 S 锁,则其他事务只能对 D 加 S 锁,而不能加 X 锁,直至 T 释放 D 上的 S 锁;一般要求在读取数据前要向该数据加共享锁,所以共享锁又称为读锁。

2. 基于时间戳的并发控制技术

为了区别事务开始执行的先后，每个事务在开始执行时，由系统赋予一个唯一的、随时间增长的整数，称为时间戳。基于时间戳的并发控制是按时间戳的顺序对冲突进行处理，使一组事务的交叉执行等价于一个由时间戳确定的串行序列，其目的是保证冲突的读操作和写操作按照时间戳的顺序执行。

3. 基于事务类的并发控制技术

基于事务类的并发控制技术利用存储过程来访问数据库，假设每个存储过程属于一个互不相交的冲突类。一个冲突类里的过程仅存取数据库中的某一特定部分，而不同的冲突类则工作在数据库的不同部分。

4.3.3.5　推理控制

推理就是根据低密级的数据和模式推导出高密级数据的存在，此信息泄露并非来自直接对安全机制的攻击，而是来自信息本身的信息和语义。其实质是用户可在不违反访问控制机制的情况下非法获取信息，从而对数据库安全构成威胁。推理控制的目标就是防止用户通过间接的方式获取本不该获取的数据或信息。目前对于推理问题没有完善的解决办法，但是可以通过以下几个途径对其加以控制。

（1）数据扰动。事先对需要进行统计的敏感数据进行加工。

（2）禁止操作敏感数据。可以限制推理出敏感数据，但是也可能会降低数据库的可用性。

（3）查询控制。对统计查询的控制是比较成功的技术，目前在统计数据库中应用已有较多成功经验，该技术大部分是控制可以查询的记录数。

（4）限制计算精度。这样做的效果是即使恶意人员通过推理分析得到了敏感数据的值，也会由于精度的限制而存在一定的误差。

4.3.3.6　审计跟踪

数据库系统的审计跟踪就是创建一个用于监测非正常的或可疑活动的事件记录，或者提供一个重要活动及操作者的记录，并对其记录进行分析处理、评估审查，查找出存在的安全隐患，对数据库系统安全进行审核、稽查和计算，追查造成安全事故的原因。该机制可审计的内容主要包括：

（1）调查用户行为。例如非授权用户从数据库中删除数据。审计管理员可以决定对所有的用户到数据库的连接和所有成功/不成功的修改数据的行为进行审计。

（2）监视和审计对特定数据库行为的信息。例如数据库哪个表正处于被修改状态，当前进行了多少逻辑输入/输出，或者在高峰时候有多少用户同时连接了数据库等。

（3）可以跟踪记录以任何方式连接到数据库的 SQL 命令。

（4）可以审计系统相关的功能调用（也就是可能没有客体的行为）。

（5）审计管理员可以配置选择需要审计的行为和主客体。

审计跟踪作为对数据库系统的安全策略能有效地管理与之相关的风险，从而确保数据库系统的安全、可靠和有效。从这点上看，安全审计是数据库安全的有机组成部分，也可以说是不可分割的一部分。

4.3.3.7 职责分离

在传统的数据库系统中，数据库管理员的权力至高无上，既负责各项系统管理工作（包括安全管理），例如资源分配、用户授权、系统审计等，又可以查询数据库中的一切信息。这种管理机制使得数据库管理员的权力过于集中，存在安全隐患。在安全管理方面，数据库可以采用数据库管理员与安全管理员职责分离机制，把系统管理员分为数据库管理员和数据库安全管理员，分别承担不同的职责，数据库管理员负责自主访问控制及系统维护与管理方面的工作；数据库安全管理员负责强制访问控制。

另外，还可以从数据库管理员中进一步分出数据库审计员，由数据库审计员负责系统的审计。这种管理体制真正做到各行其责，相互制约，能更可靠地保证数据库的安全性。

数据库安全性是数据库的生命所在、发展之本，也是决定数据库系统技术发展前景的重要因素。提高数据库系统的安全性首先要求提高数据库使用与管理人员的相关业务知识水平，加强使用和管理人员对数据库安全的重视；除此以外，数据库安全技术是保障数据库安全的有效屏障，是维护数据库安全的重要技术措施。

4.4 系统安全监测

目前，计算机系统不安全的因素一方面是由于攻击者恶意的攻击所造成的，如编写恶意代码并在目标主机上执行，造成计算机系统不能正常运行等；另一方面是由于计算机系统在硬件、软件、协议的设计和实现或系统安全策略上存在缺陷和不足。为了进一步提高计算机系统的安全性，可采用恶意代码防范技术阻止因病毒、木马和蠕虫等攻击者恶意攻击所造成的安全问题。另外，可采用主机漏洞扫描技术防止因系统漏洞所造成的安全问题。

4.4.1 恶意代码防范

在目前的 Internet 上，恶意代码无处不在，泛滥成灾，严重威胁着系统安全。从 1988 年 Morris 蠕虫事件以来，Internet 安全威胁逐年上升，最近几年的增长态势变得尤其迅猛，从 1998 年到 2004 年平均年增长幅度达到 50% 左右。在 Internet 安全事件中，恶意代码造成的直接经济损失占有最大的比例，如 2000 年 5 月爆发的"爱虫"病毒造成大约 87 亿美元的经济损失；2004 年病毒、蠕虫和特洛伊木马等恶意程序共给全球造成了 1 690 亿美元的经济损失。恶意代码已成为信息战、网络战的一种重要攻击手段。日益严重的恶意代码问题不仅使企业和个人蒙受巨大的经济损失，而且使国家的安全面临严重威胁。

恶意代码是一种程序，它通过把代码在不被察觉的情况下镶嵌到另一段程序中，从而达到破坏被感染计算机数据的安全性和完整性的目的。通常，恶意代码可通过系统漏洞、电子邮件、存储媒介或者其他方式植入到目标计算机，并随着目标计算机的启动而自动运行。目前发现的恶意代码包括可执行程序、动态链接库、帮助文件、图片文件、屏幕保护文件、连接文件、Word 文件、OCX 控件、Java 小程序、脚本程序等多种形态，其中，最主要的存在形态是可执行程序和动态链接库。按传播方式，恶意代码主要包括病毒、蠕虫、木马等。

病毒是一种寄生在其他程序之上，能够自我繁殖，并对寄生体产生破坏的一段执行代码，他通过"修改"一些可执行程序文件，达到传播和破坏的目的。病毒虽然能把自身附加到其他程序包括操作系统之上，但是他不能独立运行，需要运行他的宿主程序来激活他。病毒主要具有寄生性、传染性、隐蔽性、破坏性和潜伏性等特征。目前常见的病毒主要有文件型病毒、引导扇区病毒、混合型病毒、宏病毒和脚本病毒等类型。其中脚本病毒主要通过电子邮件和网页传播，由于他编写简单、制作容易、欺骗性强、变种多等特点，在 Internet 普及的今天，脚本病毒传播范围广、危害性大，已成为影响系统安全最大的恶意代码之一。

蠕虫是一种智能化，自动化，综合网络攻击、密码学和计算机病毒技术，不需要计算机使用者干预即可运行的攻击程序或代码。蠕虫也是计算机病毒的一种，但又与普通的计算机病毒不同，主要表现以下 3 个方面：

①蠕虫并不寄存于宿主文件，其自身就是一个独立的程序，因此传播和执行并不依赖宿主文件的执行，通过自身执行即可，有的蠕虫不依赖于用户的操作即可执行并传播，有的蠕虫的传播则依赖于用户的操作。

②普通的计算机病毒的传染和破坏对象是指本地计算机的相关文件，而蠕虫的目标是整个网络的计算机。即他会扫描和攻击网络上存在安全漏洞的主机，通过局域网或者 Internet 从一个节点传播到另外一个节点。

③从破坏目标来看，蠕虫的危害远远大于普通计算机病毒。蠕虫能够高速地在网络中迅速蔓延，对网络中的计算机实行主动攻击，使得网络瘫痪甚至造成严重的经济损失。

木马是隐藏在合法程序中的未授权程序，这个隐藏的程序完成用户不知道的功能。完整的木马程序一般由服务器程序和客户端的远程控制程序组成。木马采用欺骗或者漏洞攻击等手段把服务器程序安装到受害者的计算机中，这就是所谓的计算机"中了木马"。客户端是用来控制目标主机（受害者计算机）的部分，安装在控制者的计算机中，他的作用是用来连接木马的服务器端，并发送控制命令和接收返回信息，从而达到监视和控制目标主机的作用。木马的控制者通过木马的客户端给服务器端发送一系列指令，控制者能任意访问被控制端的计算机，在受害者计算机上做任何想做的事情。

木马不仅具有像病毒、蠕虫一样的危害，比如删除和修改文件、格式化硬盘、攻击其他计算机等，并具有伪装性和潜伏性。通常木马会伪装成一个实用工具或者一个可爱的游戏，诱使用户将其安装在个人计算机或者服务器上。木马在大多数情况下潜伏在计算机系统中对计算机系统进行破坏，如通过修改注册表信息，将其设定为开机自启动，并等待攻击者发送指令执行相应的攻击操作，如窃取权限、密码或重要的敏感信息等。

病毒、蠕虫、木马之间既有相似性，又有显著的区别。通过对它们之间的区别、不同特点的分析比较，可以更好地了解其传播方式，可以有针对性地制定出检测和控制方法，更好地防御各类恶意代码的传播。它们的区别如表 4-6 所示。

表 4 - 6 病毒、蠕虫、木马的区别

对比类型	病 毒	蠕 虫	木 马
存在形式	寄生	独立个体	独立个体
传播途径	通过宿主程序运行	通过系统存在的漏洞	植入目标主机
传播速度	慢	快	最慢
攻击目标	本地文件	计算机系统；网络资源	本地文件、系统；网络上的其他主机；窃取信息
触发	计算机操作者	程序自身	计算机操作者
防治方法	从宿主文件中摘除	为系统打上补丁	停止并删除计算机木马服务程序
对抗主体	计算机使用者、反病毒供应商	计算机使用者、反病毒供应商、网络管理者	计算机使用者、反病毒供应商、网络管理者

随着恶意代码技术的发展，传统计算机病毒、蠕虫、木马之间的界限已不那么明显。一个恶意代码程序可以具有双重或多重特征，即既是蠕虫又是木马或既是病毒又是木马或同时是病毒、蠕虫、木马等。比如，CodeRedn 就是一个蠕虫木马双特型恶意代码，他首先采用蠕虫技术利用微软 115 的漏洞感染目标计算机，然后把一个木马程序下载并植入到目标计算机中。

目前恶意代码可以渗透到信息社会的各个领域，给计算机系统带来了巨大的破坏和潜在的威胁。为了确保系统的安全与畅通，已有多种恶意代码的防范技术，如恶意代码分析技术、误用检测技术、权限控制技术和完整性技术等。

4.4.1.1 恶意代码分析技术

恶意代码分析是一个多步过程，他深入研究恶意软件结构和功能，有利于对抗措施的发展。按照分析过程中恶意代码的执行状态可以把恶意代码分析技术分成静态分析技术和动态分析技术两大类。

1. 静态分析技术

静态分析技术就是在不执行二进制程序的条件下，利用分析工具对恶意代码的静态特征和功能模块进行分析的技术。该技术不仅可以找到恶意代码的特征字符串、特征代码段等，而且可以得到恶意代码的功能模块和各个功能模块的流程图。由于恶意代码从本质上是由计算机指令构成的，因此根据分析过程是否考虑构成恶意代码的计算机指令的语义，可以把静态分析技术分成以下两种：

（1）基于代码特征的分析技术。在基于代码特征的分析过程中，不考虑恶意代码的指令意义，而是分析指令的统计特性、代码的结构特性等。比如在某个特定的恶意代码中，这些静态数据会在程序的特定位置出现，并且不会随着程序拷贝副本而变化，所以，完全可以使用这些静态数据和其出现的位置作为描述恶意代码的特征。当然有些恶意代码在设计过程中，考虑到信息暴露的问题而将静态数据进行拆分，甚至不使用静态数据，这种情况就只能通过语义分析或者动态跟踪分析得到具体信息了。

（2）基于代码语义的分析技术。基于代码语义的分析技术要求考虑构成恶意代码的指令的含义，通过理解指令语义建立恶意代码的流程图和功能框图，进一步分析恶意代码的功能结构。因此，在该技术的分析过程中首先使用反汇编工具对恶意代码执行体进行反汇编，然后通过理解恶意代码的反汇编程序了解恶意代码的功能。从理论上讲，通过这种技术可以得到恶意代码的所有功能特征。但是，目前基于语义的恶意代码分析技术主要还是依靠人工来完成，人工分析的过程需要花费分析人员的大量时间，对分析人员本身的要求也很高。

采用静态分析技术来分析恶意代码最大的优势就是可以避免恶意代码执行过程对分析系统的破坏。但是他本身存在以下两个缺陷：①由于静态分析本身的局限性，导致出现问题的不可判定；②绝大多数静态分析技术只能识别出已知的病毒或恶意代码，对多态变种和加壳病毒则无能为力。无法检测未知的恶意代码是静态分析技术的一大缺陷。

2. 动态分析技术

动态分析技术是指恶意代码执行的情况下，利用程序调试工具对恶意代码实施跟踪和观察，确定恶意代码的工作过程，对静态分析结果进行验证。根据分析过程中是否需要考虑恶意代码的语义特征，将动态分析技术分为以下两种：

（1）外部观察技术。外部观察技术是利用系统监视工具观察恶意代码运行过程中系统环境的变化，通过分析这些变化判断恶意代码功能的一种分析技术。

通过观察恶意代码运行过程中系统文件、系统配置和系统注册表的变化就可以分析恶意代码的自启动实现方法和进程隐藏方法：由于恶意代码作为一段程序在运行过程中通常会对系统造成一定的影响，有些恶意代码为了保证自己的自启动功能和进程隐藏的功能，通常会修改系统注册表和系统文件，或者会修改系统配置。

通过观察恶意代码运行过程中的网络活动情况可以了解恶意代码的网络功能。恶意代码通常会有一些比较特别的网络行为，比如通过网络进行传播、繁殖和拒绝服务攻击等破坏活动，或者通过网络进行诈骗等犯罪活动，或者通过网络将搜集到的机密信息传递给恶意代码的控制者，或者在本地开启一些端口、服务等后门等待恶意代码控制者对受害主机的控制访问。

虽然通过观测恶意代码执行过程对系统的影响可以得到的信息有限，但是这种分析方法相对简单，效果明显，已经成为分析恶意代码的常用手段之一。

（2）跟踪调试技术。跟踪调试技术是通过跟踪恶意代码执行过程使用的系统函数和指令特征分析恶意代码功能的技术。在实际分析过程中，跟踪调试可以有两种方法：

①单步跟踪恶意代码执行过程，即监视恶意代码的每一个执行步骤，在分析过程中也可以在适当的时候执行恶意代码的一个片段，这种分析方法可以全面监视恶意代码的执行过程，但是分析过程相当耗时。

②利用系统 hook 技术监视恶意代码执行过程中的系统调用和 API 使用状态来分析恶意代码的功能，这种方法经常用于恶意代码检测。

4.4.1.2　误用检测技术

误用检测也被称为基于特征字的检测。他是目前检测恶意代码最常用的技术，主要源于模式匹配的思想。其检测过程中根据恶意代码的执行状态又分为静态检测和动态检测：静态检测是指脱机对计算机上存储的所有代码进行扫描；动态检测则是指实时对到达计算机的所有数据进行检查扫描，并在程序运行过程中对内存中的代码进行扫描检测。误用检测的实现流程如图 4-20 所示。

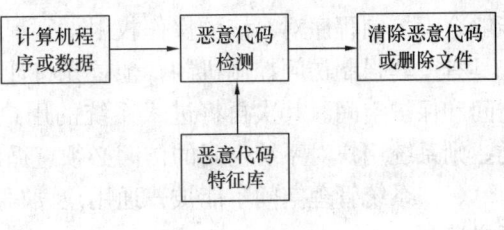

图 4-20 误用检测流程

误用检测的实现过程为：根据已知恶意代码的特征关键字建立一个恶意代码特征库；对计算机程序代码进行扫描；与特征库中的已知恶意代码关键字进行匹配比较，从而判断被扫描程序是否感染恶意代码。

误用检测技术目前被广泛应用于反病毒软件中。早期的恶意代码主要是计算机病毒，其主要感染计算机文件，并在感染文件后留有该病毒的特征代码。通过扫描程序文件并与已知特征值相匹配即可快速准确地判断是否感染病毒，并采取对应的措施清除该病毒。随着压缩和加密技术的广泛采用，在进行扫描和特征值匹配前，必须对压缩和加密文件先进行解压和解密，然后再进行扫描。而压缩和加密方法多种多样，这就大大增加了查毒处理的难度，有时甚至根本不能检测。同时，基于特征字的检测方法对变形病毒也显得力不从心。

4.4.1.3 权限控制技术

恶意代码要实现入侵、传播和破坏等必须具备足够权限。首先，恶意代码只有被运行才能实现其恶意目的，所以恶意代码进入系统后必须具有运行权限。其次，被运行的恶意代码如果要修改、破坏其他文件，则他必须具有对该文件的写权限，否则会被系统禁止。另外，如果恶意代码要窃取其他文件信息，他也必须具有对该文件的读权限。

权限控制技术通过适当的控制计算机系统中程序的权限，使其仅仅具有完成正常任务的最小权限，即使该程序中包含恶意代码，该恶意代码也不能或者不能完全实现其恶意目的。通过权限控制技术来防御恶意代码的技术主要有以下两种。

1. 沙箱技术

沙箱技术是指系统根据每个应用程序可以访问的资源，以及系统授权给该应用程序的权限建立一个属于该应用程序的"沙箱"，限制恶意代码的运行。每个应用程序以及操作系统和驱动程序都运行在自己受保护的"沙箱"之中，不能影响其他程序的运行，也不能影响操作系统的正常运行。

目前，沙箱技术实现的最典型实例就是由加州大学 Berkeley 实验室开发的一个基于 Solaris 操作系统的沙箱系统。该系统首先为每个应用程序建立一个配置文件，配置文件中规定了该应用程序可以访问的资源和系统赋予的权限。当应用程序运行时，通过调用系统底层函数解释执行，系统自动判断应用程序调用的底层函数是否符合系统的安全要求，并决定是否执行。

此外，Windows XP 也提供了一种软件限制策略，这种限制策略也是一种沙箱技术。他只允许受信任的程序运行，拒绝不受信任的恶意代码执行，即他允许用户设定未授权应用程序限制运行或禁止运行，只有用户明确授权后，该应用程序才可以运行，这在一定程度上防止通过电子邮件或网上传播的恶意代码的攻击。

2. 安全操作系统

恶意代码要实现成功入侵的重要一环，就是他必须使操作系统为他分配系统资源。如果能够合理控制程序对系统的操作权限，则程序对系统可能造成的破坏将被限制。安全操作系统具有一套强制访问控制机制，他首先将计算机系统划分为 3 个空间：系统管理空间、用户空间和保护空间。其次再将进入系统的用户划分为不具有特权的普通用户和系统管理员两类。则系统用户对系统空间的访问必须遵循以下原则：

（1）系统管理空间不能被普通用户读写。用户空间包含用户的应用程序和数据，可以被用户读写。

（2）保护空间的程序和数据不能被用户空间的进程修改，但可以被用户空间的进程读取。

（3）一般通用的命令和应用程序放在保护空间内，供用户使用。由于普通用户对保护空间的数据只能读不能写，从而限制了恶意代码的传播。

（4）在用户空间内，不同用户的安全级别不同，恶意代码只能感染同级别的用户的程序和数据，限制了恶意代码的传播范围。

4.4.1.4　完整性技术

恶意代码感染、破坏其他目标系统的过程，也是破坏这些目标完整性的过程。完整性技术就是通过保证系统资源，特别是系统中重要资源的完整性不受破坏，来阻止恶意代码对系统资源的感染和破坏。

校验和法是完整性控制技术对信息资源实现完整性保护的一种应用，他主要通过 Hash 值和循环冗余码来实现，即首先将未被恶意代码感染的系统生成检测数据，然后周期性地使用校验和法检测文件的改变情况，只要文件内部有一个比特发生了变化，校验和值就会改变。运用校验和法检查恶意代码有 3 种方法：

（1）在恶意代码检测软件中设置校验和法。对检测的对象文件计算其正常状态的校验和并将其写入被查文件中或检测工具中，而后进行比较。

（2）在应用程序中嵌入校验和法。将文件正常状态的校验和写入文件本身中，每当应用程序启动时，比较现行校验和与原始校验和，实现应用程序的自我检测功能。

（3）将校验和程序常驻内存。每当应用程序开始运行时，自动比较检查应用程序内部或别的文件中预留保存的校验和。

校验和法能够检测未知恶意代码对目标文件的修改，但存在两个缺点：①校验和法实际上不能检测目标文件是否被恶意代码感染，它只是查找文件的变化，而且即使发现文件发生了变化，既无法将恶意代码消除，又不能判断所感染的恶意代码类型；②校验和法常被恶意代码通过多种手段欺骗，使之检测失效，而误判断文件没有发生改变。

在恶意代码对抗与反对抗的发展过程中，还存在其他一些防御恶意代码的技术和方法，比如常用的有网络隔离技术和防火墙控制技术，以及基于生物免疫的病毒防范技术、基于移动代理的恶意代码检测技术等。

　　由于恶意代码的破坏性强且防范难度大，因此，单一的恶意代码防范方式很难奏效，必须综合采用各种防御技术才能更有效地阻止恶意代码对系统资源的感染和破坏。

4.4.2　主机漏洞扫描

计算机系统在硬件、软件、协议的设计和实现或系统安全策略上存在缺陷和不足，从而造成计算机系统的安全问题。比如许多软件设计人员在设计系统时设置了一些不为一般人所知道的软件"后门"，非法用户可利用漏洞获得计算机系统的额外权限，在未经授权的情况下访问或提高其访问权限，破坏系统，危害计算机系统安全。因此，为了有效保证计算机系统的安全和正常运行，保障计算机系统的可靠性、可用性和完整性，就必须在威胁源对计算机系统的安全形成真正的危害之前消除计算机系统内部的安全隐患，而主机漏洞扫描就是其中最常用的技术手段。

主机漏洞扫描是指在系统本地运行检测系统漏洞的程序，是为使系统管理员能及时了解本机系统中存在的漏洞，采取相应防范措施，从而降低系统的安全风险而发展起来的一种安全技术。利用主机漏洞扫描技术，可以对主机的操作系统、系统服务、系统安装的应用软件等进行漏洞扫描，从而可以检查出计算机系统的操作系统和安装的应用软件中是否存在不安全的因素，是否存在不正确的配置信息等安全隐患。

一次完整的漏洞扫描分为 3 个阶段：发现目标主机；进一步搜集目标信息，包括操作系统类型、运行的服务以及服务软件的版本等；根据搜集到的信息判断或者进一步测试系统是否存在安全漏洞。

主机漏洞扫描对系统的扫描存在两种方式：一种是静态扫描方式，另一种是动态扫描方式。

(1) 静态扫描。扫描程序在扫描过程中把扫描到的信息逐项与安全漏洞数据库（库中包括目前已经知道的漏洞及其相关的各种信息）中的数据表进行比较，通过发现目标的操作系统类型及版本、端口开放信息和运行的服务类型及版本等信息去判断可能存在的漏洞情况。

(2) 动态扫描。基于模拟攻击的扫描方式，主要是利用各种脚本或程序，对目标系统或网络实施模拟攻击，如果攻击成功，则证明漏洞存在。

主机漏洞扫描系统是从一个内部用户的角度来检测操作系统的漏洞，他通常是一个基于主机的 Client/Server 3 层体系结构的漏洞扫描工具。这 3 层分别为：漏洞扫描控制台、漏洞扫描管理器和漏洞扫描代理。其体系结构如图 4 - 21 所示。

主机漏洞扫描系统通常在目标系统上安装了一个代理或者服务程序，以便漏洞扫描系统能够访问系统内的所有文件与进程，这使得基于主机的漏洞扫描系统可以全面对计算机系统信息进行分析，扫描出更多的系统

图 4 - 21　主机漏洞扫描体系结构

漏洞。漏洞扫描控制台安装在一台计算机中，而漏洞扫描管理器安装在企业网络中，所有的目标系统都需要安装漏洞扫描代理。

漏洞扫描实现过程为：漏洞扫描代理安装完后，需要向漏洞扫描管理器注册；当漏洞扫描代理收到漏洞扫描管理器发来的扫描指令时，漏洞扫描代理单独完成本目标系统的漏洞扫描任务，扫描的内容包括对注册表、系统配置、文件系统以及应用软件的扫描；扫描结束后，漏洞扫描器代理将结果传给漏洞扫描管理器，最终用户可以通过漏洞扫描器控制台浏览

扫描报告。

漏洞分析有两种实现技术，即漏洞库的特征匹配方法和功能模块（插件）技术。

1. 漏洞库的特征匹配方法

漏洞库的特征匹配方法首先根据安全专家对系统安全漏洞、黑客攻击案例的分析和系统管理员对系统安全配置的实际经验，形成一套标准的系统漏洞库，然后在此基础上构成相应的匹配规则。对于主机漏洞扫描系统，漏洞扫描代理收集客户端的扫描信息并送到漏洞扫描管理器中的模式（规则）匹配模块，在该模块中将扫描信息与漏洞数据库中的信息进行匹配（这一环节十分关键，整个扫描系统的质量也在此得到集中体现，所有的匹配规则均基于安全漏洞数据库生成），最后生成扫描报告提交给漏洞扫描控制台，并向用户提供该漏洞的相应解决方法。用户根据扫描报告对主机及时采取相应的措施，从而保障网络和系统的安全，避免网络遭受恶意用户再次利用该漏洞实施的攻击。同时，管理中心还有权对漏洞数据库和匹配单元进行操作，比如调整匹配策略、查询漏洞数据等。

漏洞库信息的完整性和有效性决定了漏洞扫描系统的性能，漏洞库的修订和更新的性能也会影响漏洞扫描系统运行的时间。因此，漏洞库的编制不仅要对每个存在的安全隐患系统建立对应的漏洞库文件，而且应当能满足系统的性能要求。

2. 功能模块（插件）技术

插件是由脚本语言编写的子程序，扫描程序可以通过调用他来执行漏洞扫描，检测出系统中存在的一个或多个漏洞。添加新的插件就可以使漏洞扫描软件增加新的功能，扫描出更多的漏洞。插件编写规范化后，甚至用户自己都可用 Perl、C 等脚本语言编写的插件来扩充漏洞软件的功能。这种技术使漏洞扫描软件的升级维护变得相对简单，而专用脚本语言的使用也简化了编写新插件的编程工作，使漏洞扫描软件具有很强的扩展性。

主机漏洞扫描技术可以及时发现系统中存在的漏洞，分析系统存在的安全隐患，减少系统被攻击的可能性，提高系统的安全性。他的优点主要表现为：

（1）扫描的漏洞数量多。漏洞扫描代理可以直接获取被扫描计算机系统的操作系统的细节信息，如特殊服务和配置的细节，因此基于主机的漏洞扫描方式通常可以访问所有的文件和进程，这就使得他可以扫描更多的漏洞。

（2）集中化管理。基于主机的漏洞扫描器通常都有一个集中的服务器作为扫描服务器。所有扫描的指令，均从服务器进行控制。服务器下载到最新的代理程序后，再分发给各个代理。这种集中化管理模式，使得基于主机的漏洞扫描器的部署，能够快速实现。

（3）网络流量负载小。由于漏洞扫描管理器与漏洞扫描代理之间只有通信的数据包，漏洞扫描部分都由漏洞扫描代理单独完成，这就大大减少了网络的流量负载。当扫描结束后，漏洞扫描代理再次与漏洞扫描管理器进行通信，将扫描结果传送给漏洞扫描管理器。

（4）通信过程中的加密机制。所有的通信过程中的数据包都经过加密。由于漏洞扫描都在本地完成，漏洞扫描代理和漏洞扫描管理器之间，只需要在扫描之前和扫描结束之后，建立必要的通信链路。因此，对于配置了防火墙的网络，只需要在防火墙上开放漏洞扫描器所需的 5600 和 5601 这 2 个端口，即可完成漏洞扫描的工作。

然而，由于基于主机的漏洞扫描工具的价格，通常由一个管理器的许可证价格加上目标系统的数量来决定，当一个企业网络中的目标主机较多时，扫描工具的价格就非常高。另外，基于主机的漏洞扫描工具，需要在目标主机上安装一个代理或服务，这将占用目标主机的资源而影响他的运行效率。

4.5 备份与恢复

当今，计算机技术发展迅速，随着计算机和网络的不断普及，人们的日常工作和生活已经与他密不可分了。计算机的发展给人们带来了诸多方便，然而由于使用者操作不慎或者由于计算机遭遇病毒破坏而导致的系统崩溃，需要人们花费大量时间重新安装系统及业务软件，由此对正常工作造成严重影响，甚至可能会使几年的工作积累数据付诸东流。由此可见，计算机系统、应用和数据的备份以及恢复工作非常重要。

计算机系统安全是信息安全的基础，而作为系统安全的一个重要内容——系统备份和恢复的重要性却往往被人们所忽视。只要发生数据传输、数据存储和数据交换，就有可能产生数据故障。这时，如果没有采取数据备份和数据恢复的措施，就会导致数据的丢失，有时造成的损失是无法弥补的。

在信息的收集、处理、存储、传输和分发中经常会存在一些新的问题，其中最值得关注的就是系统失效，数据丢失或遭到破坏。造成系统失效，威胁数据安全的主要原因可分为主观和客观原因两种，如表 4-7 所示。

表 4-7　系统数据安全威胁的主要原因

原　　因	具　体　内　容
主观	①人为错误　人为删除一个系统文件或格式化一个磁盘； ②黑客的攻击　黑客侵入计算机系统，破坏计算机系统； ③病毒　计算机系统感染病毒，甚至损坏计算机数据
客观	①硬盘驱动器损坏　由于一个系统或电器的物理损坏导致系统不能正常运行或系统中的文件、数据丢失； ②自然灾害　火灾、洪水或地震会无情地毁灭计算机系统； ③电源浪涌　一个瞬间过载电功率损害计算机驱动器上的文件； ④磁干扰　生活、工作中常见的磁场可以破坏磁碟中的文件

一方面，对大多数企业来说，保持计算机关键数据和应用系统始终处于正常运行状态，是最起码的要求；另一方面，对企业重要数据的有效性和安全性保护也非常重要。但无论如何小心翼翼，误操作、供电故障、硬件故障、突发事件、自然灾害等，都可能导致系统瘫痪。因此，依靠适当的备份及恢复机制，对系统中重要的数据进行备份，以便在灾难后及时有效地恢复数据，对现在的很多企业都意义重大。对于个人计算机用户来说，重新安装操作系统是一件烦琐的事情，因此大量的软件、相关数据的备份也非常重要。

"备份"就是所定义的数据和应用在某一时刻的副本。备份副本应与应用资料分开存放，甚至在异地存储，以便在意外或灾害发生时能够进行系统恢复，将损失降到最小。系统备份是为了增强系统的可用性和安全性，防止系统失效而进行的周期性工作。需要注意的是，系统备份不等于简单的文件复制，也不等于文件的永久性归档，若该系统中存储的数据是大容量的，则备份是要求一种高速、大容量的存储介质将所有的文件包括网络系统、应用软件、用户数据等进行全面的复制与管理。

系统恢复是指在发生灾难性事故的时候，能利用已备份的数据或其他手段，及时对原系统进行恢复，以保证系统正常运行及相应数据及软件的完整性。

一个完整的系统备份/恢复方案应包括硬件备份、软件备份、制度备份和灾难恢复计划4个部分。选择了先进的备份硬件后，不应忽略备份软件的选择，因为只有优秀的备份软件才能充分发挥硬件的先进功能，保证快速、有效地数据备份和恢复。还需要根据企业自身情况制定日常备份制度和恢复措施，并由管理人员切实执行备份制度，否则数据安全及系统安全将仅仅是纸上谈兵。除了需要制定一套完备的备份/恢复计划以外，所采用的数据备份/恢复系统也应该具备以下基本要素：

（1）保护性。备份/恢复系统对数据的保护性是其中一个基本要素，他必须全面保护企业的数据，在灾难发生时能快速可靠地进行数据恢复。

（2）可管理性。可管理性是数据备份/恢复系统中一个重要的因素。因为可管理性与备份的可靠性紧密相关，而目前最佳的可管理性当然是采用自动化备份方案，这不仅增加了数据的安全性和可靠性，而且在数据恢复时减少了以往十分烦琐的工作步骤，节约了大量的人力和时间。因此，如果一个数据备份/恢复系统不能提供这种自动化方案，那么他就不能算是好的系统。

（3）可扩展性。备份系统在备份过程中可能会出现因介质容量不足而更换介质，这将会降低备份数据的可靠性与完整性。因此，可扩展性在备份/恢复系统中起很重要的作用。

4.5.1　备份/恢复的系统结构

目前，备份/恢复系统有两种不同的结构，根据备份设备与备份服务器的连接方式可分为基于附加存储系统的备份系统和基于网络备份系统；根据应用流量与备份流量是否在同一个网络可分为独立流量备份系统和混合流量备份系统。

4.5.1.1　基于附加存储系统的备份系统和基于网络的备份系统

基于附加存储系统的备份系统是最简单的一种数据备份方案，他大多采用服务器上自带的磁带机或备份硬盘，或者通过一根数据线（如 SCSI 总线、光纤等）把存储设备连接到需要备份的服务器上的方式，而备份操作往往也是通过手工操作的方式进行的，如图4-22所示（其中虚线代表数据流向）。这种方式简单、易用、数据传输速度快，适用于小型企业用户进行简单的文档备份。然而，他可管理的存储设备少，不利于备份系统的共享，而且备份设备与服务器之间不能相隔太远，不大适合于大型的数据备份要求。

基于网络的备份系统是备份设备通过网络与需要备份的服务器相连的方式，而相连

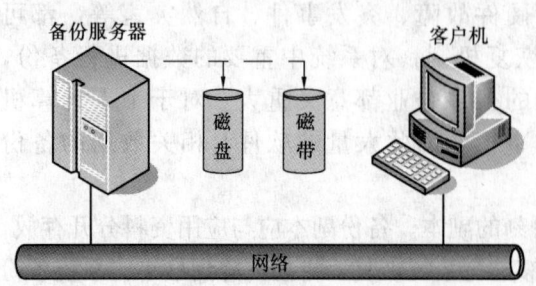

图4-22　总线备份系统结构

的网络可以是局域网（local area network，简称 LAN）或是存储区域网（storage area Net-work，简称 SAN），因此他又分为基于局域网（LAN‑based）的备份系统和基于存储区域网（SAN‑based）的备份系统。

1. LAN‑based 备份系统

LAN‑based 备份系统结构中数据的传输是以局域网络为基础，备份服务器可以直接接入主局域网内或放在专用的备份局域网内。在这种结构中，预先配置一台服务器作为备份服务器，他负责整个系统的备份操作。磁带库则接在该备份服务器上，当需要备份数据时把数据通过网络传输到磁带库中实现备份，其结构如图 4‑23 所示（其中虚线代表数据流向）。这种结构的优点是投资经济、磁带库共享、集中备份管理，适合小型办公网络环境下的数据备份；他的缺点是对网络传输压力大，当备份数据量大或备份频率高时，局域网的性能下降快，不适合重载荷的网络应用环境。

2. SAN‑based 备份系统

SAN‑based 的备份可以彻底解决 LAN‑based 的备份因占用局域网带宽而带来的网络瓶颈问题，他采用一种全新的体系结构，将磁带库和磁盘阵列各自作为独立的光纤结点，多台主机共享磁带库备份时，数据流不再经过网络而直接从磁盘阵列传到磁带库内，是一种无须占用网络带宽的解决方案。目前，建立在存储区域网基础上的具有代表性的解决方案有以下两种：

（1）LAN‑Free 备份方式。LAN‑Free 备份方式是指数据无须通过局域网而直接通过存储区域网进行备份，即用户只需将磁带机或磁带库等备份设备连接到存储区域网中，各服务器就可把需要备份的数据直接发送到共享的备份设备上，不必再经过局域网链路，其备份方式如图 4‑24 所示（其中虚线代表数据流向）。这种备份方式由于服务器到共享存储设备的大量数据传输是通过存储区域网网络进行的，局域网只承担各服务器之间的通信

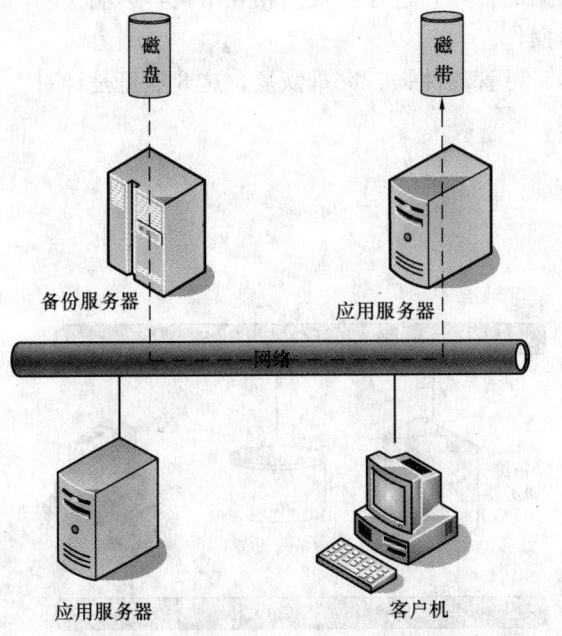

图 4‑23　LAN‑based 备份系统结构

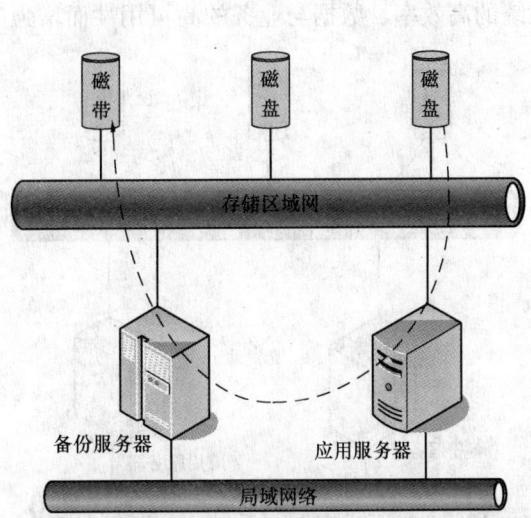

图 4‑24　SAN‑based 备份系统结构（LAN‑Free 方式）

任务，而无须承担数据传输的任务。同 SAN - based 结构相比，其最大的优势就是实现了控制流和数据流的分离。但 LAN - Free 仍然让服务器参与了备份，即备份数据时需从一个存储设备转移到另一个存储设备，在一定程度上占用了服务器的 CPU 和内存。另外，他的恢复能力很一般，非常依赖于用户的应用。

（2）Server - Free 备份方式。Server - Free 备份方式是 LAN - Free 的一种延伸，采用的是无服务器备份技术，他可以使数据在存储区域网中的两个存储设备之间直接传输，通常是在磁盘阵列和磁带库之间，其备份方式如图 4 - 25 所示（其中虚线代表数据流向）。同 LAN - Free 备份方式相比，这种方案的主要优点有：

①减少对服务器系统资源的消耗。Server - Free 不需要在服务器中缓存数据，明显减少对服务器 CPU 的占用。

②具有缩短备份及恢复所用时间的优点。因为备份过程在专用高速存储网络上进行，而且决定吞吐量的是存储设备的速度，而不是服务器的处理能力，所以系统性能将大大提升。

③备份数据以数据流的形式可传输给多个磁带库或磁盘阵列。

尽管采用 Server - Free 方式进行备份可以大大减轻服务器的负担，但仍需要备份应用软件以及其主机服务器来控制备份过程，即需要特定的备份应用软件进行管理。同 LAN - Free 一样，厂商的类型兼容性问题需要统一，且实施起来比较复杂、成本较高，因此，Server - Free 方式适用于大中型企业进行海量数据备份管理。

4.5.1.2 独立流量备份和混合流量备份

网络系统中与实际应用相关的数据流量称为应用流量，而因备份操作的数据流量称为备份流量。独立流量备份系统是将应用流量与备份流量分开，使各自通过不同的网络连接进行数据传输，互不干扰，备份操作可随时进行，如图 4 - 26 所示。而混合流量备份系统，则是将应用流量与备份流量通过一个网络连接进行数据的传输，这种方式会相互干扰，影响实际应用，因此这种方式一般在晚上或周末进行备份操作。

目前，备份的趋势是无人值守的自动化备份、可管理性强、灾难恢复，这 3 点正是针对系统的高效率、数据与业务的高可用性而增强的。

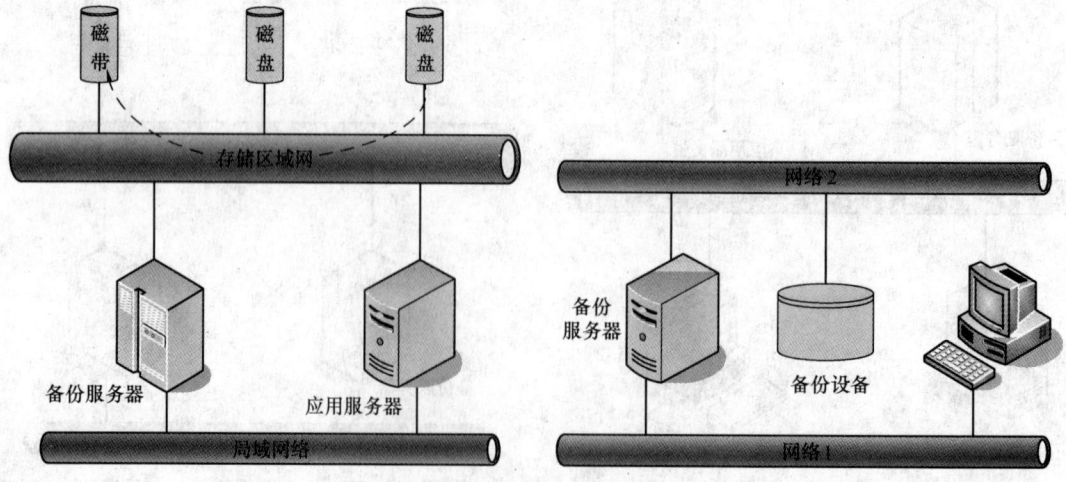

图 4 - 25   SAN - based 备份系统结构（Server-Free 方式）   图 4 - 26   独立流量备份系统结构

4.5.2 备份与恢复策略

4.5.2.1 备份策略

备份策略是指确定需要备份的内容、备份时间以及备份方式。备份的数据往往根据企业或组织的需要来确定，其策略主要有以下形式。

1. 对需要备份的数据内容，可以采用全备份、增量备份或差分备份

（1）全备份。全备份可以全天候捕获每一段数据，包括所有硬盘上的文件。每个文件都被做上已被备份的标记，即归档属性被清除或重置。这种备份方式很直观，容易被人理解。当发生数据丢失的灾难时，只要用一份最新的完整磁带备份，就可以将服务器完全恢复到某一特定时间点的状态。

全备份的优点是：①完整的数据副本，全备份意味着如果需要恢复系统，可以方便地获得完整的数据副本；②快速访问备份数据，不需要搜索多盘磁带查找需要恢复的文件，因为全备份包含硬盘上特定时间点的所有数据。全备份的缺点有：① 重复数据，全备份保存有重复数据，因为每次执行完整备份时，都将更改和未更改的数据复制到磁带中；② 消耗时间，由于需要备份的数据量相当大，全备份需要更长的执行时间，非常耗时。

（2）增量备份。增量备份可以捕获最近一次全备份或增量备份后发生了变化的每一段数据。要恢复服务器，必须使用全备份磁带（无论多旧）和以后的所有增量备份。增量备份将为文件做上已被备份的标记，即归档属性被清除或重置。例如，若系统在周五早晨发生故障，那么就需要将系统恢复到周四晚上的状态，管理员需要找出周一的全备份磁带进行系统恢复，再找出周二的磁带来恢复周二的数据，然后再找出周三的磁带来恢复周三的数据，最后再找出周四的磁带来恢复周四的数据。

增量备份的优点主要有：① 有效利用时间，备份过程可以在更短的时间内完成，因为只有在最近一次全备份或增量备份以后被修改或创建的数据才会被复制；② 有效利用备份介质，跟其他备份类型相比，增量备份占用的磁带空间更少。增量备份的缺点主要表现为：① 复杂的完整恢复过程，完整的系统恢复可能需要从更多的磁带恢复数据，因为自最近一次备份后，数据可能会分散到多盘磁带上；② 耗时的部分恢复过程，执行部分恢复常常意味着在多盘磁带上寻找需要的数据。

（3）差分备份。差分备份捕获自最近一次全备份后发生变化的数据。要执行完整的系统恢复，需要全备份磁带和发生灾难前一天的差分备份磁带即可。他并不将文件做上已被备份的标记（即不清除归档属性）。

差分备份的优点是完整恢复系统的速度比增量备份快，因为需要使用的磁带更少。差分备份的缺点主要有：① 更长时间和更大容量的备份，跟增量备份相比，差分备份需要更多的磁带空间和更多的时间，因为离最近一次全备份的时间越长，需要复制到差分备份磁带的数据越多；② 备份时间增加，执行一次全备份后，要备份的数据量每天都在增加。

2. 根据备份模式，可采用两种途径即热备份和冷备份

（1）热备份（联机备份）。执行备份时，用户仍然可以访问数据。联机备份在系统处于联机状态下进行，因此带来了一种中断时间最少的策略。

　　热备份的优点是：① 无服务中断现象，在备份过程中，应用程序和数据对用户是完全可用的；② 无须在非工作时间备份，可以安排在正常工作时间进行联机备份；③ 完整或部分备份，备份既可以是完整的，又可以是部分的。热备份的缺点有：① 在备份过程中，生产服务器的性能可能会下降；② 有些打开的数据文件可能无法得到备份，这取决于备份过程中哪些应用程序处于活动状态。

　　（2）冷备份（脱机备份）。执行数据备份时，首先让用户无法访问数据。执行冷备份是通过让系统和服务脱机而完成的。在需要获取系统的时间点映像或应用程序不支持热备份时，使用冷备份。

　　冷备份的优点是：① 通过脱机备份，可以在完整或部分备份之间进行选择；② 可以将服务器专用于备份任务，脱机备份可以产生更好的备份性能；③ 所有数据都将得到备份，因为不存在正在运行的程序。冷备份的缺点主要是：在备份过程正在进行时，数据是无法访问的，即服务中断。

　　3. 根据备份介质存放的位置可将数据备份分为本地备份和异地备份

　　本地备份是在本硬盘的特定区域备份文件。异地备份是指备份的数据保存在异地，即将数据备份到与计算机的存储介质（如软盘、ZIP磁盘、光盘以及存储卡等介质）上，再转移到异地，也可以通过网络直接在异地备份。异地备份的信息至少不能存放在同一建筑内。业务数据由于系统或人为误操作造成损坏或丢失后，可及时利用本地备份实现数据恢复；当发生地域性灾难，如地震、火灾、机器毁坏等，可使用异地备份实现数据及整个系统的再恢复。

　　用户在制定备份策略时，可采用多种方式的组合。比如根据数据量及备份时间的长短，在周末进行全备份，在每天晚上进行差分备份或者增量备份。在方案中应该注意异地备份，在备份数据生成之后，需要将数据离开服务器所在的房间、建筑甚至是城市。

4.5.2.2　恢复策略

　　在数据损坏后，需要进行数据的恢复，数据的恢复通常有3种：

　　（1）全部恢复。全部恢复一般在服务器发生意外灾难导致数据全部丢失、系统崩溃或是有计划的系统升级、系统重组等，也称为系统恢复。这种恢复需要在平时进行模拟练习，保证备份和恢复能够进行。

　　（2）个别文件恢复。由于操作人员的失误，个别文件损坏的可能性很大，需要恢复指定文件。

　　（3）重定向恢复。重定向恢复是将备份的文件恢复到另一个不同的位置或系统上去，而不是进行备份操作时他们当时所在的位置。重定向恢复可以是整个系统恢复也可以是个别文件恢复。重定向恢复时需要慎重考虑，要确保系统或文件恢复后的可用性。

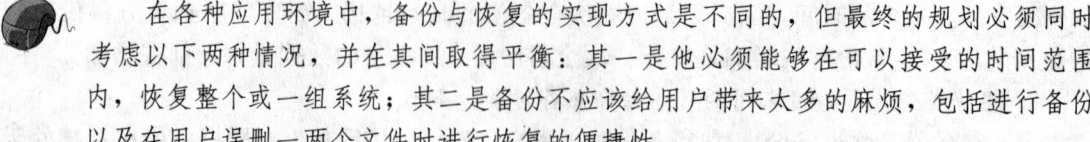

　　　　在各种应用环境中，备份与恢复的实现方式是不同的，但最终的规划必须同时考虑以下两种情况，并在其间取得平衡：其一是他必须能够在可以接受的时间范围内，恢复整个或一组系统；其二是备份不应该给用户带来太多的麻烦，包括进行备份以及在用户误删一两个文件时进行恢复的便捷性。

本 章 小 结

（1）系统安全是整个信息安全的基础，包括系统硬件平台安全、操作系统安全、数据库安全、系统安全监测和备份与恢复。

（2）系统硬件平台安全除了要保障物理方面的安全以外，还需要通过技术手段来解决他的安全问题，如安全芯片、自安全存储设备和物理隔离等。

（3）访问控制决定了用户对系统资源拥有怎样的权限，对系统的安全具有很重要的影响。目前两种主流操作系统即 Windows 和 Linux 系统各自采用不同的安全机制来保障系统的安全。

（4）对于数据库系统的安全，需要从两个层面来解决，即安全技术和人员管理职权分离。其中安全技术主要包括身份认证、访问控制、加密、并发控制、审计、备份和隐通道的防治等。

（5）计算机系统在硬件、软件、协议的设计和实现过程中，不可避免地会存在一些安全漏洞，一方面被恶意代码所利用，威胁到整个系统的安全，因此恶意代码的防范也是保障计算机系统安全的有效手段。另一方面，通过主机漏洞扫描技术可以在威胁源对计算机系统的安全形成真正的危害之前消除计算机系统由于漏洞所引起的安全隐患。

（6）备份与恢复技术对系统中重要的数据进行备份，以便在灾难后及时有效地恢复数据，是一种最常用的计算机系统数据完整性保障技术。

习　　题

1．可信计算平台如何实现信任链的传递？LaGrande 技术所具有的安全保护功能有哪些？

2．什么是自主访问控制？自主访问控制的实现模式有哪些？各有什么优势？

3．什么是强制访问控制？强制访问控制如何防止"特洛伊木马"的非法访问？

4．简述 BLP 模型的安全特性。它反映了一种什么样的安全策略？

5．RBAC96 模型族由哪几个模型组成？各个模型的主要区别是什么？

6．在 Windows 系统下采用 EFS 和 BitLocker 如何实现对数据的保护？并对这 2 种加密技术进行对比。

7．在 Linux 系统下如何实现对用户身份的验证？如何对文件进行访问控制？

8．数据库面临的安全威胁有哪些？主要采用什么安全技术来应对这些安全问题？

9．恶意代码的类型有哪些？主要的防范技术是什么？

10．数据备份系统结构有哪几种？请对比它们各自的优点和缺点。

第5章 网络安全

    Internet 具有的开放性、交互性和分散性特征使信息共享和开放等需求得到满足，网络技术的迅速发展和广泛应用，为人类社会的进步提供了巨大推动力。然而，正是由于 Internet 的上述特性，产生了许多安全问题，计算机病毒、网络攻击、信息泄露等现象时有发生，网络安全问题已成为信息时代人类共同面临的挑战。如何更有效地保护重要信息数据，提高计算机网络系统的安全性已经成为所有计算机网络应用必须考虑和解决的一个重要问题。

    从本质上来讲，网络安全就是网络上的信息安全，是指网络系统的硬件、软件及其系统中的数据受到保护，不被偶然的或者恶意的原因破坏、更改和泄露，系统连续可靠正常地运行，网络服务不中断。广义来说，凡是涉及网络上信息的保密性、完整性、可用性、可控性和不可否认性的相关技术和理论都是网络安全所要研究的领域。网络安全涉及的内容既有技术方面的问题，又有管理方面的问题，两方面相互补充，缺一不可。技术方面主要侧重于防范外部非法用户的攻击，管理方面则侧重于内部人为因素的管理。当前所面临的网络安全的现状不容乐观，主要有如下特征：

    (1) 拒绝服务攻击频繁发生。网络信息系统具有致命的脆弱性、易受攻击性和开放性，Internet 上的主机成千上万，其中有很多用户因为缺乏有效的安全防护措施而使得自己的主机漏洞百出，因此这些主机就可能被黑客利用，即俗称的"肉鸡"，黑客利用这些主机当做跳板发动攻击，所以对入侵者更加难以追踪。在所有攻击方法中，DoS (deny of services, 拒绝服务) 攻击发生的次数最多，造成的损失也最大，而且目前的 DoS 攻击多采用 DDoS (分布式拒绝服务) 的攻击方式。

    (2) 计算机黑客活动已形成重要威胁。目前在 Internet 上各种类型的黑客攻击工具随处可见，而且可以很方便地进行下载，这使得黑客不再只是拥有高级技术的人员，黑客入门的条件降低。而且攻击手段呈现多样化，全方位、立体式、多种攻击手段并用的联合攻击成为主流。

    (3) 安全防范能力薄弱。由于很多网络蠕虫具有隐蔽性和传染性，其破坏性也更大，而且还具有自主攻击的能力，使得网络蠕虫更加类似于黑客攻击或计算机病毒，很难严格区分。而且当前的系统漏洞、软件漏洞和网络漏洞的发现速度加快，攻击爆发的时间变短，往往一个漏洞刚被发现，针对该漏洞的攻击工具马上就会出现，最短的大规模攻击距相应漏洞被公布的时间仅仅为 28 天。在所有新攻击方法中，64%的攻击是针对一年之内发现的漏洞。

    (4) 企业安全意识淡薄。网络系统的严格管理是企业、机构和用户免受攻击的重要措施，可实际上很多企业、机构和用户都疏于这方面的管理。据统计，目前国内 90%的企业对黑客攻击准备不足，75%~85%的网站抵挡不住黑客攻击，75%的企业网上信息失窃。另外，管理的缺陷还导致系统内部人员泄露机密或外部人员通过非法手段截获而导致机密信息的泄露。

5.1　防火墙

　　防火墙通常放在网络的边界，通过计算机硬件和软件相结合的技术在内网与外网之间构造一个保护层。防火墙对所有出入内外网的数据流进行检测、分析、限制或更改，一方面尽可能地对外部网络屏蔽内网的信息和结构，另一方面将攻击者挡在内部网络的外面。防火墙的位置示意图如图 5-1 所示。

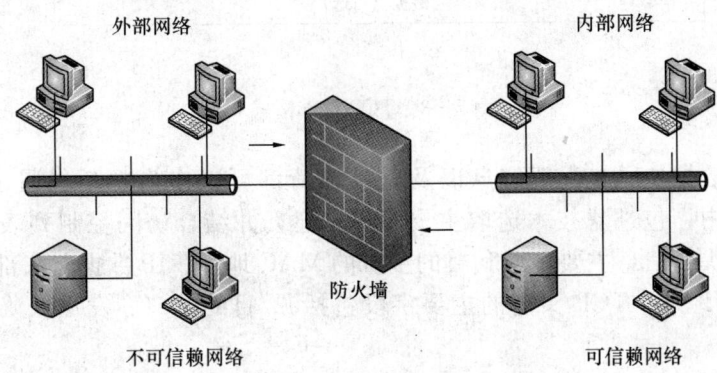

图 5-1　防火墙的位置示意图

5.1.1　防火墙的技术原理

　　就目前而言，对于局部网络的保护，防火墙仍然不失为一种有效的手段，防火墙技术主要分为包过滤技术、状态检测技术和代理服务技术等 3 类。其中包过滤作为最早发展起来的一种技术，应用非常广泛。

5.1.1.1　包过滤技术

　　所谓包过滤，就是对流经防火墙的所有数据包逐个检查，并依据所制定的安全策略来决定数据包是通过还是不通过。数据包结构是包过滤技术的基础，包过滤的核心问题就是如何充分利用数据包中各个字段的信息，并结合安全策略来完成防火墙的功能。

　　当应用程序用 TCP 传送数据时，数据被送入协议栈中，然后逐个通过每一层直到被当做一串比特流送入网络，其中每一层对接收到的数据都要增加一些首部信息。TCP 传给IP 的数据单元称作 TCP 报文段（TCP Segment）；IP 传给网络接口层的数据单元称作IP 数据包（IP Datagram）；通过以太网传输的比特流称作帧（Frame）。IP 数据包和TCP 报文段首部格式如图 5-2 和 5-3 所示。

版本	首部长	服务类型	总长度	
标识			标志	分片偏移
生存时间		协议	首部校验和	
源IP地址				
目的IP地址				
选项				
数据				
……				

图 5-2　IP 首部格式

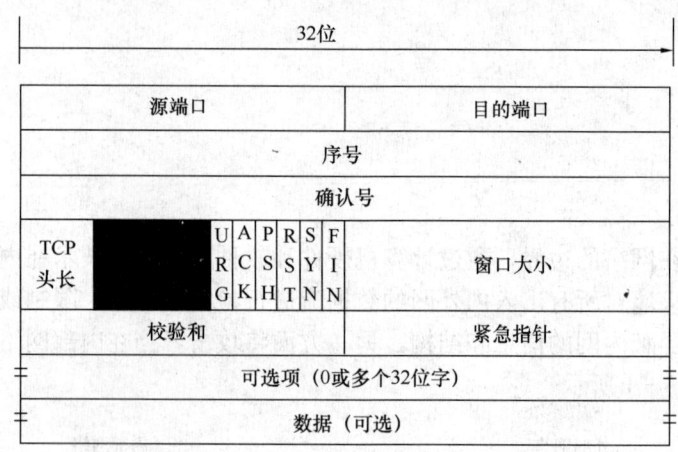

图 5-3　TCP 首部格式

理论上讲，数据包所有头部信息以及有效载荷都可以作为判断包通过与否的依据，但是在实际情况中，包过滤技术选取主要字段信息，并结合访问控制列表来执行包过滤操作。对于帧的头部信息主要是源和目的主机的 MAC 地址；IP 数据包头部信息主要是源和目的主机的 IP 地址；TCP 头部的主要字段包括源/目的端口、发送及确认序号、状态标志等。

1. 包过滤防火墙的工作原理

数据包过滤用在内部网络和外部网络之间，过滤系统根据过滤规则来决定是否让数据包通过。数据包过滤是通过对数据包的 IP 头和 TCP 头或 UDP 头的检查来实现的，主要信息有：源 IP 地址；目的 IP 地址；协议（TCP 协议、UDP 协议和 ICMP 协议等）；TCP 或 UDP 的源端口；TCP 或 UDP 的目的端口；ICMP 消息类型；TCP 报文段中的 ACK 位。

在 TCP/IP 中，存在着一些标准的服务端口号，例如，HTTP 的端口号为 80，通过屏蔽 80 端口可以禁止 HTTP 服务。包过滤系统可以阻塞内部主机和外部主机或另外一个网络之间的连接，例如，可以阻塞一些被视为是有敌意的或不可信的主机或网络连接到内部网络中。

路由器的过滤策略主要有：拒绝来自某主机或某网段的所有连接；允许来自某主机或某网段的所有连接；拒绝来自某主机或某网段的指定端口的连接；允许来自某主机或某网段的指定端口的连接；拒绝本地主机或本地网络与其他主机或其他网络的所有连接；允许本地主机或本地网络与其他主机或其他网络的所有连接；拒绝本地主机或本地网络与其他主机或其他网络的指定端口的连接；允许本地主机或本地网络与其他主机或其他网络的指定端口的连接。

例如，某公司网络拓扑如图 5-4 所示，该公司的内部网络通过边界路由器与 Internet 连接，允许外部网络访问内部网络的 FTP 服务器、邮件服务器、域名服务器和 Web 服务器，除此之外不允许访问其他主机或服务器。

根据公司要求，假设边界路由器为 Cisco 公司路由器，则配置的访问控制规则为

```
Permit tcp any host 10.1.1.14 eq www
Permit udp any host 10.1.1.13 eq domain
Permit tcp any host 10.1.1.12 eq smtp
Permit tcp any eq smtp host 10.1.1.12 established
Permit tcp any host 10.1.1.11 eq ftp
Permit tcp any host 10.1.1.11 eq ftp-data
Deny ip any any
```

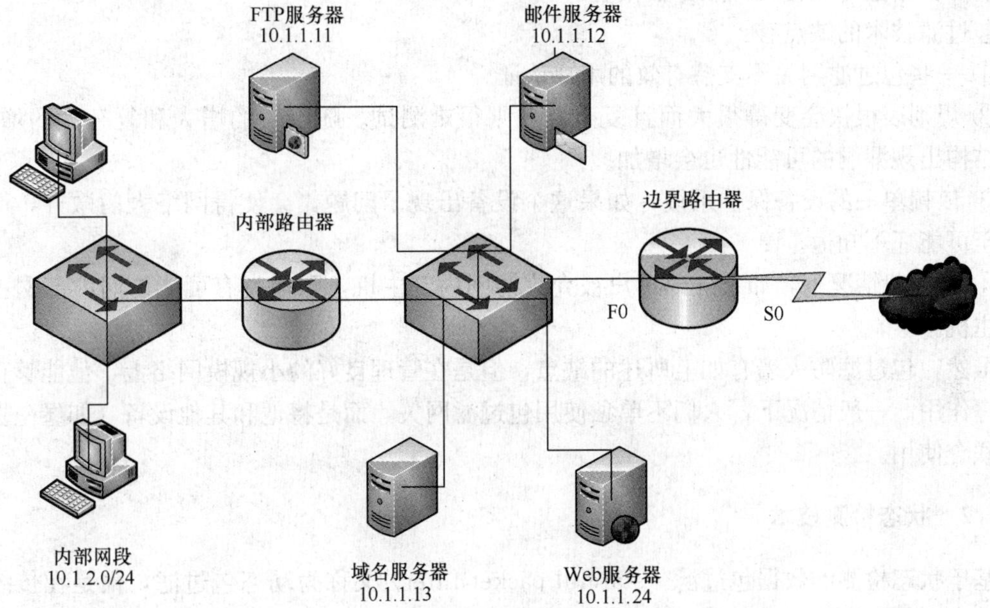

图 5-4　网络拓扑图

数据包过滤一般使用包过滤路由器来实现，但是包过滤路由器与普通的路由器有所不同。普通的路由器只检查数据包的目的 IP 地址，并选择一个达到目的地址的最佳路径。他处理数据包是以目的 IP 地址为基础的，存在着两种可能性：若路由器可以找到一个路径到达目的地址则发送出去；若路由器不知道如何发送数据包则通知数据包的发送者"数据包不可达"。

过滤路由器会更加仔细地检查数据包，除了决定是否有到达目的地址的路径外，还要决定是否应该发送数据包。"应该与否"是由路由器的过滤策略决定并强行执行的。

2. 包过滤器操作的基本过程

包过滤的基本流程如图 5-5 所示。

包过滤规则必须被包过滤设备端口存储起来。当包到达端口时，对包报头进行语法分析。大多数包过滤设备只检查 IP、TCP 或 UDP 报头中的字段。包过滤规则以特殊的方式存储，按存储顺序对数据

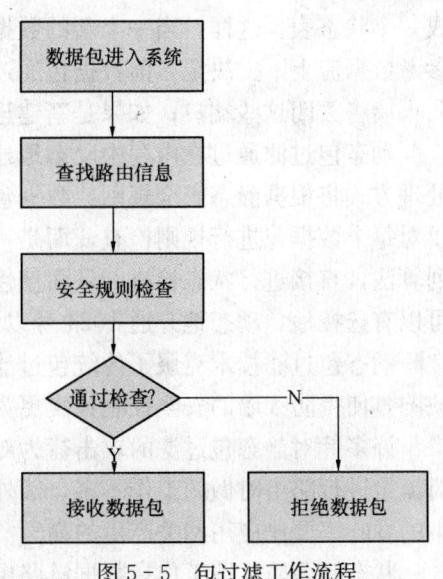

图 5-5　包过滤工作流程

包进行安全检查。若一条规则阻止包传输或接收，则此包便不被允许；若一条规则允许包传输或接收，则此包便可以被继续处理；若包不满足任何一条规则，则此包便被阻塞。

3. 包过滤技术的优缺点

对于一个小型的、不太复杂的站点，包过滤比较容易实现。因为包过滤路由器工作在 IP 层和 TCP 层，所以处理包的速度比代理服务器快。包过滤路由器为用户提供了一种透明的服务，用户不需要改变客户端的任何应用程序，也不需要用户学习任何新的东西。包过滤路由器在价格上一般比代理服务器便宜。

包过滤技术的缺点有：

① 一些包过滤网关不支持有效的用户认证。

② 规则表很快会变得很大而且复杂，规则很难测试。随着表的增大和复杂性的增加，规则结构出现漏洞的可能性也会增加。

③ 依赖单一的设备保护系统，如果这个设备出现了问题，会使得网络大门敞开，而用户甚至可能还不知道。

④ 在一般情况下，如果外部用户被允许访问内部主机，则他就有可能访问内部网上的任何主机。

虽然，包过滤防火墙有如上所述的缺点，但是在管理良好的小规模网络上，他能够正常地发挥作用。一般情况下，人们不单独使用包过滤网关，而是将他和其他设备（如堡垒主机等）联合使用。

5.1.1.2 状态检测技术

基于状态检测的数据包过滤（stateful packet filter）又称为动态包过滤，他是在传统包过滤技术基础之上发展起来的一项过滤技术，最早由 CheckPoint 公司提出。

与传统包过滤技术只检查单个、孤立的数据包不同，动态包过滤试图将数据包的上下文联系起来，建立一种基于状态的包过滤机制。对于新建的应用连接，防火墙检查预先设置的安全规则，允许符合规则的连接通过，并在内存中记录该连接的相关信息，这些相关信息构成一个状态表。这样，当一个新的数据包到达，如果属于已经建立的连接，则检查状态表，参考数据流上下文决定当前数据包通过与否，当一系列的数据包通过端口达到了目的地后，防火墙将关闭这些端口；如果是新建连接，则检查静态规则表。

动态包过滤通过在内存中动态地建立和维护一个状态表，数据包到达时，对该数据包的处理方式将根据静态安全规则或数据包所处的状态进行过滤。这种方法的好处在于由于不需要对每个数据包进行规则检查，而是一个连接的后续数据包（通常是大量的数据包）通过散列算法，直接进行状态检查，从而使性能得到了较大提高；而且由于状态表是动态的，因而可以有选择地、动态地开通 1024 号以上的端口，使安全性得到进一步提高。

动态包过滤技术克服了传统包过滤仅仅孤立地检查单个数据包和安全规则静态不可变的缺陷，使得防火墙的安全控制粒度更为细致。

许多针对静态包过滤的攻击行为对动态包过滤而言将会变得困难，甚至不可能。而且在对流量进行路由时做的工作不多，额外开销很少，因此在相同硬件平台上使用动态包过滤产生的吞吐率要比应用网关产生的高。

状态检测防火墙工作在数据链路层和网络层之间，可在低层对通过网络的原始数据包进行检查和截取，可以检测应用层的数据包，从中提取信息进行数据包处理。状态检测技术采用基于连接的状态机制，将属于同一连接的所有包作为一个整体的数据流看待，构成连接状态表，通过规则表与状态表的共同配合，对表中的各个连接因素加以识别，其工作原理如图 5-6 所示。

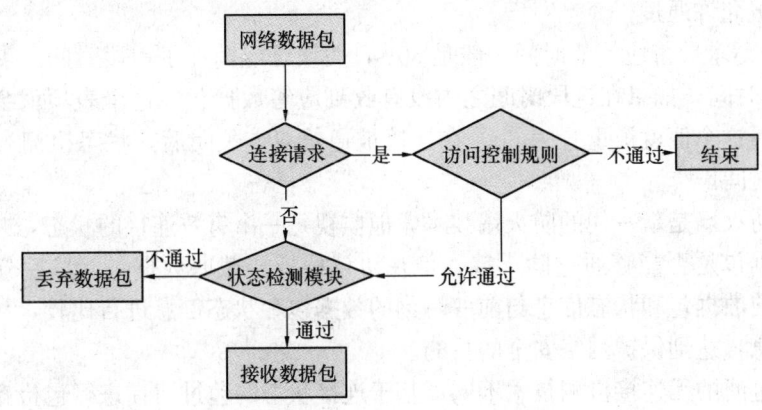

图 5-6 状态检测工作原理

从图 5-6 中可以看出，状态检测工作过程如下：

（1）连接请求。当一个状态检测防火墙收到一个初始化 TCP 的连接请求（SYN）包时，防火墙先将这个数据包进行访问控制规则（端口号、源 IP 地址、目的 IP 地址等）检查，如果检查了所有规则后，该包都没被接受，那么拒绝该次连接。

（2）建立动态状态表。如果数据包被接受，那么防火墙从接收到的数据包中提取本次会话与安全策略相关的状态信息，将这些信息保存在一个动态状态表中，并设置一个合适的时间溢出值（通常为 60min），当防火墙收到返回的含有 SYN/ACK 标志的确认连接数据包，防火墙调整时间溢出值到另一个合适的大小。

（3）状态检查。随后的数据包就和该状态检测表的内容进行比较，通过比较源 IP 地址、目的 IP 地址和端口号来区分是不是同一个会话。如果该数据包是状态表内会话的一部分，检查其是否属于状态表中某一连接，若是，则说明该包所属的数据流已通过安全规则检查，从而不需要再进行规则检查，而只需要检查其在数据流中的状态是否有效即可。

依据状态检测工作原理可以看出，状态检测防火墙避开了复杂的安全规则检查，可极大地提高防火墙的整体效率。

关闭一个 TCP 连接可以有 2 种方式：第一种类似于建立 TCP 连接的 3 次握手。一旦一个 TCP 会话完成，要终止会话的一方首先发出一个 FIN 为 1 的数据包。接收方 TCP 确认这个 FIN 数据包，并确认自己这边的应用程序不要再接收数据了。在默认情况下，2min 之后从状态表删除。另一种是 TCP 会话的任何一方发出一个 RST 标志为 1 的数据包，可以快速断开一个 TCP 连接。而且 RST 数据包不需要应答，在这种情况下，10s 之后状态表中的连接记录被删除。

对于无状态的 UDP 连接，状态检测防火墙依然能够进行检测。UDP 协议没有序列号，只包含源端口、目的端口、校验和及携带的数据，但是可以建立虚连接，通过跟踪连接状态将数据包和正在进行中的 UDP 交换联系起来。对传入的包，若他所使用的地址和 UDP 包携带的协议与传出的连接请求匹配，该包就被允许通过，这次会话被添加到状态检测表内。具体过程为：首先，防火墙跟踪传出的请求，记录下所使用的地址、协议和包的类型；然后，当一个完成规则检查的数据包通过防火墙时，这次连接被添加到状态检测表内；并设置一个时间溢出值；最后，对于源/目的 IP 地址和源/目的端口号匹配的数据包，在这个时间值内返回都会被允许通过。

一个 UDP 请求等待应答的时间一般是 30 s，假设已经消耗了一段时间，剩下的时间就是 30 减去消耗时间，如果在这段时间之内没有收到应答数据包，这个表项就会被删除。一旦收到了应答，这个值就被重置为 30。在连接被通信双方关闭后，状态检测表中的连接还将被维护一段时间。

状态检测防火墙是新一代的防火墙技术，他监视每一个有效连接的状态，并根据这些信息决定网络数据包是否能够通过防火墙。他在协议栈低层截取数据包，然后分析这些数据包，并且将当前数据包和状态信息与前一时刻的数据包和状态信息进行比较，从而得到该数据包的控制信息，达到保护网络安全的目的。

与传统包过滤的无连接检测技术不同，基于连接状态的包过滤在进行包检查时，不仅将其看成是独立的单元，同时还要考虑他的历史关联性。与传统包过滤防火墙相比，状态检测防火墙的优点如下：

（1）由于采用了基于连接的包过滤处理方法，状态检测防火墙在进行规则检查的同时，可以将包的连接状态记录下来，该连接以后的包则无须再通过规则检查，而只需通过状态检测表里对该包所属的连接记录来检查即可。如果有相应的状态标志，则说明该包属于已经建立的合法连接，可以接受，检查通过后该连接状态的记录将被刷新，这样就使具有相同连接状态的包避免了重复检查。

（2）包过滤防火墙中规则表的排序是固定的，只能采用线性的方法进行搜索，而状态检测表里的记录是可以随意搜索的，于是可采用诸如二叉树或 Hash 等算法进行快速搜索，这就提高了系统的传输效率。同时，采用实时的连接状态监控技术，可以在状态检测表中通过诸如 ACK（应答响应）、NO（序列号）等连接状态因素加以识别，阻止该包通过，增强了系统的安全性。

（3）对于基于 UDP 协议的应用来说，由于该协议本身对顺序错误或丢失的包并不做纠错或重传，所以很难用简单的包过滤技术对其处理。状态检测防火墙在基于 UDP 协议的连接处理时，会为 UDP 建立虚拟的连接，同样能够对连接过程状态进行监控，通过规则与连接状态的共同配合，达到包过滤的高效与安全。

5.1.1.3　代理服务技术

1. 代理服务技术的工作原理

目前许多造成大规模损害的网络攻击，比如红色代码和尼姆达，都是利用了应用的弱点。高层协议的攻击和网络病毒的频繁出现，对防火墙提出了新的要求，需要防火墙对数据包进行深度检查，确认出恶意行为并阻止他们。

代理服务器技术就是针对这种需求，深入检测数据包有效载荷，执行基于应用层的内容过滤，以此提高系统应用防御能力。代理服务器工作在应用层，他用来提供应用层服务的控制，在内部网络向外部网络申请服务时起到中间转接作用。内部网络只接受代理提出的服务请求，拒绝外部网络其他节点的直接请求。代理服务器技术的工作原理为：

（1）数据包还原。简单的数据包内容过滤对当前正在通过的单一数据包的有效载荷进行扫描检测，但是对于应用防御的要求而言，这是远远不够的。如一段攻击代码被分割到 10 个数据包中传输，那么简单的对单一数据包的内容检测根本无法对攻击特征进行匹配。要清楚地知道有效载荷，必须将单个数据包重新组合成完整的数据流。应用层的内容过滤要求大量的计算资源，执行深度包检测必然带来性能下降，这就是所谓的内容处理障碍。为了突破内容处理障碍，达到实时地分析网络内容和行为，需要通过采用硬件芯片和更加优化的算法。

（2）数据包内容深度检测。在接收到网络流量后，将需要进行内容扫描的数据流定向到 TCP/IP 堆栈，转换成内容数据流。服务分析器根据数据流服务类型分离内容数据流，传送数据流到一个命令解析器中。命令解析器定制和分析每一个内容协议，分析内容数据流，检测病毒和蠕虫。如果检测到信息流是一个 HTTP 数据流，则命令解析器检查上传和下载的文件；如果数据是 Mail 类型，则检查邮件的附件。数据流将根据过滤的设置进行匹配，通过或拒绝数据。

2. 代理服务技术的实现

代理服务技术控制对应用程序的访问，能够代替网络用户完成特定的 TCP/IP 功能。代理服务器适用于特定的 Internet 服务，对每种不同的服务都应用一个相应的代理，如代理 HTTP、FTP、E‑mail、Telnet、WWW、DNS、POP3、IRC 等。代理服务器的实现方式主要有以下 2 种：

（1）应用代理服务器。应用代理服务器可以在应用层提供授权检查及代理服务功能。当外部某台主机试图访问（如 Telnet）受保护的内部网时，他必须先在防火墙上经过身份认证。通过身份认证后，防火墙运行一个专门为 Telnet 设计的程序，把外部主机与内部主机连接起来。在这个过程中，防火墙可以限制用户访问的主机、访问的时间及访问的方式。同样，受保护的内部网络用户访问外部网时也需要先登录到防火墙上，通过验证后才可以使用 Telnet 或 FTP 等有效命令。应用代理服务器的优点是既可以隐藏内部 IP 地址，又可以给单个用户授权。即使攻击者用了一个合法的 IP 地址，也要通过严格的身份认证。但这种认证使得应用网关不透明，用户每次连接都要受到“盘问”，会给用户带来许多不便，而且这种代理技术需要为每个应用网关编写专门的程序。

（2）电路级代理服务器。电路级代理服务器也称为一般代理服务器，他适用于多个协议，但不解释应用协议中的命令就建立了连接回路。电路级代理服务器通常要求使用修改过的应用程序。套接字服务器就是电路级代理服务器。套接字是一种网络应用层的国际标准，当受保护网络的客户机需要与外部网交互信息时，在防火墙上的套接字命令服务器会检查客户的 UserID、源 IP 地址和目的 IP 地址。经确认后，套接字服务器才与外部服务器建立连接。对用户来说，受保护的内部网与外部网的信息交换是透明的，感觉不到防火墙的存在，这是因为 Internet 用户不需要登录到防火墙上。电路级代理服务器可为各种不同的协议提供服务。大多数电路级代理服务器也是公共服务器，他们几乎支持任何协议，但不是每个协议都能由代理服务器轻易实现。

5.1.2　防火墙的体系结构

由于用户的网络安全需求和防范目的不同，在实现具体的防火墙系统时，通过不同部署，可以形成下面4种不同类型：包过滤防火墙、双穴主机结构防火墙、屏蔽主机防火墙和屏蔽子网防火墙。

1. 包过滤防火墙

包过滤防火墙也称作包过滤路由器，他是最基本、最简单的一种防火墙，可以在一般的路由器上实现，也可以在基于主机的路由器上实现，如图5-7所示。

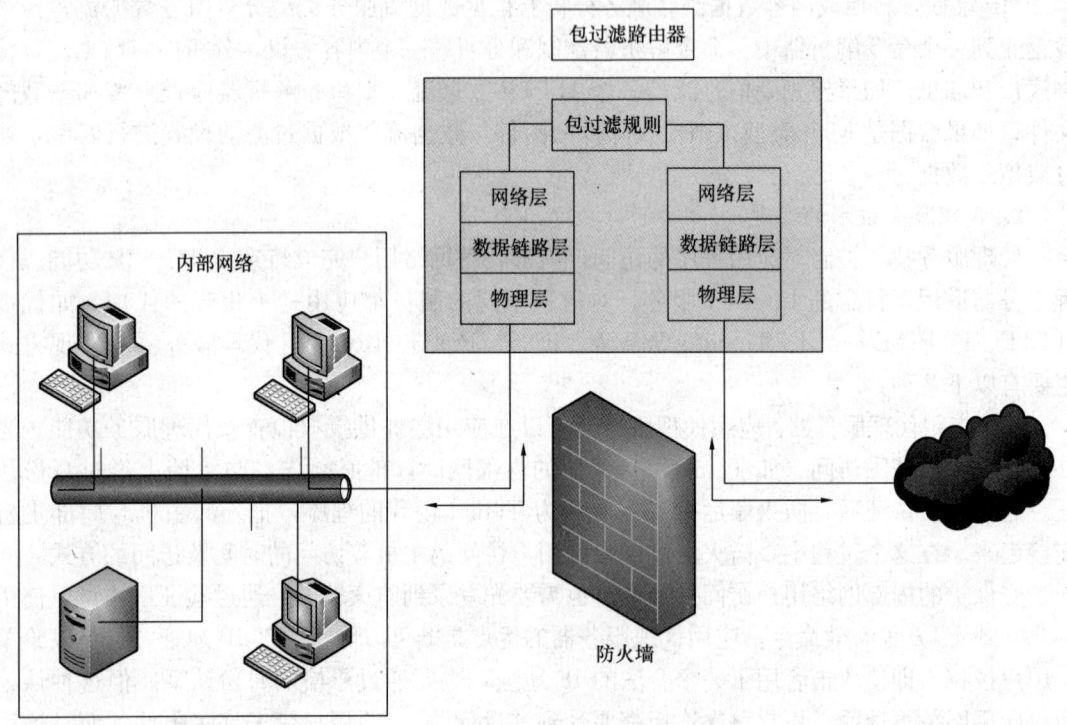

图5-7　包过滤防火墙

包过滤防火墙通常有两块网卡（NIC），一块连到内部网络，一块连到 Internet。包过滤防火墙检查每一个传入包，查看包中可用的基本信息（源 IP 地址和目的 IP 地址、端口号、协议等）。然后，将这些信息与已设立的规则相比较。如果已经设立了阻断 Telnet 连接，而包的目的端口是 23，那么该包就会被丢弃。如果允许传入 Web 连接，而目的端口为 80，则包就会被放行。

多个复杂规则的组合也是可行的。如果允许 Web 连接，但只针对特定的服务器，目的端口和目的 IP 地址二者必须与规则相匹配，才可以让该包通过。建立包过滤防火墙规则的例子如图5-8所示。

假设网络安全策略规定为：内部网络的 E-mail 服务器（IP 地址为 192.1.1.2，TCP 端口号为 25）可以接收来自外部网络用户的所有电子邮件；允许内部网络用户发送并接收外部电子邮件服务器的电子邮件；拒绝所有与外部网络中名字为 Student 的主机连接。包过滤

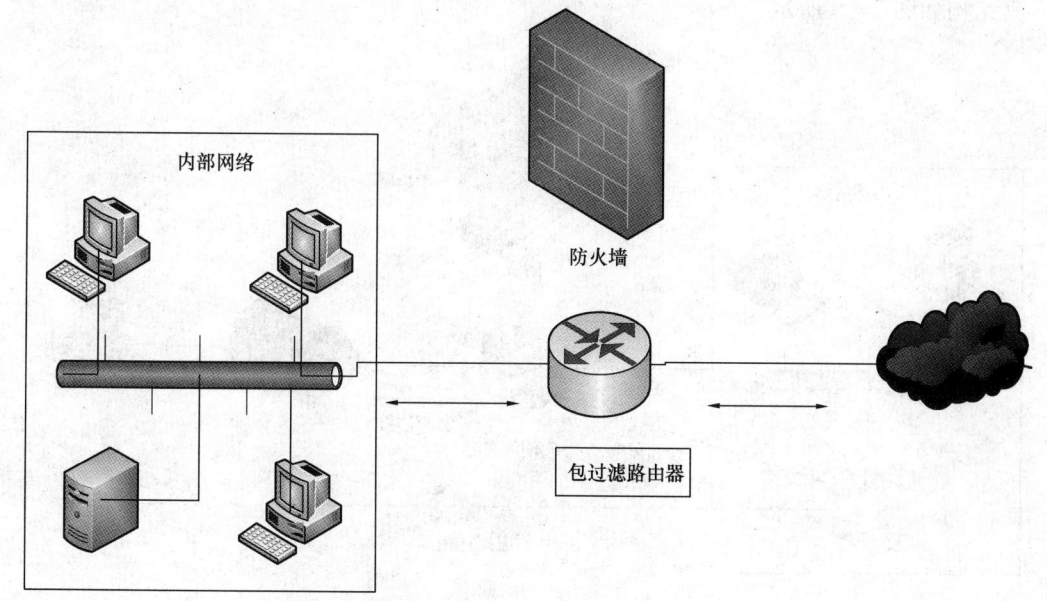

图 5-8　包过滤防火墙的建立

规则如表 5-1 所示。

表 5-1　包过滤规则

规则过滤号	方向	动作	源 IP 地址	源端口	目的 IP 地址	目的端口	协议	描述
1	进入	阻塞	Student	*	*	*	*	阻塞来自 Student 的所有数据包
2	输出	阻塞	*	*	Student	*	*	阻塞所有到 Student 的数据包
3	进入	允许	*	>1023	192.1.1.2	25	TCP	允许外部用户传送到内部网络电子邮件服务器的数据包
4	输出	允许	192.1.1.2	25	*	>1023	TCP	允许内部邮件服务器传送到外部网络的电子邮件数据包

　　包过滤防火墙用于规模小的简单网络，不失为一种经济有效的方案。如果要保护的内部网络规模较大、结构复杂、安全要求高，仅使用包过滤防火墙保护网络安全是不够的。

　　2. 双穴主机结构防火墙

　　这种防火墙系统由一台特殊主机来实现。这台主机拥有两个不同的网络接口：一端接外部网络，一端接需要保护的内部网络，故被称双穴主机，也称双穴网关。防火墙不使用包过滤规则，而是通过外部网络和被保护的内部网络之间设置这个网关，隔断 IP 层之间的直接传输。被保护网络中的主机与该网关可以通信，外部网络中主机也能与该网关通信，但是两个网络中的主机不能直接通信，两个网络之间的通信通过应用层数据共享或应用层代理来实现，其结构如图 5-9 所示。

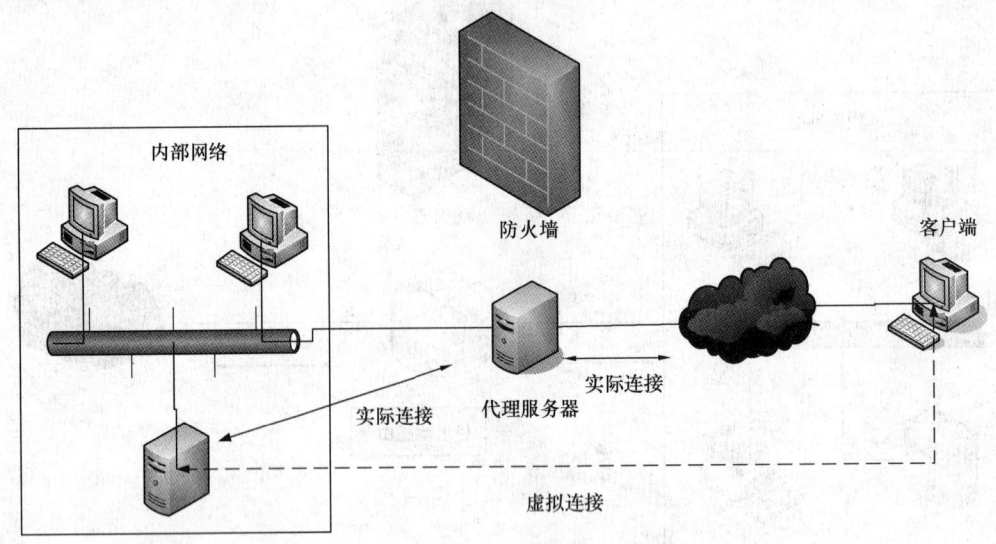

图 5-9　双穴主机结构防火墙

　　　　双穴主机结构防火墙采用代理服务方法提供服务。需注意的是：在设置双穴主机结构防火墙时，要确定把防火墙的路由能力关闭。如果路由开着，一个网络到另一个网络的通信会绕过防火墙。

　　另外，如果不为特定的应用程序安装代理程序代码，这种服务是不会被支持的，不能建立任何连接。这种建立方式拒绝任何没有明确配置的连接，从而提供了安全性和控制性。

　　例如，一个用户的 Web 浏览器可能在 80 端口，但也经常可能是在 1080 端口连接到了内部网络的 HTTP 代理防火墙。防火墙然后会接受这个连接请求，并把他转到所请求的 Web 服务器。这种连接和转移对该用户来说是透明的，完全由代理防火墙自动处理。

　　代理防火墙支持的一些常见的应用程序有：HTTP，HTTPS/SSL，SMTP，POP3，IMAP，NNTP，Telnet，FTP，IRC。

　　应用程序代理防火墙可以配置成允许来自内部网络的任何连接，也可以配置成要求用户认证后才建立连接。只为已知用户建立连接的这种限制，为安全性提供了额外的保证，这个特征使得从内部发动攻击的可能性大大减少。

　　双穴主机结构防火墙最大的优点是：网关将被保护的网络与外界完全隔离开来，防火墙不传送 DNS 信息，因此内部网络的名字和 IP 地址对外界来说是不可见的。

　　双穴主机结构防火墙的缺点是：代理服务器必须为每种应用专门设计，这样，当需要增加新的功能时就需要修改软件；另外，作为隔离内部与外界的唯一屏障，双穴主机结构防火墙极易受到攻击，一旦被入侵成功，网络安全就会受到危害。

　　　　虽然双穴主机结构防火墙比较安全，但是由于所有的服务都依赖于网关提供的代理服务，所以在某些要求灵活的场合不太适合使用。

3. 屏蔽主机防火墙

　　屏蔽主机防火墙由一台过滤路由器和一台堡垒主机组成。在这种配制中，堡垒主机配制在内部网络上，过滤路由器则放置在内部网络与外部网络之间。在路由器上进行配置，使得外部网络的主机只能访问该堡垒主机，而不能直接访问内部网络的其他主机。内部网络在向外通信时，也必须首先到达堡垒主机，由该堡垒主机来决定是否允许访问外部网络。这样，堡垒主机成为内部网络与外部网络通信的唯一通道，其体系结构如图 5 - 10 所示。采用一个过滤路由器与一个堡垒主机组成的防火墙系统。

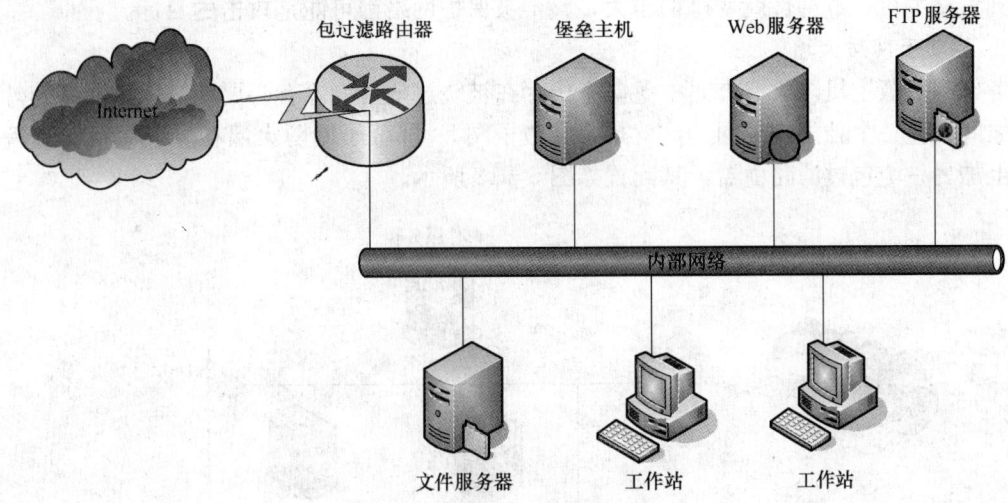

图 5 - 10　屏蔽主机防火墙

　　图 5 - 10 中，堡垒主机是运行代理软件的计算机，他暴露在被保护的网络之外，入侵者如果穿透了包过滤路由器，必须首先把该主机攻克，才能够进入到内部网络。屏蔽主机防火墙的工作层示意图如图 5 - 11 所示。

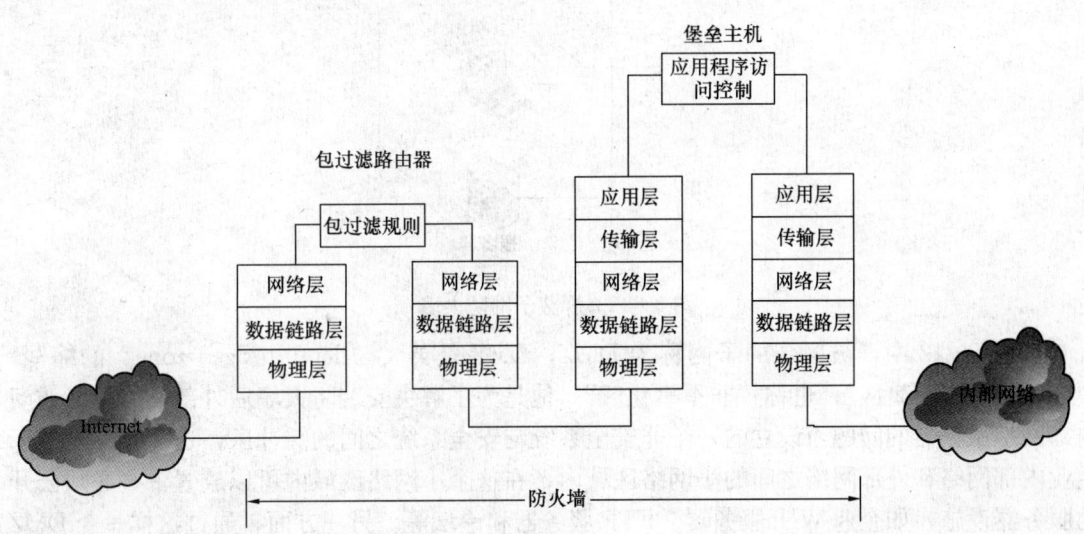

图 5 - 11　屏蔽主机防火墙的工作层

　　屏蔽主机防火墙的优点是：配置更为灵活，他可以通过配置包过滤路由器将某些通信直接传到内部网络的其他站点而不是堡垒主机；因为多数甚至所有通信将直接传到堡垒主机，所以包过滤路由器的规则比较简单。

　　屏蔽主机防火墙的不足之处是：包过滤路由器的设置是防火墙安全与否的关键，如果设置不当，那么数据包就可能不被路由到堡垒主机上，使堡垒主机被绕过；屏蔽主机防火墙的缺点也是应用网关提供代理服务，一旦堡垒主机被攻破，内部网络将完全暴露。

　　这种配置方案最大特点就是比较灵活，但是付出了安全性下降的代价。因为一旦攻击者登录到堡垒主机，危害性就变得相当大，整个被保护网络都可能是攻击的目标。

　　4. 屏蔽子网防火墙

　　考虑到屏蔽主机防火墙方案中堡垒主机存在被绕过的可能，有必要在被保护网络与外部网络之间设置一个独立的子网，这就是"屏蔽子网"。屏蔽子网防火墙在屏蔽主机防火墙的配置上加另一个包过滤路由器，其配置如图 5-12 所示。

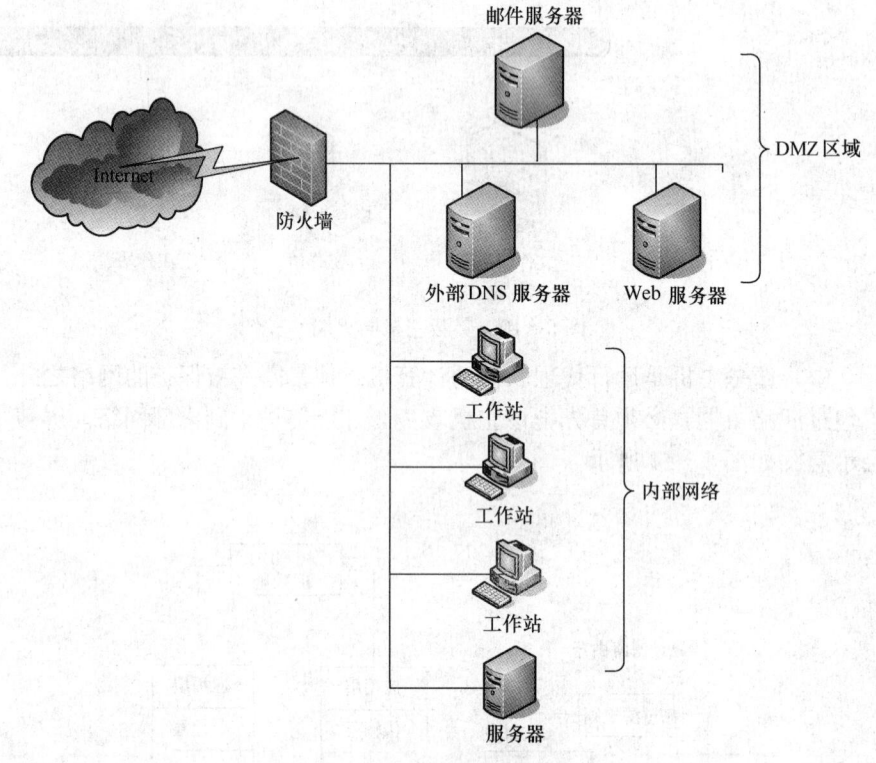

图 5-12　屏蔽子网防火墙

　　在图 5-12 中，被屏蔽的子网称为 DMZ，DMZ 是英文 "demilitarized zone" 的缩写，中文名称为"隔离区"，也称"非军事化区"。他是为了解决安装防火墙后外部网络不能访问内部网络服务器的问题而设立的一个非安全系统与安全系统之间的缓冲区，这个缓冲区位于企业内部网络和外部网络之间的小网络区域内，在这个小网络区域内可以放置一些必须公开的服务器设施，如企业 Web 服务器、FTP 服务器和论坛等。另一方面，通过这样一个 DMZ 区域，能更加有效地保护内部网络，因为这种网络部署，比起一般的防火墙方案，对攻击者来说又多了一道关卡。

在实际的运用中，某些主机需要对外提供服务，为了更有效地保护内部网络的安全，根据不同的需要，有针对性地采取相应的隔离措施。将需要对外开放的主机与内部的众多网络设备分隔开来，这样便能在对外提供友好服务的同时最大限度地保护内部网络。DMZ 区域可以为主机环境提供网络级的保护，能减少为不信任客户提供服务而引发的危险，是放置公共信息的最佳位置。内部网络和主机的安全通常并不如人们想象的那样坚固，极易受到攻击，将需要保护的 Web 应用程序服务器和数据库系统放在内网中，把没有包含敏感数据、担当代理数据访问职责的主机放置于 DMZ 中，这样就为应用系统安全提供了保障。DMZ 使包含重要数据的内部系统免予直接暴露给外部网络而受到攻击，攻击者即使初步入侵成功，还要面临 DMZ 设置的新的障碍。

屏蔽子网防火墙的主要优点是他又提供了一层保护，一个入侵者必须通过两个路由器和一个应用网关，这比起屏蔽主机防火墙来要困难得多。

屏蔽子网防火墙有以下缺点：因为他要求的设备和软件模块最多，所以相比起来是最贵的配置；整个系统的配置由 3 种设备组成，包括 2 个路由器和一个堡垒主机，配置比较复杂。

5.2 入侵检测

入侵检测（intrusion detection system，IDS）是从计算机网络或计算机系统中的若干关键点搜集信息并对其进行分析，从中发现网络或系统中是否有被攻击的一种机制。

IDS 的通用模型如图 5-13 所示。IDS 在计算机网络或系统中部署了若干个关键节点，通过关键节点进行信息收集，并对其进行数据分析，从中发现是否有被攻击的迹象。IDS 包括检测、记录、报警和响应等功能，能检测来自外部网络的入侵行为，同时也可以对内部用户的未授权活动进行监督。

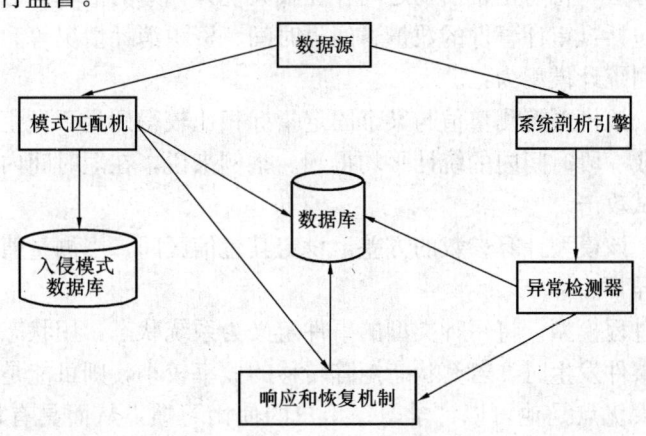

图 5-13 IDS 的通用模型

入侵检测系统一般包括以下 3 部分功能：

（1）信息的收集和预处理。通过部署在网络中的节点采集网络信息，例如系统日志、网络数据包、文件与用户活动的状态和行为等。

（2）入侵分析引擎。通过模式匹配、异常检测和完整性分析等技术，对采集到的数据进行分析，以寻找入侵行为。可以全面快速地识别探测攻击、DoS 攻击、缓冲区溢出攻击、电子邮件攻击、浏览器攻击等多种常用攻击行为。

（3）响应和恢复系统。一旦发现网络遭受到入侵，IDS 就进入响应过程，并在日志、警告和安全控制等方面做出反应。

5.2.1　入侵检测的技术原理

5.2.2.1　异常检测

异常检测技术也称基于行为的检测技术，是指根据用户的行为和系统资源的使用状况，检测与正常行为之间的偏差，判断是否存在网络入侵。如果可以定义用户的正常行为，那么检测到与正常行为偏差较大的行为就判断为入侵行为。正常行为的模型通常使用一种矩阵的数学模型，矩阵的数量来自于系统的各种指标。比如 CPU 使用率、内存使用率、登录的时间和次数、网络活动、文件的改动等。

异常检测的优点是具有抽象系统正常行为从而检测系统异常行为的能力。该检测方法定义用户的正常行为，将检测到与正常行为偏差较大的行为判定为入侵行为，所以能够检测新的、未知的入侵行为。

异常检测的缺点是：若入侵者了解到检测规律，可以改变入侵过程，避免系统指标突变，通过逐渐改变系统指标的方法逃避检测。另外检测效率也不高，检测时间较长。最重要的是，这是一种"事后"的检测，当检测到入侵行为时，破坏早已经发生了。

1. 统计分析异常检测

统计方法是当前产品化的入侵检测系统中常用的方法。入侵检测系统学习用户的日常行为，利用统计分析方法，将与正常活动之间存在较大统计偏差的活动标志成为异常活动。常用的偏差测量参数包括：审计事件的数量、间隔时间、资源消耗情况等。

常用的入侵检测统计模型为：

（1）操作模型。该模型将测量值与某个固定指标相比较得到是否发生入侵行为，固定指标可以根据经验值或一段时间内的统计平均得到。举例来说，在短时间内的多次失败的登录很有可能是口令尝试攻击。

（2）方差模型。该模型计算参数的方差，设定其置信区间，当测量值超过置信区间的范围时表明有可能是异常。

（3）马尔柯夫过程模型。将每种类型的事件定义为系统状态，用状态转移矩阵来表示状态的变化，当一个事件发生时，若其状态矩阵转移的概率较小，则可能是异常事件。

统计方法的最大优点是他可以"学习"用户的使用习惯，从而具有较高检出率与可用性。但是他的"学习"能力也给入侵者以机会通过逐步"训练"，使入侵事件符合正常操作的统计规律，从而欺骗入侵检测系统。

2. 预测模式异常检测

异常检测系统通过识别过去所观察事件序列的规律，预测下一时刻输入数据流中哪些特定事件比其他事件更可能发生。具体实现是从已经观察到的数据中产生一组假设，这组假设随观察的数据动态地修改，最终只有高质量的假设留在规则库中，而低质量的假设最终会被消去。

预测模型使用动态规则集合来检测入侵，规则库用于存储用户行为模式，规则库中的规则表现了安全审计记录间的序列关系或记录的局部特性。每一个规则描述了一个序列模式，他以一定概率预测下一个可能的事件。

这种方法的优点有：适合检测基于时间关系的入侵，这类入侵用其他方法较难检测到；高质量的序列模式能使用归纳的方法自动产生，低质量的模式最终从系统中消失，这有助于建立高度自适应的安全审计系统。

该方法的缺点是：规则产生若不充分，容易导致高的误报率。另外，计算量比较大。

3. 基于系统调用的异常检测

存储在磁盘上的程序代码不运行就不会对系统造成损害，系统的损害主要是由于运行了特权程序所引起的。该方法监视特权程序使用的系统调用，每个进程对应于一个轨迹（即从开始执行到进程结束期间使用的系统调用的顺序列表），虽然同一个程序在不同条件下执行时产生的轨迹数目很多，但这些轨迹的局部模式（短序列）却表现出一定的一致性。一个程序的正常行为可由其执行轨迹的局部模式（短序列）来表征，与这些模式的偏离可认为是入侵。基于程序执行的 2 个重要特点：①一个是程序正常执行时，轨迹的局部模式具有一致性；②另一个是当利用程序的安全漏洞时会产生一些异常的局部模式。

基于系统调用方法的主要优点是用于分析建模的方法比较简单，所以他具有计算上的高效性，其主要缺点是不能检测出合作攻击与盗用者。

为提高异常检测的性能，近几年在异常检测技术中引入了人工智能方法，这些人工智能的方法主要包括数据挖掘、人工神经网络、模糊证据理论等。

(1) 数据挖掘。数据挖掘方法用来确定在大量的数据集合中什么特征是最重要的。该技术用于异常检测中主要是寻求一种正常模式更简洁的定义，而不是像传统的异常检测方法那样简单列举出所有的正常模式。

(2) 人工神经网络。异常检测问题可被看做是一个一般的数据分类问题。人工神经网络具有自学习自适应能力，用正常用户行为的样本训练神经网络，通过反复多次学习，神经网络能从数据中提取正常的用户或系统活动的模式，并编码到网络结构中；检测时，将审计数据输入训练好的神经网络，即可判定用户的行为是否正常。

神经网络仅根据数据本身就能自适应地学习到正常的用户行为，不需要关于统计分布的先验知识，也不需要利用描述用户行为的轮廓，且对于审计数据不完整的情况也有较大的抑制噪声能力。神经网络的主要缺点是他们在检测和学习过程中不提供被检测到的异常行为的任何解释。

(3) 模糊证据理论。由于入侵检测的评判标准具有一定的模糊性，所以模糊证据理论被引入到入侵检测中。该模型吸收了异常检测的优点，能较好地降低漏报率和误报率。

5.2.2.2 误用检测

误用检测技术也称为基于知识的检测技术或模式匹配检测技术。该检测技术定义所有的异常行为，检测与已定义的异常行为之间的匹配程度，发现了匹配行为则认为发生了入侵行为。这种检测模型误报率低、漏报率高。对于已知的攻击，他可以详细、准确地报告出攻击类型，但是对未知攻击却效果有限，而且异常行为库必须不断更新。

误用检测技术的优点有：检测准确度高；技术相对成熟；便于进行系统防护。

误用检测技术的缺点有：不能检测出新的入侵行为；完全依赖于入侵特征的有效性；维护特征库的工作量巨大。

误用检测技术有以下几种：

（1）专家系统。采用一系列的检测规则分析入侵的特征行为。规则，即知识，是专家系统赖以判定入侵存在与否的依据。除了知识库的完备性外，专家系统还依靠条件库的完备性，这一点又取决于审计记录的完备性、实时性和易用性。此外，匹配算法的快慢，也对专家系统的工作效率有很大的影响。

（2）基于模型的入侵检测方法。入侵者在攻击一个系统时往往采用一定的行为序列，如猜测口令的行为序列。这种行为序列构成了具有一定行为特征的模型，根据这种模型所代表的攻击意图的行为特征，可以实时地检测出恶意的攻击企图。

（3）简单模式匹配。基于模式匹配的入侵检测方法将已知的入侵特征编码成为与审计记录相符合的模式。当新的审计事件产生时，这一方法将寻找与他相匹配的已知入侵模式。

5.2.2　入侵检测系统的体系结构

1. 基于主机的入侵检测系统

基于主机的入侵检测系统分析的数据是计算机操作系统的事件日志、应用程序的事件日志、系统调用、端口调用和安全审计记录。当有文件被修改时，IDS 将新的记录条目与已知的攻击特征相比较，看他们是否匹配。如果匹配，就会向系统管理员报警或者作出适当的响应。

基于主机的 IDS 在发展过程中融入了其他技术。检测对关键系统文件和可执行文件入侵的一个常用方法是通过定期检查文件的校验和来进行的，以便发现异常的变化。反应的快慢取决于轮询间隔时间的长短。

基于主机的 IDS 通常安装在关键的主机上，这样可以减少规划部署的花费，使管理的精力集中在最重要的、最需保护的主机上。为了减少对网络安全系统日常维护的复杂性和难度，便于对基于主机的 IDS 的检测结果进行及时检查，对系统产生的日志进行集中处理，根据服务器本身的空闲负载能力选取不同类型的入侵检测系统。如对于高负载的网络服务器，为了不影响网络服务的能力，选择实时日志分析类型入侵检测器。对于负载过大的服务器，可以选择非实时的日志分析类型入侵检测器，通过二次审计对服务器状态进行检测。

基于主机的 IDS 的主要优点有：检测准确性较高；可以检测到没有明显行为特征的入侵；能够对不同的操作系统进行有针对性的检测；成本较低；不会因网络流量影响性能；适于加密和交换环境。

基于主机的 IDS 的主要缺点有：实时性较差；无法检测数据包的全部；检测效果取决于日志系统；占用主机资源；隐蔽性较差。

下列情况下，只适用于使用主机的 IDS：

① 网络带宽太高，无法进行网络监控，或带宽太低不能接受网络 IDS 的开支；

② 网络环境是高度交换的（逻辑上分离的），交换机上没有镜像端口，或者由于需要太多数量的传感器而无法实现；

③ 网络拓扑是高度分布式的（地理或逻辑上的分割）；

④ 涉及利益或所有权问题的组织/领域团体（如，不同组织共同拥有网络，他们分别拥有一些主机或子网，并且不能很好地沟通）；

⑤ 隐私/首肯问题，登录到主机比整个网络更容易通过"同意监控"政策。

只能采用基于主机 IDS 的一个典型例子：高性能的计算社团，他们通过高端计算环境的一个松散耦合来共享数据，但是处理操作者对他们通信所使用的网络并没有所有权。

2. 基于网络的入侵检测系统

基于网络的入侵检测系统以网络包作为分析数据源。他通常利用一个工作在混杂模式下的网卡来实时监视并分析通过网络的数据流。他的分析模块通常使用模式匹配、统计分析等技术来识别攻击行为。一旦检测到了攻击行为，IDS 的响应模块就做出适当的响应，比如报警、切断相关用户的网络连接等。不同入侵检测系统在实现时采用的响应方式也可能不同，但通常都包括通知管理员、切断连接、记录相关的信息以提供必要的法律依据等。

基于网络的 IDS 的主要优点有：可以提供实时的网络行为检测；可以监测和检测网络攻击（如 SYN 洪流）；不影响被保护主机的性能；具有良好的隐蔽性；有效保护入侵证据。

基于网络的 IDS 的主要缺点有：在交换式网络环境中难以配置；不适用于高速网络；不能处理网络流量被加密的情况。

3. 混合型入侵检测系统

基于网络和基于主机的入侵检测系统都有不足之处，造成其防御体系的不全面。综合基于网络和基于主机的混合型入侵检测系统既可以发现网络中的攻击信息，又可以从系统日志中发现异常情况。

许多机构的网络安全解决方案都同时采用了基于主机和基于网络的两种入侵检测系统。因为这两种系统在很大程度上是互补的。实际上，许多客户在使用 IDS 时都配置了基于网络的入侵检测，在防火墙之外的检测器检测来自外部 Internet 的攻击。DNS、E-mail 和 Web 服务器经常是攻击的目标，但是他们又必须与外部网络交互，不可能对其进行全部屏蔽，所以应当在各个服务器上安装基于主机的入侵检测系统，其检测结果也要向分析员控制台报告。因此，即便是小规模的网络结构也常常需要基于主机和基于网络的两种入侵检测能力。

5.3 VPN

VPN（virtual private network，虚拟专用网络）即是指在公众网络上建立的企业网络，并且此企业网络拥有与专用网络相同的安全、管理等功能，利用 Internet 公网资源作为企业专网的延续，节省昂贵的长途费用。

V 即 virtual，是针对传统的企业"专用网络"而言的。传统的专用网络往往需要建立自己的物理专用线路，使用昂贵的长途拨号以及长途专线服务；而 VPN 则是利用公共网络资源和设备建立一个逻辑上的专用通道。VPN 是原有专线式企业专用广域网络的替代方案，VPN 使企业能在价格低廉的共享基础设施上以与专用网络提供的相同策略建立一种安全的WAN（广域网）业务。

P 即 Private，表示 VPN 是被特定企业或用户私有的，并不是任何公共网络上的用户都能够使用已经建立的 VPN 通道，而是只有经过授权的用户才可以使用。在该通道内传输的数据经过了加密和认证，使得通信内容既不能被第三者修改，又无法被第三者破解，从而保证了传输内容的完整性和保密性。因此，只有特定的企业和用户群体才能够利用该通道进行安全的通信。

N 即 Network，表示这是一种专门的组网技术和服务，企业为了建立和使用 VPN 必须购买和配备相应的网络设备。

综上所述，虚拟专用网（VPN）定义为利用共享的公用网络建立特定用户的数据传输通道，将企业用户的远程分支办公室、商业合作伙伴、移动办公人员等连接起来，提供端到端的、有一定安全和服务质量保证的数据通信服务的网络技术。

目前 VPN 主要采用 4 项技术来保证安全，这 4 项技术分别是隧道技术（tunneling）、加解密技术（encryption & decryption）、密钥管理技术（key management）、使用者与设备身份认证技术（authentication）。

（1）隧道技术。隧道技术是 VPN 的基本技术，类似于点对点连接技术，他在公用网建立一条数据通道（隧道），让数据包通过这条隧道传输。隧道协议包括第二、第三层隧道协议，第二层隧道协议是先把各种网络协议封装到 PPP 中，再把整个数据包装入隧道协议中。第二层隧道协议有 L2F、PPTP、L2TP 等。L2TP 协议是目前 IETF 的标准，由 IETF 融合PPTP 与 L2F 而形成。第三层隧道协议是把各种网络协议直接装入隧道协议中，形成的数据包依靠第三层协议进行传输，第三层隧道协议有 VTP、IPSec 等。IPSec（IP Security）由一组 RFC 文档组成，定义了一个系统来提供安全协议选择、安全算法，以及确定服务所使用的密钥等服务，从而在 IP 层提供安全保障。

（2）加解密技术。加解密技术是数据通信中一项较成熟的技术，VPN 可直接利用这些现有技术。

（3）密钥管理技术。密钥管理技术的主要任务是使得密钥能够在公用数据网上安全地传递而不被窃取。现行密钥管理技术又分为 SKIP 与 ISAKMP/OAKLEY 两种。SKIP 主要是利用 Diffie - Hellman 的演算法则，在网络上传输密钥；在 ISAKMP 中，双方都有两把密钥，分别为公用、私用。

（4）使用者与设备身份认证技术。使用者与设备身份认证技术最常用的是使用者名称与密码或卡片式认证等方式。

一般来说，两台具有独立 IP 并连接上 Internet 的计算机，只要知道对方的 IP 地址就可以进行直接通信。但是，位于这两台计算机之下的内部私有网络是不能直接互联的。原因是私有网络通常使用保留地址作为内部 IP，这些保留地址在 Internet 上是不可路由的，所以在正常情况下我们无法直接通过 Internet 访问到在局域网内的主机。VPN 的原理就是在这两台直接和公网连接的计算机之间建立一条专用通道，为了实现这一目的，需要使用 VPN隧道技术。VPN 的工作过程如图 5 - 14 所示。

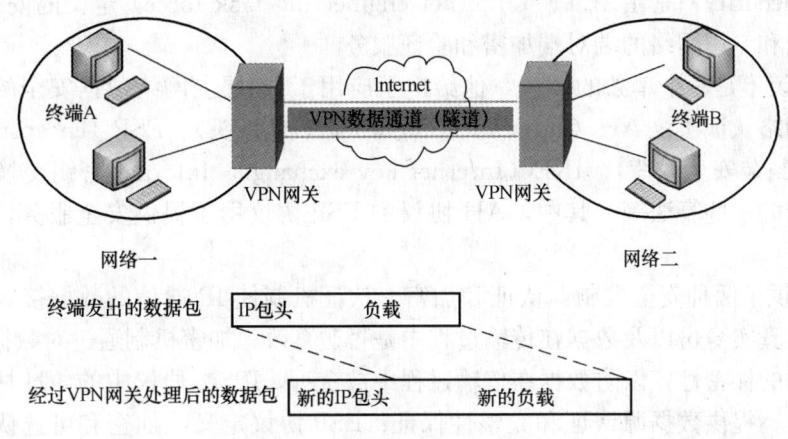

图 5-14 VPN 工作过程

通常情况下，VPN 网关采用双网卡结构，外网卡使用公共 IP 接入 Internet。如果网络一的终端 A 需要访问网络二的终端 B，其发出的访问数据包的目的 IP 地址为终端 B 的 IP（内部 IP）。网络一的 VPN 网关在接收到终端 A 发出的访问数据包时对其目的 IP 地址进行检查，如果目的 IP 地址属于网络二的地址，则向网络二的 VPN 网关发出连接请求；网络二 VPN 网关响应请求并向网络一 VPN 网关发出身份质询，网络一 VPN 网关将加密的用户身份验证响应信息发送到网络二 VPN 网关；网络二 VPN 网关根据用户数据库检查该响应，如果账户有效，将检查该用户是否具有远程访问权限；如果该用户拥有远程访问的权限，网络二 VPN 网关接受此连接。网络一的 VPN 网关将该数据包进行封装、加密，封装的方式根据所采用的 VPN 技术不同而不同，同时 VPN 网关会构造一个新的数据包（VPN 数据包），并将封装后的原数据包作为 VPN 数据包的负载，并且将在身份验证过程中产生的公有密钥用来对数据进行加密，VPN 数据包的目的 IP 地址为网络二的 VPN 网关的外部地址。网络一的 VPN 网关将 VPN 数据包发送到 Internet，由于 VPN 数据包的目的 IP 地址是网络二的 VPN 网关的外部地址，所以该数据包将被 Internet 中的路由器正确地发送到网络二的 VPN 网关。

网络二的 VPN 网关对接收到的数据包进行检查，如果发现该数据包是从网络一的 VPN 网关发出的，即可判定该数据包为 VPN 数据包，并对该数据包进行解包处理。解包的过程主要是先将 VPN 数据包的包头剥离，再将负载通过 VPN 技术反向处理还原成原始的数据包。网络二的 VPN 网关将还原后的原始数据包发送至目标终端，由于原始数据包的目的 IP 地址是终端 B 的 IP，所以该数据包能够被正确地发送到终端 B。在终端 B 看来，他收到的数据包就如同从终端 A 直接发过来的一样。

从终端 B 返回终端 A 的数据包处理过程与上述过程一样，这样两个网络内的终端就可以相互通信了。

实现 VPN 通信的方式有多种，常见的有 IPSec VPN、SSL VPN 等。

5.3.1 IPSec VPN

IPSec VPN 即指采用 IPSec 协议来实现远程接入的一种 VPN 技术，IPSec 全称为 Internet protocol security，是由 IETF（Internet engineering task force）定义的安全标准框架，用以提供公用和专用网络的端对端加密和验证服务。

IPSec 协议不是一个单独的协议，他给出了应用于 IP 层上网络数据安全的一整套体系结构，包括网络认证协议 AH（authentication header，认证头）、ESP（encapsulating security payload，封装安全载荷）、IKE（Internet key exchange，Internet 密钥交换）和用于网络认证及加密的一些算法等。其中，AH 协议和 ESP 协议用于提供安全服务，IKE 协议用于密钥交换。

IPSec 提供了两种安全机制：认证和加密。认证机制使 IP 通信的数据接收方能够确认数据发送方的真实身份以及数据在传输过程中是否遭篡改；加密机制通过对数据进行加密运算来保证数据的保密性，以防数据在传输过程中被窃听。IPSec 协议中的 AH 协议定义了认证的应用方法，提供数据源认证和完整性保证；ESP 协议定义了加密和可选认证的应用方法，提供数据可靠性保证。

5.3.1.1　AH 协议

1. AH 协议结构

AH（authentication header）主要提供认证机制，保证数据包接收者得到的源地址是可靠的，同时也提供了数据的完整性验证和抗重放攻击的能力，他使通信免受篡改，但不能防止窃听，适合用于传输非机密数据。

AH 的工作原理是在每一个数据包上添加一个身份验证报头。此报头包含一个带密钥的 hash 散列（可以将其当做数字签名，只是他不使用证书），此 hash 散列是对整个数据包的计算值，对数据的任何更改将致使散列无效，因此可提供对数据的完整性保护。

AH 头的位置在 IP 头和传输层协议头之间，如图 5-15 所示。AH 由 IP 协议号"51"标志，该值包含在 AH 头之前的协议头中，如 IP 头。AH 可以单独使用，也可以与 ESP 协议结合使用。

IP头	A H头	TCP头	数据
认证			

图 5-15　AH 认证范围

AH 由 5 个固定长度域和 1 个变长的认证数据域组成，如图 5-16 所示。

图 5-16 中的字段意义如下：

0~7	8~15	16~31
下一头	载荷长度	保留
安全参数索引(security parameters index)（SPI）		
序列号(sequence number field)		
认证值(authentication data)（variable）		

图 5-16　AH 头格式

　　下一头——8 b，识别这个报头之后紧跟的报头类型。在传输模式下，表示处于保护中的上层协议的值，比如 TCP 或 UDP 的值。

　　载荷长度——8 b，其值等于 AH 头长度（以 32 b 字长计算）减去 2。AH 头是一个 IPv6 的扩展头，按照 RFC（2460）标准的规定，他的值是头长度减去一个 64 b，在认证数据为标准的 96 b 时这个域的值为 4。

　　保留字段——16 b，该字段用于今后的扩充，应置为 0。

　　安全参数索引 SPI ——32 b，他与数据包的目的 IP 地址、安全协议类型（AH）一起，唯一地确定了这一数据包所用的 SA（安全关联）。SPI 的值在 SA 建立时由目的主机确定，如果一个新的 SA 尚未建立好，即他的密钥还在通信双方协商之时，这时该 SA 内部的 SPI 值要取为 0。

　　序列号 ——32 b 整数，他代表一个单调递增计数器的值。即使接收方不使用"抗重放攻击"功能时，发送方也一定要发送这一序列号。是否处理序列号，取决于接收方，即发送方总是传送序列号，但接收方不必强制性地处理他。当 SA 建立时发送方和接收方的序列号值被初始化为 0。通信双方每使用一个特定的 SA 发出一个数据包就将它们的相应序列号加 1。如果使用"抗重放"功能，计数不能循环，即让计数器值变成 0。在计数快接近溢出时（2 的 12 次方），通信双方应重新协商建立一个新的 SA 及新的密钥。

　　认证值——这个域的长度可变，他存放 IP 数据包的完整性校验值 ICV。ICV 是消息身份验证码或是由 MAC 算法产生的代码的删节。对于 IPv4 数据包，认证数据一定要为整数个 32 b 字长；对于 IPv6 数据包，认证数据一定要为整数个 64 b 字长。当认证数据的长度不满足具体要求时，必须添加填充比特使 ICV 域的长度达到所需要的长度。认证数据的实际长度由所使用的认证算法确定，如采用 HMAC - MD5 算法时，他的长度为 96 b。

　　2. AH 传输模式

　　如图 5 - 15 所示，在传输模式下，AH 头插在 IP 头之后，TCP、UDP 或者 ICMP 等上层协议包头之前。一般 AH 为整个数据包提供完整性检查，但如果 IP 头中包含"生存期（Time To Live）"或"服务类型（Type of Service）"等值可变字段，则在进行完整性检查时应将这些可变字段位去除。如图 5 - 17 所示，其中灰色字段为可变字段。

版本	头长度	服务类型	报文总长度	
标识			标志	分段偏移
生存期		协议号	头校验和	
源 IP 地址				
目的 IP 地址				

图 5 - 17　IP 头中可变字段

　　AH 尽可能为 IP 头和上层协议数据提供足够多的认证。但是，在传输过程中某些 IP 头字段会发生变化，且发送方无法预测当数据包到达接收端时此字段的值。AH 并不能保护这种字段值，因此，AH 提供给 IP 头的保护是有局限性的。

通常，当用于 IPv6 时，AH 出现在 IPv6 逐跳路由头之后 IPv6 目的选项之前；而用于 IPv4 时，AH 跟随主 IPv4 头。

3. AH 隧道模式

在隧道模式下，整个原数据包被当做有效载荷封装了起来，外面附上新的 IP 头。其中"内部" IP 头（原 IP 头）指定最终的源和目的 IP 地址，而"外部" IP 头（新 IP 头）中包含的常常是做中间处理的网关地址。与传输模式不同，在隧道模式中，原 IP 地址被当做有效载荷的一部分受到 IPSec 的保护，另外，通过对数据加密还可以将数据包目的 IP 地址隐藏起来，这样更有助于保护端对端隧道通信中数据的安全性。

图 5-18 标示出了 AH 隧道模式中的认证部分。AH 隧道模式为整个数据包提供完整性检查和认证，认证功能优于 ESP。但在隧道技术中，AH 协议很少单独实现，通常与 ESP 协议组合使用。

新IP头	AH头	原始IP头	TCP头	数据
认证				

图 5-18　AH 隧道模式

4. AH 协议对数据包的处理流程

AH 协议对外出数据包的处理流程如图 5-19 所示。在传输模式下，AH 头插在 IP 头之后。

SPI 字段值是来自于处理这个外出数据包 SA 中的 SPI；序列号字段值是当前序列号计数器的值；下一个头字段值是 TCP 头的协议字段值，该值为 6，表示是 TCP。

对于隧道模式，AH 头插在整个 IP 数据包前面，AH 头的"下一个头"字段值是 4，表示是 IP-in-IP。其他值计算方法与传输模式相同。

在 AH 头前必须新增一个 IP 头，并填写相应的字段：源 IP 地址字段值取自源 AH 设备的 IP 地址；目的 IP 地址字段值从处理该数据包的 SA 中获取；协议字段值为 51，代表 AH；其他字段值按常规方式填写。

完整性检查值（ICV）的计算步骤为：

（1）在计算 ICV 之前，将 IP 头中可变字段值置为 0，并且 AH 头的认证数据字段也置为 0。这些被置为 0 的字段不能省略掉，以保证 ICV 计算结果的对齐性，并且在传输过程中也不会改变这些字段的长度。

（2）认证数据字段的填充。有些认证算法可能需要对认证数据字段进行填充，以确保 AH 头的长度是 32 b 的整数倍。如果认证算法的 ICV 长度为 96 b（如 MD5 或 SHA 算法），则不需要填充项。如果认证算法的 ICV 长度不是 32 的整数倍，则发送方需要在计算 ICV 前对认证数据字段进行填充，填充的内容可以是任意的。这些填充的字节参与 ICV 的计算，作为计算载荷长度的一部分，并放置在认证数据字段的后面进行传输，以确保接收正确地执行 ICV 计算。

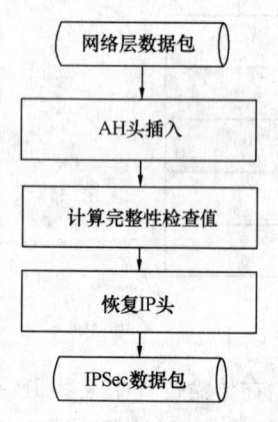

图 5-19　AH 协议对外出数据包的处理流程

（3）隐式填充。有些认证算法要求认证数据长度必须是一个数据块的整数倍。如果 IP 数据包长度（包括 AH）不符合算法的要求，则必须在数据包的末尾进行隐式填充。填充的 8 b 组必须是 0，其长度由认证算法确定。隐式填充项不随数据包一起传送。

（4）认证算法计算需要认证的数据，然后将计算结果 ICV 复制到 AH 头的"验证数据"字段中。

（5）恢复 IP 头中那些被置为 0 的字段值。如果经过 AH 封装 IP 数据包长度大于物理网络的最大帧长，则由 IP 协议进行统一的分段处理和传输，而 AH 不做分段检查。

AH 协议对数据包的处理流程如图 5-20 所示。

（1）数据包组装。由 IP 协议对分段传输的 IP 数据包进行组装，然后提交给 AH 进行处理。

（2）SA 查找。利用三元组＜SPI，目的 IP 地址，AH＞在 SAD 中查找处理这个数据包的 SA。如果 SA 存在，则继续处理，否则丢弃该数据包。

（3）抗重放检查。检查 AH 头的序列号字段。如果序列号是有效的，则说明他不是一个重复的数据包，须继续处理；否则丢弃该数据包。

（4）完整性验证。将 AH 头认证数据字段中的 ICV 值保存下来，然后将 ICV 置为 0；将 IP 头中可变字段置为 0；如果使用的认证算法需要进行隐式填充，则在数据包的末尾执行填充；使用相同的认证算法对需要验证的数据进行计算，其计算结果与保存下来的 ICV 值进行比较。如果匹配，则继续处理，否则丢弃该数据包。

（5）提交数据包。对于传输模式，上层协议头和 IP 头是同步的，只需要将 AH 头的"下一个头"字段的值复制到 IP 头的协议字段，并计算出一个新的 IP 校验和。然后将该数据包提交给相应的协议进行处理。

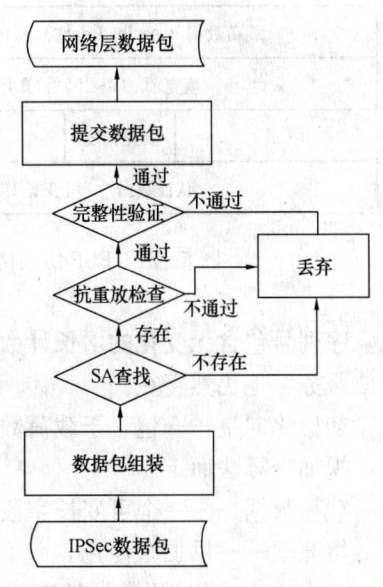

图 5-20　AH 协议对数据包的处理流程

对于隧道模式，首先去除外部 IP 头和 AH 头，恢复原 IP 数据包。如果该数据包是一个分段，则将得到该数据包重新插入到 IP 数据流中。

5.3.1.2　ESP 协议

1. ESP 协议格式

IPSec 封装安全载荷协议（encapsulating security payload）是 IPSec 体系结构中的一种主要协议，ESP 为 IP 数据包提供完整性检查、认证和加密，可以看做是"超级 AH"，因为他提供保密性并可防止篡改。一般 ESP 不对整个数据包加密，而是只加密 IP 包的有效载荷部分，不包括 IP 头。但在端对端的隧道通信中，ESP 需要对整个数据包加密。

ESP 的加密服务是可选的，但如果启用加密，也就同时选择了完整性检查和认证。因为如果仅使用加密，入侵者可能伪造包进行密码分析攻击。

ESP 服务依据建立的关联（SA）是可选的，如，完整性检查和认证一起进行，仅当与完整性检查和认证一起时,"重放(replay)"才是可选的。"重放"只能由接收方选择。

ESP 可以单独使用,也可以和 AH 结合使用。AH 协议并不对数据进行加密,数据对黑客来说仍清晰可见,当要求对数据保密时,就应使用加密的 ESP 头。但是,ESP 头中的所有字段都是不加密的。

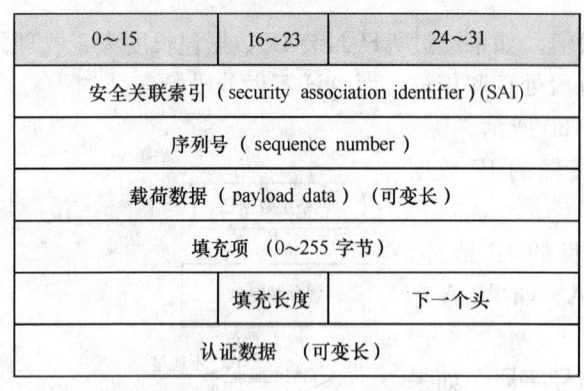

图 5-21 ESP 协议格式

ESP 协议格式如图 5-21 所示。ESP 数据包由 4 个固定长度的域和 3 个变长域组成。其中:

安全关联索引(SAI)——一个伪随机值,用于识别数据包的安全连接(security association)。与 AH 协议一样,接收方可由此确定报文所用的 SA。

序列号——从 1 开始的 32 b 单增序列号,不允许重复,唯一地标志了每一个发送数据包,为关联提供抗重放。接收端校验序列号为该字段值的数据包是否已经被接收过,若是,则拒收该数据包。序列号包含无变化的增长计数器值,该值是强制性的,即使接收端不为特定 SA 提供抗重放服务,他仍然存在。

初始化向量——包含于载荷数据字段,用于启动 ESP 的加密过程。是否需要初始化向量,视加密算法而定。

载荷数据——一个可变长字段,包含高层协议数据。

填充项——供加密使用,包含 0~255 个字节。DH 算法要求数据长度(b 位为单位)模 512 为 448,若应用数据长度不足,则用扩展位填充。

填充长度——接收端根据该字段长度去除数据中扩展位。

下一个头——识别包含在有效负载数据字段中的数据类型。如 IPv6 中的扩展头或上层协议标识符,ESP 在 IPv6 下一个头域中的取值为 50。

认证数据——完整性检查和,一个可变长字段,完整性检查部分包括 ESP 头、有效载荷(应用程序数据)和 ESP 尾。

ESP 头中多数字段含义与 AH 相同,如果加密算法要求明文成为密钥长度的整数倍,填充项字段用于扩展明文到需要的长度。由于 ESP 同时提供了保密性以及身份验证,所以在其 SA 中必须同时定义两套算法,一是用来确保保密性的算法,叫做加密器(cipher),二是负责身份验证的,叫做验证器(authenticator),每个 ESP SA 都至少有一个加密器和一个验证器。加密器提供保密性,数据完整性则由身份验证器提供。

2. ESP 传输模式

ESP 协议加密范围如图 5-22 所示。ESP 头的位置在 IP 头之后,在 TCP、UDP 或者 ICMP 等协议头之前。如果已经有其他 IPSec 协议使用,则 ESP 头应插在其他任何 IPSec 协议头之前。ESP 认证的完整性检查部分包括 ESP 头、传输层协议头、数据和 ESP 尾,但不包括 IP 头,因此 ESP 不能保证 IP 头不被篡改。ESP 加密部分包括传输层协议头数据和 ESP 尾。

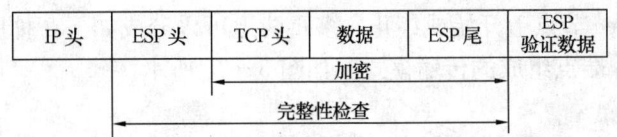

IP头	ESP头	TCP头	数据	ESP尾	ESP 验证数据

图 5 - 22　ESP 传输模式的加密部分和完整性检查部分

3. ESP 隧道模式

在隧道模式下，整个原数据包被当做有效载荷封装了起来，外面附上新的 IP 头。其中"内部" IP 头（原 IP 头）指定最终的源和目的 IP 地址，而"外部" IP 头（新 IP 头）中包含的常常是做中间处理的网关地址。

与传输模式不同，在隧道模式中，原 IP 地址被当做有效载荷的一部分受到 IPSec 保护。另外，通过对数据加密，还可以将数据包目的 IP 地址隐藏起来，这样更有助于保护端对端隧道通信中数据的安全性。

ESP 隧道模式中完整性检查部分和加密部分如图 5 - 23 所示。ESP 不包括新 IP 头。

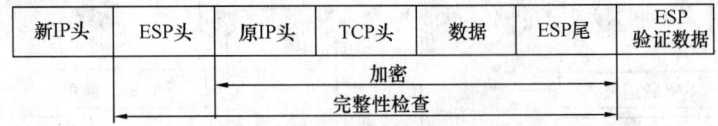

新IP头	ESP头	原IP头	TCP头	数据	ESP尾	ESP 验证数据

图 5 - 23　ESP 隧道模式的加密部分和完整性检查部分

5.3.1.3　IKE 协议

1. 安全关联（SA）

IPSec 的两个端点被称为是 IPSec 对等体，要在两个对等体之间实现数据的安全传输就要在两者之间建立安全关联。SA 是 IPSec 的基础，是通信对等体间对某些要素的约定，例如，使用哪种协议（AH、ESP 还是两者结合使用）、协议的封装模式（传输模式和隧道模式）、加密算法（DES、3DES 和 AES）、特定流中保护数据的共享密钥以及密钥的生存周期等。

SA 是一条逻辑上的单向连接，一个安全关联可以使用 AH 协议或 ESP 协议，但不能同时使用 2 种协议。如果需要由 AH 协议和 ESP 协议同时为一条通信流提供安全服务，那么就要建立两个或两个以上的安全关联来保护这一通信流。对于保护常见的双向通信来说，每个方向上都需要建立一个安全关联。

SA 由一个三元组唯一标志，该三元组包含一个安全参数索引 SPI，一个用于输出处理 SA 的目的 IP 地址或者一个用于输入处理 SA 的源 IP 地址及一个特定的协议（例如 AH 或者 ESP）。SPI 是为了唯一标志 SA 而生成的一个 32 b 整数。此外，SA 还应该包括验证密钥、加密密钥、生存时间、抗重放窗口等一系列参数。

SA 的应用模式主要有传输邻接和多重隧道 2 种方式。

（1）传输邻接。将 AH 和 ESP 的传输模式组合起来使用来保护一个 IP 数据包，具体形式如图 5 - 24 所示。通常这种方法只允许一层组合，因为每个协议只要使用足够健壮的密码算法，其安全性是有保证的，并不需要多层嵌套使用，以减少协议的处理开销。

（2）多重隧道。这种方法由多个 SA 组合成一个多重隧道来保护 IP 数据包。每个隧道都可以在不同的 IPSec 节点上开始或终止。多重隧道可以分成如下 3 种形式：

① 由两个多 SA 端点组成的传输模式。如图 5-25 所示。

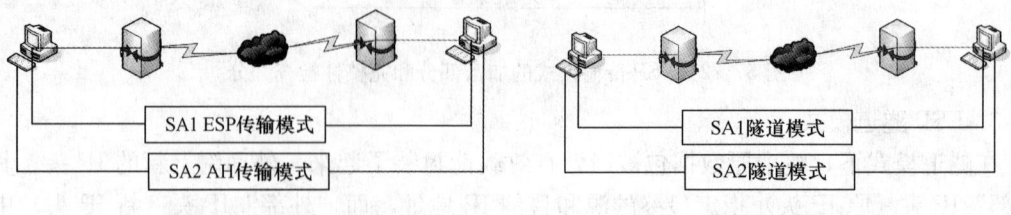

图 5-24　传输邻接　　　　　　　　　　　　图 5-25　多重隧道 1

② 由一个多 SA 端点和一个单 SA 端点组成的传输模式，如图 5-26 所示。

③ 由多个单 SA 端点组成的传输模式，如图 5-27 所示。

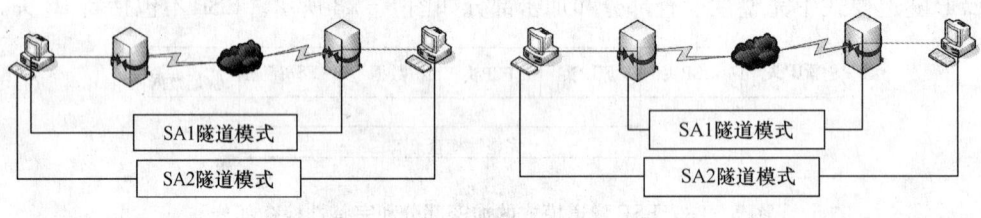

图 5-26　多重隧道 2　　　　　　　　　　　图 5-27　多重隧道 3

2. IKE 的作用

在使用 IPSec 保护一个 IP 数据包之前，必须先建立一个 SA，SA 可以手工创建，也可以自动创建。在自动建立 SA 时，要使用 IKE 协议。IKE 代表 IPSec 进行 SA 的协商，并将协商好的 SA 填入 SAD 中。

IKE 的作用是在 IPSec 通信双方之间建立起共享安全参数以及检验过的密钥，即动态建立安全关联 SA。由 RFC2409 文档描述的 IKE 是一个建立在 3 种协议（ISAKMP、Oakley、SKEME）之上的混合协议，沿用了 ISAKMP（Internet 安全关联和密钥管理协议）的框架基础、Oakley 的模式、SKEME 的共享和密钥更新技术，从而定义出自己的验证加密材料生成技术，以及协商共享策略。

ISAKMP 是 Internet 安全关联和密钥管理协议，为认证和密钥交换提供一个框架，但没有对他们进行具体的定义。ISAKMP 被设计为独立于密钥交换协议，即他可以支持多种不同的密钥交换协议。ISAKMP 是一个应用层协议，他不仅可管理 IPSec 协议所辖的安全关联和密钥，而且也适用于其他网络安全协议（如传输层安全协议）。ISAKMP 定义了双方如何沟通，如何构建彼此用以沟通的信息，还定义了保障通信安全所需要的状态变换。ISAKMP 提供了对双方的身份进行验证的方法、密钥交换时交换信息的方法以及对安全服务进行协商的方法。

Oakley 描述了一系列的密钥交换模式，以及每种模式所提供服务的细节（如密钥的身份保护、认证）。

SKEME 描述了一种通用的密钥交换技术，这种技术提供了基于公共密钥的身份认证和快速密钥刷新,定义了通信双方建立一个共享的验证密钥所必须采取的步骤。

ISAKMP 只对认证和密钥交换提出了结构框架,但没有具体定义。ISAKMP 与密钥交换相独立,支持多种不同的密钥交换。IKE 是一系列密钥交换中的一种,称为"模式"。

IKE 可用于协商虚拟专用网(VPN),也可用于远程用户(其 IP 地址不需要事先知道)访问安全主机或网络,支持客户端协商。客户端模式即为协商方不是安全连接发起的终端点。当使用客户端模式时,端点处身份是隐藏的。

3. SA 的建立

IKE 建立 SA 分 2 个阶段。第一阶段,协商创建一个通信信道(IKE SA),并对该信道进行认证,为双方进一步的 IKE 通信提供保密性、数据完整性以及数据源认证服务;第二阶段,使用已建立的 IKE SA 建立 IPSec SA。分两个阶段来完成这些服务有助于提高密钥交换的速度。

第一阶段 SA(主模式 SA,为建立信道而进行的安全关联)。第一阶段协商(主模式协商)步骤如下。

(1)策略协商。

① 加密算法:选择 DES 或 3DES。

② hash 算法:选择 MD5 或 SHA。

③ 认证方法:选择证书认证、预置共享密钥认证或 Kerberos v5 认证。

④ Diffie-Hellman 组的选择。

(2)DH 交换。虽然名为"密钥交换",但事实上在任何时候,两台通信主机之间都不会交换真正的密钥,他们之间交换的只是一些 DH 算法生成共享密钥所需要的基本材料信息。DH 交换,可以是公开的。在彼此交换过密钥生成"材料"后,两端主机可以各自生成出完全一样的共享"主密钥",保护紧接其后的认证过程。

(3)认证。DH 交换需要得到进一步认证,如果认证不成功,通信将无法继续下去。"主密钥"结合在第一步中确定的协商算法,对通信实体和通信信道进行认证。在这一步中,整个待认证的实体载荷,包括实体类型、端口号和协议,均由前一步生成的"主密钥"提供保密性和完整性保证。

第二阶段 SA(快速模式 SA,为数据传输而建立的安全关联)。这一阶段协商建立 IP-Sec SA,为数据交换提供 IPSec 服务。第二阶段协商消息受第一阶段 SA 保护,任何没有第一阶段 SA 保护的消息将被拒收。第二阶段协商(快速模式协商)步骤如下。

(1)策略协商。使用哪种 IPSec 协议(AH 或 ESP);使用哪种 hash 算法(MD5 或 SHA);是否要求加密,若是,选择加密算法(3DES 或 DES)。在上述 3 个方面达成一致后,将建立起两个 SA,分别用于入站和出站通信。

(2)会话密钥"材料"刷新或交换。在这一步中,将生成加密 IP 数据包的"会话密钥"。生成"会话密钥"所使用的"材料"可以和生成第一阶段 SA 中"主密钥"相同,也可以不同。如果不做特殊要求,只需要刷新"材料"后,生成新密钥即可。若要求使用不同的"材料",则在密钥生成之前,首先进行第二轮的 DH 交换。

(3)SA 和密钥连同 SPI,递交给 IPSec 驱动程序。第二阶段协商过程与第一阶段协商过程类似,不同之处在于,在第二阶段中,如果响应超时,则自动尝试重新进行第一阶段 SA 协商。

第一阶段 SA 建立起安全通信信道后保存在高速缓存中，在此基础上可以建立多个第二阶段 SA 协商，从而提高整个建立 SA 过程的速度。只要第一阶段 SA 不超时，就不必重复第一阶段的协商和认证。允许建立的第二阶段 SA 的个数由 IPSec 策略属性决定。

5.3.2　SSL VPN

随着 Internet 的迅猛发展，人们已经越来越习惯于通过网络进行各种各样的在线交易，网络需要为网上金融、网上银行、网上证券、电子商务、电子政务、网上交税、网上工商等多种网上办公、交易提供完备的安全服务功能。同传统的离线交易方式相比，网络交易方式能够提供更加方便快捷、价格低廉，同时也更加安全的服务。那么网络是如何保证个人隐私信息，诸如身份信息、银行卡密码、电话号码、家庭住址等，在交互的过程中不发生泄露，而仅为交易的双方所见呢？传输层安全协议正是为了解决此类传输层安全问题而产生的，传输层安全性就是要保证 Internet 上任意 2 个主机进程之间的数据交换的安全性，包括建立连接时的用户身份合法性、数据交换过程中的数据保密性、数据完整性以及不可否认性等方面。传输层安全协议增强了传输层协议的安全性，他在传输层协议的基础上增加了安全协商和数据加密/解密处理等安全机制和功能。现实中通常大多数用户选择使用的传输层安全协议是安全套接字层协议（secure sockets layer，SSL），通过 SSL 协议对用户隐私数据进行适当加密的形式来进行保护。而对于普通用户来说，最直观的感受是当他们使用 SSL 进行网络连接的时候，浏览器地址栏中的 URL 地址是以 https 作为开头，而在地址栏的最右端或状态栏会有一个挂锁或钥匙的图标。

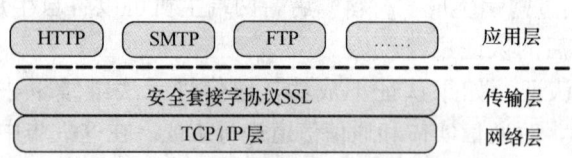

图 5 - 28　SSL 协议在协议栈中的位置

实际上 SSL 是一个独立于平台和应用的协议（图 5 - 28 显示了 SSL 在协议栈中的位置），用于保护基于 TCP 的应用，SSL 在 TCP 层之上应用层之下，就像 TCP 连接的套接字一样工作。简单来说，SSL 在访问端和被访问端、或应用端和服务器端之间建立一条相对独立的、安全的通道，并利用自身的数学加密算法对来往的信息进行严格加密，从而保证数据在此通道内传输时拥有足够的安全性。SSL 协议提供了 3 种安全特性：

① 数据保密性，采用对称加密算法来加密数据，密钥是在双方握手时指定的。

② 数据完整性，采用消息鉴别码（MAC）来验证数据的完整性，MAC 是采用 hash 函数来实现的。

③ 身份合法性，采用非对称密码算法和数字证书来验证同层实体之间的身份合法性。

虽然基于 SSL 的最成功应用是 HTTP，但是基于 SSL 更为广泛的应用是 SSL VPN（基于 SSL 的 VPN）。SSL VPN 是新兴的远程访问技术，能够通过 Web 浏览器或专用客户端提供与企业内部资源的安全连接。SSL VPN 网关在实际应用中就是要依据安全控制策略为分散移动用户提供从外网访问企业内网资源的安全访问通道。通常企业内部的资源服务器向外网用户提供一个虚拟的 URL 地址，当用户从外网访问企业内网资源时，发起的连接被 SSL VPN 网关取得，通过认证后映射到不同的应用服务器，采用这种方式能够屏蔽内部网络的结构，不易遭受来自外部的攻击。对于 SSL VPN 网关设备应当从 3 个基本层面来满足不同的应用需求：

① 支持 Web 方式的应用，例如通过 SSL VPN 网关建立的安全通道访问基于 Web 的电子邮件系统收发邮件。

② 支持非 Web 方式的应用，例如终端用户想要实现非 Web 页面的文件共享，那么 SSL VPN 网关必须将与内网 FTP 服务器的通信内容转化为 HTTPS 协议和 HTML 格式发往客户端，使终端用户感觉这些应用就是一些基于 Web 的应用。

③ 支持基于客户/服务器应用的代理，这种应用需要在终端系统上运行一个非常小的 Java 或 ActiveX 程序作为端口转发器，监听某个端口上的连接。当数据包进入这个端口时，他们通过 SSL 连接中的隧道被传送到 SSL VPN 网关中，SSL VPN 网关解开封装的数据包，将他们转发给目的应用服务器。

图 5-29 是 SSL VPN 的一个典型应用，表示一个高校研究人员如何通过 SSL VPN 访问内网资源。

图 5-29 高校科研人员利用 SSL VPN 访问内网资源

5.3.3 IPSec VPN 与 SSL VPN 的区别

传统的 IPSec VPN 在部署时，往往需要在每个远程接入的终端都安装相应的 IPSec 客户端，并需要作复杂的配置。若企业的远程接入和移动办公数量增多，企业的维护成本将会呈线性增加。而 SSL VPN 最大的优点之一就是不需要安装客户端程序，远程用户通过浏览器安全接入到内联网络并访问应用程序，降低了企业的维护成本。但 SSL VPN 只适合点对网的连接，无法实现多个网络之间的安全互连，因此在企业组建网对网方面，IPSec VPN 就有着不可比拟的优势。详细对比如表 5-2 所示。

表 5-2 IPSec VPN 与 SSL VPN 的区别

选项	SSL VPN	IPSec VPN
身份验证	单向身份验证、双向身份验证、数字证书	双向身份验证、数字证书
加密	强加密，基于 Web 浏览器	强加密
安全性	端到端安全，从用户到资源全程加密	网络边缘到客户端，仅对从用户到 VPN 网关之间通道加密
可访问性	可用于任何时间、任何地点访问	限制使用于已经定义好的受控用户的访问

续表

选项	SSL VPN	IPSec VPN
费用	低（无须任何附加客户端软件）	高（需要管理客户端软件）
安装	即插即用安装，无须任何附加的用户软件、硬件安装	通常需要长时间的配置，需要客户端软件或者硬件
用户的易使用性	对用户非常友好，使用非常熟悉的 Web 浏览器，无须终端用户的培训	对没有相应技术的用户比较困难，需要培训
支持的应用	基于 Web 的应用、文件共享、E-mail	所有基于 IP 的服务
用户	用户、合作伙伴用户、远程用户、供应商等	更适用于企业内部使用
可伸缩性	容易配置和扩展	在服务器端容易实现自由伸缩，在客户端比较困难

5.3.4　VPN 的应用

VPN 有 3 种解决方案，用户可以根据自己的情况进行选择。这 3 种解决方案分别是：远程访问虚拟网（Access VPN）、企业内部虚拟网（Intranet VPN）和企业扩展虚拟网（Extranet VPN），这 3 种类型的 VPN 分别与传统的远程访问网络、企业内部的 Intranet 以及企业网和相关合作伙伴的企业网所构成的 Extranet 相对应。

5.3.4.1　Access VPN

如果企业的内部人员移动或有远程办公需要，或者商家要提供 B2C 的安全访问服务，就可以考虑使用 Access VPN。

Access VPN 通过一个拥有与专用网络相同策略的共享基础设施，提供对企业内部网或外部网的远程访问。Access VPN 能使用户随时、随地以其所需的方式访问企业资源。Access VPN 包括模拟、拨号、ISDN、数字用户线路（xDSL）、移动 IP 和电缆技术，能够安全地连接移动用户、远程工作者或分支机构。Access VPN 体系结构如图 5 - 30 所示。

Access VPN 最适用于公司内部经常有流动人员远程办公的情况。出差员工利用当地 ISP 提供的 VPN 服务，就可以和公司的 VPN 网关建立私有的隧道连接。RADIUS 服务器可对员工进行验证和授权，保证连接的安全，同时负担的电话费用大大降低。

Access VPN 对用户的吸引力在于：

① 减少用于相关的调制解调器和终端服务设备的资金及费用，简化网络；

② 实现本地拨号接入的功能来取代远距离接入或 800 电话接入，这样能显著降低远距离通信费用；

③ 极大的可扩展性，简便地对加入网络的新用户进行调度；

④ 远端验证拨入用户服务（RADIUS）基于标准、基于策略功能的安全服务；

⑤ 将工作重心从管理和保留运作拨号网络的工作人员转到公司的核心业务上来。

IPSec VPN、PPTP 或 L2TP VPN，这 3 种 VPN 都提供了网络层的保护，其中 IPSec 远程访问 VPN 使用较为广泛，但需要在客户端上安装客户端软件，甚至还要培训用户如何

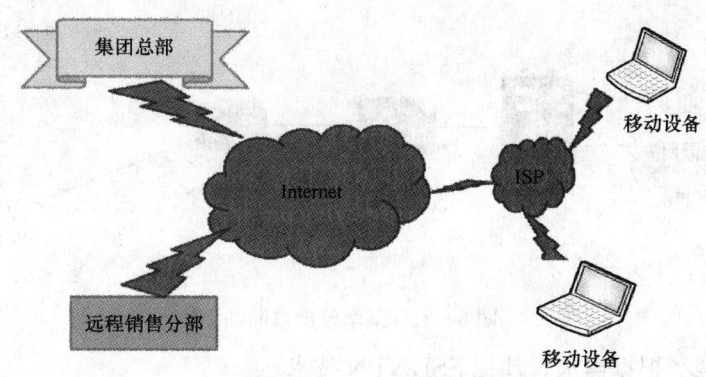

图 5 - 30 Access VPN 体系结构

去使用客户端。一些公司想要一种比上述提到的 3 种使用起来更简单、维护起来更容易的解决方案。安全套接字层（SSL）开始作为一种协议来保护终端用户设备和 Web 服务器之间的 HTTP 流量。下面以一个案例来介绍远程访问 VPN。

1. 某学校 VPN 部署案例背景介绍

随着学校的不断发展，不少教师需要在不同校区进行办公，需要访问到校内资源；很多出国或出差的教师也需要访问校内服务；师生在家做论文想访问校内图书馆资源等。这些突出的矛盾，给学校网络管理带来很大的问题，因为每为一个用户开放校内资源，需要网络管理员在防火墙上打开一个通道。这样不仅仅带来网络管理的难度，而且带来不少安全性的问题。因此通过 VPN 方式访问校内资源已经成为一个紧迫的问题。

2. 该案例需求分析

按照某学校的情况，现有师生三万余人，需要硬件支持的最大并发用户数应大于或等于 3 000 用户，但是就目前业务而言，并发用户数 100 用户就能满足需求，在未来用户需要时可以通过购买授权的方式扩充并发用户数而不必更换硬件。为使得设备具有扩展性，需要支持 RADIUS、LDAP 等多种认证方式对接入用户实现认证。在使用 SSL VPN 方式接入，用户可以以校内用户同样的身份访问校内的所有网页资源和数字图书馆资源。支持用户直接通过浏览器安装 VPN 客户端插件访问校内 C/S 模式的资源，包括使用 telnet、SMTP、POP3、FTP、SIP 协议的校内应用。需要设备本身提供日志功能，日志可以以 syslogd 方式导出到日志服务器上。日志内容应包含 VPN 用户登录、登出的日期和时间。当设备故障时不影响校园网本身的连通性，部署该设备不能影响现有校园网数据的传输。

对某学校现有出口网络结构进行简化，形成了如图 5 - 31 所示的某学校出口简图：该学校出口其实非常复杂，出口路由器连接了多个 ISP，下一步还打算连接新连通的链路、教育信息网等链路。对外的多条链路的选择通过一个专门的链路负载均衡设备来实现。核心设备带有防火墙功能，这是一个典型的大型园区网络结构。

3. 技术方案确定

根据需求，这是一个 SSL VPN 的应用，可选的设备很多，各大网络厂商都能支持 SSL VPN，如思科的 ASA，具有安全特性的 IOS 路由器等。本案例中，出口路由器 IOS 可以支持 SSL VPN，但是出于安全考虑，他不能作为远程接入 VPN 的服务器端。

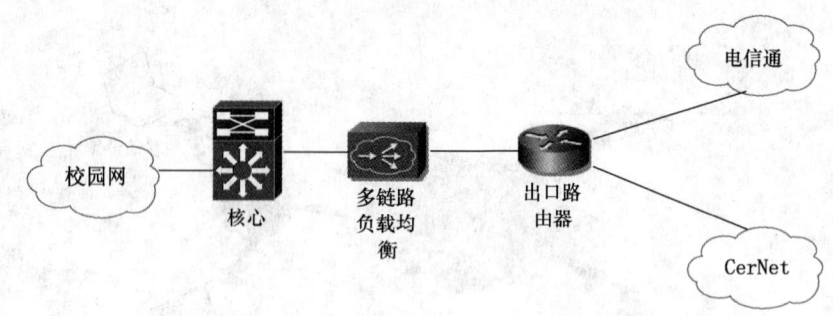

图 5 - 31　某学校出口简图

（1）技术路线。根据需求，使用 SSL VPN 技术。

（2）设备选择。Array Network（在 Frost & Sullivan 的 2007、2008、2009 年调查报告中，Array Network 公司的 SSL VPN 产品在中国销售排名第一）的 SPX 4800 产品满足需求，也是该校实际使用的产品。但是本书以思科的产品为例配置，故选择了 ASA 5550 这款产品（如果只是用来做 Web VPN 就是大材小用了），不仅用来做 Web VPN，而且可以分担目前防火墙的一些工作，但是这个案例中不对防火墙功能进行讨论。

（3）地址规划。经过简化，考虑到和内部用户地址（使用了 RFC1918 中的 B 段私有地址）一致，SSL VPN 用户采用 172.31.0.0/18 这段地址。实施 SSL VPN 后的网络结构如图5 - 32所示。

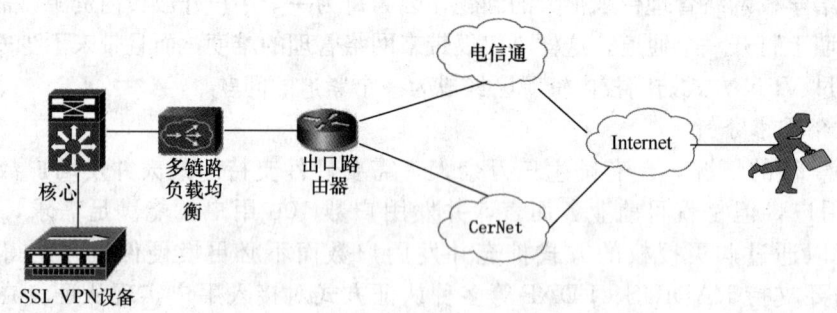

图 5 - 32　实施 SSL VPN 后的网络结构图

4. Web VPN 远程访问连接

Web VPN 是远程访问连接的一种方式，现在流行的浏览器（具体支持的浏览器参看设备相关手册）都能够很好地支持。对于 Web VPN 的配置，大概包含以下 4 个步骤：

第一步，在配置 Web VPN 之前，需要配置以下内容，具体包含：建立 AAA 来验证 Web VPN 的用户；建立 DNS 来解析 URL 的名字信息；配置 HTTPS 所需要的证书（ASA 设备为可选，路由器必须配置）。

第二步，进行 Web VPN 的配置。

第三步，在主页上建立 URL 和端口转发条目。

第四步，维护监控和故障诊断与排除 Web VPN 的连接。

5.3.4.2　Intranet VPN

如果要进行企业内部各分支机构的互联，使用 Intranet VPN 是很好的方式。

越来越多的企业需要在全国乃至世界范围内建立各种办事机构、分公司、研究所等，各个分公司之间传统的网络连接方式一般是租用专线。显然，在分公司增多、业务开展越来越广泛时，网络结构趋于复杂，建设成本和运行费用昂贵。利用 VPN 特性可以在 Internet 上组建世界范围内的 Intranet VPN。利用 Internet 的线路保证网络的互联性，而利用隧道、加密等 VPN 特性可以保证信息在整个 Intranet VPN 上安全传输。Intranet VPN 通过一个使用专用连接的共享基础设施，连接企业总部、远程办事处和分支机构。企业拥有与专用网络的相同政策，包括安全、服务质量（QoS）、可管理性和可靠性。

Intranet VPN 对用户的吸引力在于：① 减少了 WAN 带宽的费用；② 能使用灵活的拓扑结构，包括全网络连接；③ 新的站点能更快、更容易地被连接；④ 通过设备供应商 WAN 的连接冗余，可以延长网络的可用时间。

1. A 公司 VPN 部署案例背景介绍

A 公司已经在上海和北京建成了以以太网技术为核心的局域网，不少分支机构也有自己的以太网络。现在全国各地的营业所目前采用在用户自己的 PC 机上安装 ISDN TA 卡的方式，通过 ISDN 拨号访问到总部的 Cisco 拨号访问服务器，进而访问局域网内的数据资源。

2. 该案例需求分析

按照 A 公司的情况，在北京和上海的公司都有自己的以太网，而公司领导非常期望能成为跨区域的局域网（在实际应用中通常不建议这样做，一般只对少数服务跨区域提供，如 VoIP）。由于在全国各地分布营业所，使得北京总部需要在硬件支持的最大并发用户数大于或等于 2 500 用户，而且全国分布的营业所是固定的，连入本地的 ISP。

为了突出本章所关心的内容，对 A 公司现有网络结构进行简化，形成了如图 5 - 33 所示的 A 公司现有网络结构简图。

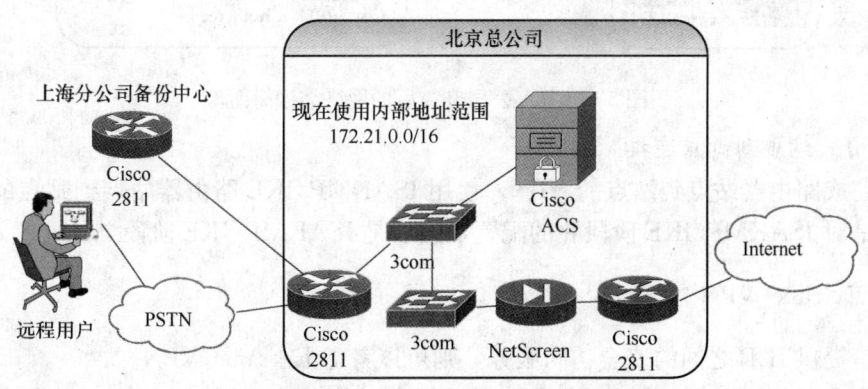

图 5 - 33　A 公司现有网络结构简图

3. 技术方案确定

这是个典型的 L2L（LAN 到 LAN）的应用，而路由器通常是 L2L 会话的最好解决方案，他支持路由选择。

（1）技术路线。根据需求，采用站点到站点的 Intranet VPN。

（2）设备选择。北京和上海总部的 2811 系列路由器可以继续使用，各分支机构新购买 1811 系列路由器来实施。

（3）地址规划。营业所的局域网需要通过 VPN 访问总部局域网，因此需要对 A 公司总部和分支机构的局域网地址进行统一规划分配，这样才能够进行正常通信。

总部内部的局域网现在已经正常运行，由于该公司网络建设初期有良好的设计，使得地址分配非常容易，北京公司的内部 IP 地址范围为 172.21.0.0/16，上海使用了 172.22.0.0/16 的地址段。对于全国各地的营业所需要从由 RFC1918 所定义的私有 IP 地址范围内选择合适的 IP 地址，唯一地分配给营业所。根据用户的规模，选择已经使用的 172.16.0.0/16 为 A 公司全国营业所局域网 IP 地址范围。

根据营业所用户的规模，可以分配一个 C 类的网络给一个营业所的局域网使用。例如，分配 172.16.1.0/24 给第一个营业所使用，以此类推。这样 172.16.0.0/16 可以最多支持 256 个分支机构，在当前和未来都能够很好满足 A 公司的发展规模。

改造升级后网络结构简图如图 5-34 所示。

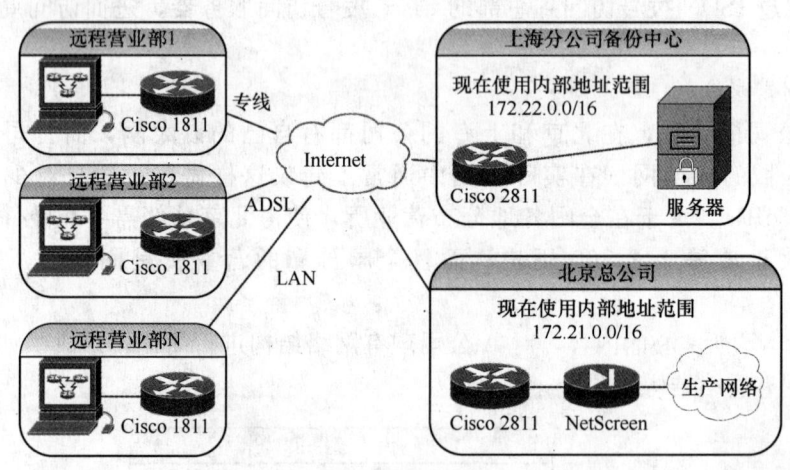

图 5-34　A 公司升级后的网络结构简图

4. 路由器站点到站点连接

为了完成路由器站点到站点的 VPN，使用 ISAKMP/IKE 路由器站点到站点的 VPN 配置，首先是对 ISAKMP/IKE 阶段一的配置，然后是 ISAKMP/IKE 阶段二的配置。

5.3.4.3　Extranet VPN

如果是提供 B2B 之间的安全访问服务，则可以考虑 Extranet VPN。

随着信息时代的到来，各个企业越来越重视各种信息的处理。希望可以提供给客户最快捷方便的信息服务，通过各种方式了解客户的需要，同时各个企业之间的合作关系也越来越多，信息交换日益频繁。Internet 为这样的一种发展趋势提供了良好的基础，而如何利用 Internet 进行有效的信息管理，是企业发展中不可避免的一个关键问题。利用 VPN 技术可以组建安全的 Extranet，既可以向客户、合作伙伴提供有效的信息服务，又可以保证自身的内部网络的安全。

Extranet VPN 通过一个使用专用连接的共享基础设施，将客户、供应商、合作伙伴或兴趣群体连接到企业内部网。企业拥有与专用网络的相同政策，包括安全、服务质量（QoS）、可管理性和可靠性。

Extranet VPN 对用户的吸引力在于：能容易地对外部网进行部署和管理，外部网的连接可以使用与部署内部网和远端访问 VPN 相同的架构和协议进行部署。主要的不同是接入许可，外部网的用户被许可只有一次机会连接到其合作人的网络。

5.4　漏洞扫描

通过漏洞扫描技术，网络管理员可以了解网络的安全配置和运行的应用服务，及时发现安全漏洞，客观评估网络风险等级。网络管理员可以根据扫描的结果更正网络安全漏洞和系统中的错误配置，在黑客攻击前进行防范。

漏洞扫描器主要解决以下问题：①发现一个主机或者网络；②发现网络或者主机运行的服务；③发现服务存在的漏洞，并提供漏洞的解决方案建议，从而为制定安全规则提供依据。

漏洞扫描器主要由信息收集和漏洞检测两部分实现。信息收集是漏洞扫描器的主要工作，信息收集包括远程操作系统识别、网络结构分析、端口开放情况以及其他敏感信息收集等；漏洞检测是漏洞扫描器的核心功能，目的是对主机存在的漏洞进行检测并将检测结果形成报告，主要包括已知安全漏洞检测、错误的配置检测、弱口令检测等。

5.4.1　漏洞扫描技术分类

基于扫描器的整体结构和采用的扫描检测方法的不同，漏洞扫描器主要分为网络型漏洞扫描器和主机型漏洞扫描器两类。

网络型漏洞扫描器是一种基于 Internet 远程检测目标网络或本地主机安全性脆弱点的技术。通过网络安全扫描，系统管理员能够发现所维护的 Web 服务器的各种 TCP/IP 端口的分配、开放的服务、Web 服务软件版本和这些服务及软件呈现在 Internet 上的安全漏洞。

网络型漏洞扫描器的结构如图 5-35 所示。

漏洞数据库模块包含了各种操作系统的各种漏洞信息，以及如何检测漏洞的指令。由于新的漏洞会不断出现，该数据库需要经常更新，以便能够检测到新发现的漏洞。扫描引擎模

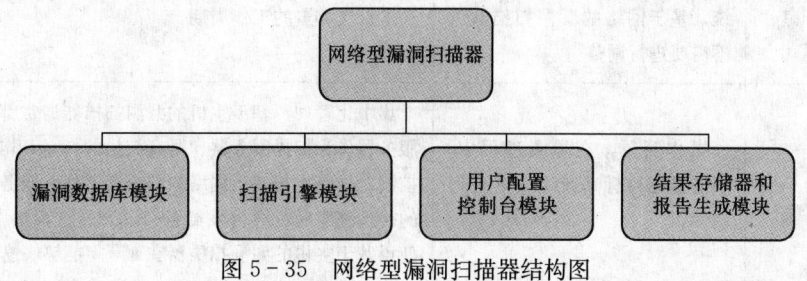

图 5-35　网络型漏洞扫描器结构图

块是扫描器的主要部件。根据用户配置控制台模块的相关设置，扫描引擎模块组装好相应的数据包，发送到目标系统，将接收到的目标系统的应答数据包，与漏洞数据库中的漏洞特征进行比较，来判断所选择的漏洞是否存在。用户配置控制台模块是用户用来设置要扫描的目标系统，以及扫描哪些漏洞。结果存储器和报告生成模块是利用当前活动扫描知识库中存储的扫描结果生成扫描报告。扫描报告将告诉用户配置控制台模块设置的选项，以及根据这些设置在目标系统上发现的漏洞。但是，扫描服务器与目标主机之间的通信数据是没有加密的，攻击者可能会利用 sniffer 工具，监听网络中的数据包，进而得到各目标系统中的漏洞信息。

主机型漏洞扫描器在目标系统上安装了一个代理或服务，用来扫描目标系统中是否存在漏洞。

网络型漏洞扫描器与主机型漏洞扫描器的优缺点比较如表 5-3 所示。

表 5-3　网络型漏洞扫描器与主机型漏洞扫描器的优缺点

比较项目	网络型漏洞扫描器	主机型漏洞扫描器
扫描范围	网络中的全部目标系统	目标系统中所有的文件与进程
网络流量	网络流量比较大。在扫描过程中需要一直发送探测包	网络流量负载小。由于漏洞扫描部分都由漏洞扫描器代理单独完成，漏洞扫描器管理器与漏洞扫描器代理之间只有通信的数据包，这就大大减少了网络的流量负载。当扫描结束后，漏洞扫描器代理再次与漏洞扫描器管理器进行通信，将扫描结果传送给漏洞扫描器管理器
网络通信加密	扫描服务器与目标主机之间的通信数据是没有加密的，攻击者可能会利用 sniffer 工具，监听网络中的数据包，进而得到各目标系统中的漏洞信息	没有网络通信，不需网络通信加密
价格	比较便宜	通常由一个管理器的许可证价格加上目标系统的数量来决定，当一个企业网络中的目标主机较多时，扫描工具的价格就非常高。通常，只有实力强大的公司和政府部门才有能力购买这种漏洞扫描工具
维护	维护简便。当企业的网络发生了变化，只要在检测节点能够扫描到网络中的全部目标系统，基于网络的漏洞扫描器就不需要进行调整	随着所要扫描网络范围的扩大，部署基于主机的漏洞扫描器的代理软件，需要与每个目标系统的用户打交道，必然延长了首次部署的工作周期
操作	操作简单，在检测过程中，不需要在目标系统上安装任何软件	集中化管理。基于主机的漏洞扫描器通常都有一个集中的服务器作为扫描服务器。所有扫描的指令，均从服务器进行控制，这一点与基于网络的扫描器类似。服务器下载到最新的代理程序后，再分发给各个代理。这种集中化管理模式，使得基于主机的漏洞扫描器在部署上能够快速实现

5.4.2 漏洞扫描技术

一次完整的漏洞扫描分为 3 个阶段：

① 发现目标主机或网络。

② 发现目标后进一步搜集目标信息，包括操作系统类型、运行的服务以及服务软件的版本等。如果目标是一个网络，还可以进一步发现该网络的拓扑结构、路由设备以及各主机的信息。

③ 根据搜集到的信息判断或者进一步测试系统是否存在安全漏洞。

端口扫描技术和漏洞扫描技术是网络安全扫描技术中的两种核心技术，并且广泛运用于当前较成熟的网络扫描器中，如著名的 Nmap 和 Nessus。下面以 Nmap 为例介绍整个扫描流程：

（1）存活性扫描。是指大规模去评估一个较大网络的存活状态。但是被扫描主机可能会有一些欺骗性措施，例如使用防火墙阻塞 ICMP 数据包，可能会逃过存活性扫描的判定。

（2）端口扫描。针对主机判断端口开放和关闭情况，不管其是不是存活。端口扫描也成为存活性扫描的一个有益补充，如果主机存活，必然要提供相应的状态，因此无法隐藏其存活情况。

（3）服务识别。通过端口扫描的结果，可以判断出主机提供的服务及其版本。

（4）操作系统识别。利用服务的识别，可以判断出操作系统的类型及其版本。

1. 主机存活扫描技术

主机扫描的目的是确定在目标网络上的主机是否可达。这是信息收集的初级阶段，其效果直接影响到后续的扫描。Ping 就是最原始的主机存活扫描技术，利用 ICMP 的 echo 字段，发出的请求如果收到回应的话代表主机存活。

常用的传统扫描手段有：

（1）ICMP Echo 扫描。精度相对较高，通过简单地向目标主机发送 ICMP Echo Request 数据包，并等待回复的 ICMP Echo Reply 包，如 Ping。

（2）ICMP Sweep 扫描。ICMP 进行并发性扫描，使用 ICMP Echo Request 一次探测多个目标主机。通常这种探测包会并行发送，以提高探测效率，适用于大范围的评估。

（3）Broadcast ICMP 扫描。广播型 ICMP 扫描，利用了一些主机在 ICMP 实现上的差异，设置 ICMP 请求包的目标地址为广播地址或网络地址，则可以探测广播域或整个网络范围内的主机，子网内所有存活主机都会给予回应。但这种情况只适合于 UNIX/Linux 系统。

（4）Non-Echo ICMP 扫描。在 ICMP 协议中不仅只有 ICMP Echo 的 ICMP 查询信息类型，在 ICMP 扫描技术中也用到 Non-Echo ICMP 技术（不仅能探测主机，而且可以探测网络设备如路由）和 ICMP 的服务类型（Timestamp 和 Timestamp Reply、Information Request 和 Information Reply 、Address Mask Request 和 Address Mask Reply）。

2. 端口扫描技术

在完成主机存活性判断之后，判断主机开放端口的状态。端口扫描向目标主机的 TCP/IP 服务端口发送探测数据包，并记录目标主机的响应。通过分析响应来判断服务端口是打开的还是关闭的，就可以得知端口提供的服务或信息。常见流行的端口扫描技术通常有：

（1）TCP 扫描。利用 3 次握手过程与目标主机建立完整或不完整的 TCP 连接。

① 全连接扫描：扫描主机通过 TCP/IP 协议的三次握手与目标主机的指定端口建立一次完整的连接。连接由系统调用 connect 开始。如果端口开放，则连接将建立成功；否则，返回－1，则表示端口关闭。

②Reverse-ident 扫描：这种技术利用了 Ident 协议，TCP 端口号 113，很多主机都会运行此协议，用于鉴别 TCP 连接的用户。Ident 的操作原理是查找特定 TCP/IP 连接并返回拥有此连接的进程的用户名，他也可以返回主机的其他信息。但这种扫描方式只能在 TCP 全连接之后才有效，而实际上很多主机都会关闭 Ident 服务。

③ 半连接扫描：向目标主机的特定端口发送一个 syn 包，如果端口没开放就不会返回 syn＋ack 包，而返回一个 rst 包，停止建立连接。由于连接没有完全建立，所以称为半连接扫描。半连接扫描的优点在于即使日志中对扫描有所记录，但是尝试进行连接的记录也要比全扫描少得多。

（2）UDP 扫描。由于现在防火墙设备的流行，TCP 端口的管理状态越来越严格，不会轻易开放，并且通信监视严格。为了避免这种监视，达到评估的目的，就出现了秘密扫描。大多数 UDP 端口扫描的方法就是向各个被扫描的 UDP 端口发送零字节的 UDP 数据包，如果收到一个 ICMP 不可到达的回应，那么则认为这个端口是关闭的，对于没有回应的端口则认为是开放的。所以 UDP 扫描的缺陷是：① UDP 状态、精度比较差，因为 UDP 是不面向连接的，所以整个精度会比较低。② UDP 扫描速度比较慢，TCP 扫描开放 1s 的延时，在 UDP 里可能就需要 2s，这是由于不同操作系统在实现 ICMP 协议的时候为了避免广播风暴都会有峰值速率的限制（因为 ICMP 信息本身并不是传输载荷信息，不会有人拿它去传输一些有价值的信息。操作系统在实现的时候是不希望 ICMP 报文过多。为了避免产生广播风暴，操作系统对 ICMP 报文规定了峰值速率，不同操作系统的速率不同）。利用 UDP 作为扫描的基础协议，就会对精度、延时产生较大影响。

3. 服务及系统指纹

在判定完端口情况之后，继而就要判定服务。

（1）根据端口判定。这种判定服务的方式就是利用端口与服务对应的关系，比如 23 端口对应 telnet，21 端口对应 ftp 服务，80 端口对应 http 服务。这种方式判定服务是较早的一种方式，对于大范围评估是有一定价值的，但其精度较低。由于这种关系只是简单对应，并没有去判断端口运行的协议，容易产生误判，认为只要开放了 80 端口就开放了 Web 服务，这是端口扫描技术在服务判定上的根本缺陷。

（2）根据 Banner 判定。Banner 方式就是通过获取服务的 Banner 来判定当前运行的服务，此种方法对服务的判定较为准确。而且不仅能判定服务，还能够判定具体的服务版本信息。http、ftp、telnet 都能够获取一些 banner 信息。但是在安全意识普遍提升的今天，对 Banner 的伪装导致精度大幅降低。例如 IIS&Apache 可以修改存放 Banner 信息的文件字段，这种修改的开销很低。现在流行的一个伪装工具 Servermask，不仅能够伪造多种主流 Web 服务器 Banner，而且能伪造 http 应答头信息。

（3）指纹技术。指纹技术利用 TCP/IP 协议栈实现上的特点来辨识一个操作系统。可辨识操作系统的种类，包括操作系统版本，甚至小版本号。指纹技术包含以下几种。

① 主动识别技术：采用主动发包，利用多次试探去一次一次筛选不同信息。比如有些

系统会发送回所确认的 TCP 报文的序列号，有些会发回序列号加 1；有些操作系统会使用一些固定的 TCP 窗口；某些操作系统还会设置 IP 头的 DF 位来改善性能；这些都成为判断的依据。这种技术判定在 Unix 的精度时甚至可以判定出小版本号，比较精确，但在 Windows 的精度判别上比较差，只能够判定一个大致区间，很难判定出其精确版本。目标主机与源主机跳数越多，精度越差。因为数据包里的很多特征值在传输过程中都已经被修改或模糊化，会影响到探测的精度。

② 被动识别技术：通过被动监测网络中的通信以确定所用的操作系统，比如，利用报头内 DF 位、TOS 位、窗口大小、TTL 等值进行判断。因为并不需要发送数据包，只需要抓取其中的报文，所以叫做被动识别技术。例如，telnet 对方，并用 snort 监听数据包。

③ ICMP 指纹识别技术：这种工具的出现较晚，在 2001－2002 年，在黑帽大会上提出，并开发出相应的工具 xprobe，其优势是只需要通过 ICMP，发送一批 UDP 包给高端关闭的端口，然后计算返回来的不可达错误消息。通常情况下送回 IP 头和紧接的 8b 数据，但是个别系统送回的数据更多一些。根据 ICMP 回应 TOS、TTL 值、校验和等信息，通过这些信息以树状的形式去过滤，最终精确锁定。

5.5 网络安全集成

5.5.1 入侵防御系统（IPS）

入侵防御系统（intrusion prevention system，IPS）的设计基于一种全新的思想和体系架构。工作于串联（In-Line）方式，采用 ASIC、FPGA 或 NP（网络处理器）等硬件设计技术实现网络数据流的捕获，引擎综合了特征检测、异常检测、DoS 检测和缓冲区溢出检测等多种手段；使用硬件加速技术进行深层数据包分析处理，能高效、准确地检测和防御已知、未知的攻击及 DoS 攻击；并实施多种响应方式，如丢弃数据包、终止会话、修改防火墙策略、实时生成警报和日志记录等，突破了传统 IDS 只能检测不能防御入侵的局限性，提供了一个完整的入侵防护解决方案。

1. IPS 和 IDS 的区别

IPS 是在 IDS 的基础上发展出来的，IPS 技术在 IDS 监测的功能上又增加了主动响应的功能，一旦发现有攻击行为，立即响应，主动切断连接。IPS 和 IDS 的区别主要体现在如下几个方面：

（1）设备的位置不同。IDS 一般安排在尽可能靠近攻击源、尽可能靠近受保护资源的位置，通常是服务器区域的交换机上、Internet 接入路由器之后的第一台交换机上或者是重点保护网段的局域网交换机上。而且 IDS 要旁路到网络中，因此 IDS 只能侦听部分而不是全部数据包。IPS 直接串联部署在网络链路上，对于来自外部的威胁，如蠕虫、木马、黑客攻击等，IPS 直接阻断，不让其进入客户网络。对于来自内部的威胁，如蠕虫传播、黑客攻击等，IPS 阻断攻击，保护服务器。对于网络资源滥用的行为，如 P2P 下载、IM 即时通信软件、网络游戏、在线视频等，IPS 同样可以有效控制。

（2）攻击的检测方式不同。IDS 采用被动侦听的方式，响应能力有限，比如发送 TCP Reset 包终止会话时往往可能为时已晚。所有来自外部的数据串行通过 IPS，IPS 确定这种数据包的真正用途，然后决定是否允许这种数据包进入网络。IPS 采用了多种检测技术，特征检测可以准确检测已知的攻击，特征库可以实现在线升级并不需要重新启动探测器；异常检测基于对监控网络的自学习能力，可以有效地检测新出现的攻击；DoS/DDoS 检测专门针对拒绝服务攻击；检测引擎中还集成了针对缓冲区溢出等特定攻击的检测。

（3）攻击的处理方式不同。IDS 系统在识别大规模的组合式、分布式的入侵攻击方面，还没有较好的方法和成熟的解决方案。IDS 只能报警而不能有效采取阻断措施的设计理念，也不能满足用户对网络安全日益增长的需求。IDS 只能采取与防火墙联动的方式来解决部分网络攻击。IPS 支持多种监控模式，如 SPAN（接到 HUB 端口或交换机的映像端口）、TAP（通过分接器）、串联、PORT CLUSTER（端口群集）等，用户可根据实际情况选择。采用串联方式的IPS 通常位于防火墙之后，所有进出的数据包都要经过 IPS 的内容检查。所以，攻击数据流在到达目标之前，就会被 IPS 识别出来并丢弃或阻断，从而达到防御的目的。

　　2. IPS 的优点

实时检测和主动防御是 IPS 最为核心的设计理念，也是其区别于防火墙和 IDS 的立足之本。为实现这一理念，IPS 在如下 5 个方面实现了技术突破，形成了不可低估的优势。

（1）在线安装。IPS 保留了 IDS 实时检测的技术与功能，但是却采用了防火墙式的在线安装，即直接嵌入到网络流量中，通过一个网络端口接收来自外部系统的流量，经过检查确认其中不包含异常活动或可疑内容后，再通过另外一个端口将他传送到内部系统中。

（2）精确阻断。IPS 具有强有力的实时阻断功能，能够预先对入侵活动和攻击性网络流量进行拦截，避免其造成任何损失。IPS 在确保精确阻断的基础上，尽量多地发现攻击行为（如 SQL 注入攻击、缓冲区溢出攻击、恶意代码攻击、后门、木马、间谍软件）。

（3）先进的检测技术。融合"基于特征的检测机制"和"基于原理的检测机制"形成的"柔性检测"机制，他最大的特点就是基于原理的检测方法与基于特征的检测方法并存，有机组合了两种检测方法的优势。

（4）特殊规则植入功能。IPS 允许植入特殊规则以阻止恶意代码。IPS 能够辅助实施可接收应用策略（AUP），如禁止使用对等的文件共享应用和占有大量带宽的免费 Internet 电话服务工具等。

（5）自学习与自适应能力。为了应对黑客们处心积虑、花样翻新的攻击手段，IPS 必须具有人工智能的自学习与自适应能力。能够根据所在网络的通信环境和被入侵状况，分析和抽取新的攻击特征以更新特征库，自动总结经验，定制新的安全防御策略。

　　3. IPS 的技术特征

作为信息安全保障主动防御的核心技术，IPS 具有下列主要的技术特征：

（1）完善的安全策略。IPS 有较为完善的安全策略，安全策略分为检测策略和响应策略。检测策略用于对病毒、入侵、攻击以及可疑行为等方面的检测；响应策略则给出各种检测方式的通信机制、联动手段、响应时机和方式等。

（2）嵌入式运行模式。为了实现实时的深度安全防护，IPS 需提升设备处理性能，除了在软件处理方式上优化外，硬件架构的设计也是一个非常重要的方面。IPS 采取嵌入模式运行，可根据实际需要将 IPS 嵌入到服务器、关键主机、路由器、以太网交换机等网络设备中，实现信息系统高强度实时积极防护。

（3）丰富的入侵检测手段。信息系统综合威胁的不断发展，需要多层、深度的防护才能有效。为了达到联动和高效检测的目的，IPS 对流经的每个报文进行深度检测，包括协议分析跟踪、特征匹配、流量统计分析、事件关联分析等，一旦发现隐藏于其中的网络攻击，可以根据该攻击的威胁级别立即采取抵御措施。

（4）强大的响应功能。IPS 响应一般可分为被动响应和主动响应两种类型。被动响应与传统的 IDS 响应类似，主要是记录和报告检出的问题，包括通知、报警以及 SNMP 陷阱等。主动响应则是根据检测结果阻断入侵或延缓入侵进程以降低损失，一般由系统自动执行或用户驱动，这样可达到对入侵者采取行动，修正系统环境或收集有用信息的目的。此外，IPS 还可以根据策略配置，分别采取实时、近期和长期的响应行为。

（5）较强的自身防护能力。主动防御和深度防护的使命将 IPS 推到了信息安全对抗的最前沿。在实际应用中，IPS 是一类工作在对抗网络环境下具有“指挥控制网络防御”特点的软件系统，必须考虑在攻防对抗环境下的自身生存问题。IPS 从体系和软件（包括算法）两个层面来综合考虑自身防护体系，在技术途径上，采用冗余保护、通信保密、进程隐藏、综合防护等方法来构建上述体系。

4. IPS 的类型

（1）基于主机的入侵防御（HIPS）。HIPS 通过在主机上安装软件代理，防止网络攻击入侵操作系统以及应用程序。由于 HIPS 工作在受保护的主机上，他不但能够利用特征和行为规则检测，阻止如缓冲区溢出之类的已知攻击，还能够防范未知攻击，防止针对 Web 页面、应用和资源的任何未授权访问。HIPS 与具体的主机操作系统平台紧密相关，不同的平台需要不同的软件代理程序。

（2）基于网络的入侵防御（NIPS）。NIPS 通过检查流经的网络流量，提供对网络的安全保护。由于他采用在线连接方式，所以一旦辨识出入侵行为，NIPS 就可以去除整个网络会话，而不仅仅是复位会话。NIPS 需要具备很高的性能，以免成为网络的瓶颈。NIPS 基于特定的硬件平台，能实现千兆级网络流量的深度数据包检测和阻断功能。这种特定的硬件平台可以分为 3 类：一是网络处理器（网络芯片），二是专用的 FPGA 编程芯片，第三类是专用的 ASIC 芯片。在技术上，NIPS 吸取了目前 NIDS 所有的成熟技术，包括特征匹配、协议分析和异常检测。特征匹配是最广泛应用的技术，具有准确率高、速度快的特点。基于状态的特征匹配不但检测攻击行为的特征，而且要检查当前网络的会话状态，避免受到欺骗攻击。

（3）应用入侵防御（AIP）。NIPS 产品有一个特例，即应用入侵防御（AIP），他把基于主机的入侵防御扩展成为位于应用服务器之前的网络设备。AIP 被设计成一种高性能的设备，配置在应用数据的网络上，以确保用户遵守设定好的安全策略，保护服务器的安全。

5.5.2　统一威胁管理（UTM）

随着网络的广泛应用，如何有效地保障网络安全成为人们关注的焦点，将多种安全功能整合的 UTM（unified threat management，统一威胁管理）成为网络界的热门话题。UTM

是在一个硬件平台上整合各种安全功能的设备，具有防火墙、VPN、网关防病毒、入侵检测、入侵阻断、流量分析、内容过滤、3A认证等功能。UTM具有如下主要特点。

（1）网络安全功能整合。为了防御网络中的各种安全威胁，网络管理员必须配置多项单功能安全产品，例如防火墙、防病毒网关、防垃圾邮件装置以及URL网关等。管理员必须同时熟悉各种不同设备的接口、指令和差异性。UTM将多种网络安全功能整合在一台设备上，通过单一的操作系统与管理接口，提供一个能够满足多方面安全需求的全功能架构。UTM不但使网络管理人员在学习新系统方面节省很多的时间，同时，也提高了IT人员在防御攻击时的有效性。

（2）降低配置复杂度。UTM安全设备中的安全功能模块能够协同运作，降低了掌握和管理各种安全功能的难度以及减少了用户误操作的可能性。对于没有信息安全专业知识的管理人员及技术力量相对薄弱的区域网络子单位来说，使用UTM产品可以提高应用信息安全设施的利用率。

（3）简化网络管理。UTM的价值在于简化管理，即以最精简的单一设备来达到所需要的网络管理水平，并具有快速迁移、集中管理、节省成本的优势。UTM可以满足分支机构人员较少，IT资源有限，需快速移动且经常使用各种不同网络基础设施的区域网络。

本 章 小 结

（1）本章主要介绍了为保障网络安全而采取的几种流行的网络安全防护技术，包括防火墙、入侵检测、VPN、入侵防御系统和统一威胁管理系统等关键技术。

（2）防火墙是在受保护网与外网之间构造一个保护层，把攻击者挡在内部网络的外面。这种技术强制所有出入内外网的数据流必须经过防火墙，对通过的数据流进行检测、分析、限制或更改，尽可能地对外部网络屏蔽受保护网络的信息和结构来实现对内部网络的保护。

（3）入侵检测系统（IDS）是网络中的一个监听设备，旁路到现有网络中，时刻关注着网络中的数据传输。IDS通过对计算机网络或系统中的若干关键点进行信息收集，并对其进行数据分析，从中发现是否有违反安全策略的行为和被攻击的迹象。

（4）VPN是指在Internet网络上所建立的企业网络，并且此企业网络拥有与专用网络相同的安全、管理及功能等特点，它替代了传统的拨号访问，利用Internet公网资源作为企业专网的延续，节省昂贵的长途费用。

（5）漏洞扫描器是一种通过收集系统的信息来自动检测远程或者本地主机安全性脆弱点的软件或设备。通过安全检测，可以发现有可能被黑客利用的漏洞情况，并且能够为发现的漏洞提供修补建议或措施。

（6）入侵防御系统IPS是在IDS的基础上发展出来的，IPS技术在IDS监测的功能上又增加了主动响应的功能，一旦发现有攻击行为，立即响应，主动切断连接。统一威胁管理UTM是将多种安全功能整合，方便管理员的安装部署和维护并降低了成本。

习 题

1. 简述包过滤防火墙的工作原理。
2. 简述状态检测防火墙的工作原理。
3. 简述防火墙的体系结构，并说出各自的优缺点。
4. 简述异常检测和误用检测的优缺点。
5. 简述只适用于基于主机的 IDS 的情况。
6. 说出 SSL VPN 与 IPSec VPN 网络的区别。
7. 简述入侵防御系统与入侵检测系统的关系。

第6章 应用安全

应用系统的安全是安全建设最主要的目的。因为信息总是通过应用系统来存取的，所以应用系统的安全是确保信息安全的根本。由于应用系统的复杂性，目前的各种信息安全技术和产品都是针对某种或某类具体的应用，这便导致了解决方案的多样性和局限性，且依赖于具体的应用环境，采用不透明的技术实现，使得实际应用中往往存在许多问题。为了解决应用系统的安全问题，世界各国的科研人员长期以来一直在进行着不懈的研究，初步形成了一套完整的解决方案，即应用安全基础设施（public key infrastructure，PKI）。PKI 技术是基于公开密钥理论和技术建立起来的安全体系，是一个对具体应用透明，并且能够提供全面安全服务的安全平台。应用安全基础设施与应用系统的逻辑关联如图 6-1 所示。

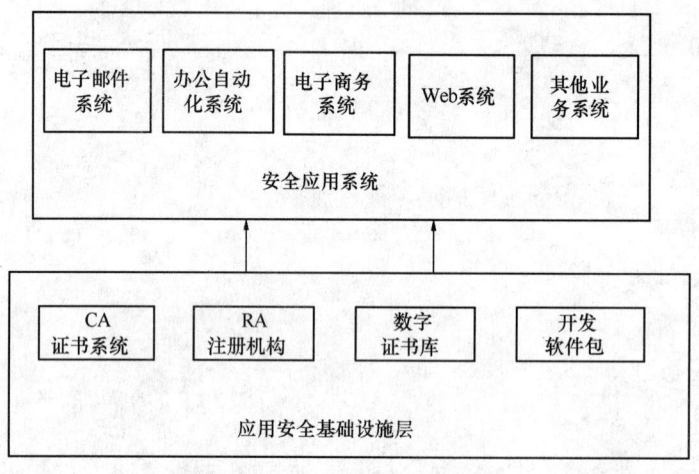

图 6-1　应用安全基础设施与应用系统的逻辑关联

应用安全基础设施层通过标准的接口以便捷而灵活的方式完成应用系统需要的安全服务功能，包括实体鉴别、数据的保密性、数据的完整性和交易的不可否认性（抗抵赖）和底层安全服务功能接口等。

各种应用在应用安全基础设施所提供信息安全服务的基础上，增加各种应用的认证、数据保密性、完整性和不可抵赖性服务，保证各种应用的安全运转。

6.1 应用安全基础设施

6.1.1 密码学基础

密码学是研究如何实现秘密通信的科学，包括 2 个分支：

（1）密码编码学。密码编码学是对信息进行编码实现信息保密性的科学。也就是说，通过信息的变换或编码，将机密的敏感信息变换成黑客难以读懂的乱码。可以达到两个目的：① 不知道如何解码的黑客不可能由其截获的乱码中得到任何有意义的信息；② 黑客不可能伪造乱码型的信息。

（2）密码分析学。密码分析学是研究、分析、破译密码的科学，即研究如何分析或破解各种密码编码体制的一门科学。密码分析俗称为密码破译，是指在密码通信过程中，非授权者在不知道解密密钥和通信者所采用的密码体制细节的条件下对密文进行分析，试图得到明文或密钥的过程。

6.1.1.1 密码体制

一个密码系统（体制）至少由明文、密文、密钥、加密算法和解密算法 5 部分组成。

（1）明文（plain text）。不需要任何解密工具就可以读懂内容的信息，称为明文，用 M 表示。

（2）密文（cipher text）。将明文变换成一种在通常情况下无法读懂内容的信息，称为密文，用 C 表示。

（3）密钥（key）。是唯一能控制明文与密文之间变换的关键，分为加密密钥和解密密钥，用 K 表示。其中加密密钥（encryption key）为在加密过程中使用的密钥，解密密钥（decryption key）为在解密过程中使用的密钥。

（4）加密算法。对明文进行编码生成密文的过程称为加密（encryption），编码的规则称为加密算法，用 E 表示。用数学公式来表示其过程为：$C = E_{K_1}(M)$，K_1 为加密密钥。

（5）解密算法。将密文恢复出明文的过程称为解密（Decryption），解密的规则称为解密算法，用 D 表示。用数学公式来表示其过程为：$M = D_{K_2}(C) = D_{K_2}(E_{K_1}(M)) = M$，$K_1$，$K_2$ 分别为加密密钥，解密密钥。

如图 6-2 所示，一个密码通信系统包含有加密过程和解密过程，其中加密过程是指把明文变换成不可读的密文过程；解密过程是指把不可读的密文变换为可识别的明文过程。密码通信系统的实现过程可以这样描述：发送者首先用加密密钥 K_1 加密明文 M 使之变成密文 C，然后再将密文 C 发送给接收者；接收者获取密文后，用解密密钥 K_2 解密密文 C，获取明文 M。

在密码通信系统中，加密密钥 K_1 和解密密钥 K_2 可以是同一个密钥，也可以是不同的密钥。因此，密码体制以密钥为标准来划分，可分为对称密码体制（Symmetric System）和

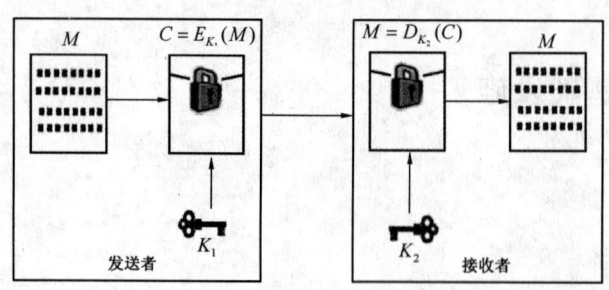

图 6-2　密码通信系统

非对称密码体制（asymmetric system）。

1. 对称密码体制

在对称密码体制下，加密密钥和解密密钥相同，或者虽然不相同，但由其中的任意一个可以很容易地推出另一个。对称密码体制又称为单密钥体制。由于加密和解密是使用同一个密钥，密码体制的安全性就取决密钥的安全性，又称为秘密密钥体制。

这种密码体制密钥相对比较短、计算不复杂、耗用资源小，因此加解密效率高，适合加密大量数据。但存在以下缺点：

（1）密钥管理问题。首先，通信双方要进行加密通信，需要通过秘密的安全信道协商加密密钥，而这种安全信道可能很难实现；其次，在有多个用户的网络中，任何两个用户之间都需要有共享的密钥，当网络中的用户数 n 很大时，需要管理的密钥数目是非常大的，达到 $n(n-1)/2$ 个。

（2）难实现签名功能。当主体 A 收到主体 B 的电子文档（电子数据）时，无法向第三方证明此电子文档确实来源于 B，且事后 B 不能否认。

2. 非对称密码体制

在非对称密码体制下，加解密时分别使用两个不同的密钥，一个可对外界公开，称为公开密钥（public key），简称公钥，常用 PK 表示；另一个只有所有者知道，称为私人密钥（private key），简称私钥，常用 SK 表示。公钥和私钥之间具有紧密联系，用公钥加密的信息只能用相应的私钥解密，反之亦然。同时，要想由一个密钥推知另一个密钥，在计算上是不可能的。因两个密钥中其中一个密钥是公开的，因此又称为公开密钥体制；另外，因 2 个密钥是不同的，又称为双密钥体制。

这种密码体制与对称密码体制相比，优势在于密钥容易管理，没有复杂的密钥分发问题且支持签名和不可否认性。但缺点是加密速度不如单密钥体制快（其加密时间是单密钥体制的 10～100 倍），且加密后使密文变长。

6.1.1.2　散列函数

散列函数又称为杂凑函数或哈希函数，是对不定长的输入产生定长输出的一种特殊函数：

$$h = H(M)$$

式中：M 是变长的消息；h 是定长的散列值（或称为消息摘要）。散列函数的主要功能是实现信息的完整性，具有以下特点：

① 输入可以为任意长度；

② 输出数据长度固定（即 Hash 值的长度由算法的类型决定，与输入的消息大小无关）；

③ 单向性，即给出一个 Hash 值，很难反向计算出原始输入；

④ 唯一性，即难以找到两个不同的输入会得到相同的 Hash 输出值。

散列函数 H 是公开的，散列值是在信源处附加在消息上，接收方通过重新计算散列值来确认消息在传输的过程中是否被篡改。由于函数本身公开，传送过程中对散列值需要另外的加密保护，如果没有对散列值的保护，篡改者可以在修改消息的同时修改散列值，从而使散列值的认证功能失效。因此除上述 $H(M)$ 这种无密钥控制的一般散列函数外，散列函数还有一类具有密钥控制的密码散列函数，可表示为 $H_K(M)$，常用来作为消息认证码（message authentication code，MAC）。

6.1.1.3　数字签名

数字签名（digital signature）也称电子签名，是指附加在某一电子文档中的一组特定的二进制代码，他是利用数学方法和密码算法对该电子文档进行关键信息提取并进行加密而形成的，用于标志签发方的身份以及签发方对电子文档的认可，并能被接收方用来验证该电子文档在传输过程中是否被篡改或伪造。数字签名具有以下特点：

（1）可信（认证）。接收方能够核实发送方对消息的签名，即任何人都可以方便地验证签名的有效性。

（2）不可伪造。除了发送者，任何人（包括接收方）不能伪造消息的签名。

（3）不可重用。对一个消息的签名不能通过复制变为另一个消息的签名。如果一个消息的签名是从别处复制的，则任何人都可以发现消息与签名之间的不一致性，从而可以拒绝签名的消息。

（4）不可改变。在文件签名后，是不能改变的。

（5）不可抵赖。发送方事后不能抵赖对消息的签名，出现争议时，第三方可解决争端。

目前数字签名技术的实现主要是基于公钥密码体制，在签名和验证签名的处理过程中，数字签名引入了哈希算法（Hash algorifihm），哈希算法对原始消息进行运算，得到一个固定长度的数字串，称为消息摘要（message digest），不同的消息所得到的消息摘要各异，但对相同消息的消息摘要却是唯一的，因此消息摘要也称为数字指纹。然后再用签名算法对消息摘要加密所得到的结果就是数字签名。数字签名实现的一般过程如图 6-3 所示。

数字签名实现过程描述如下：

① 发送方 A 用单向散列函数对消息散列，得到一个固定长度的数据项，即消息摘要；

② 发送方 A 用自己的私钥对这个消息摘要签名；

③ 发送方 A 把消息和已签名的消息摘要一起发送给接收方 B；

④ 接收方 B 验证解密后的摘要和自己用 Hash 函数得到的摘要是否一致。因为散列函数具有这样一个特性：只要消息内容发生了改变，所形成的摘要就是不同的。所以接收方要用发送方使用的单向散列函数对接收到的消息生成新的消息摘要，再用发送方的公钥对接收到的消息摘要进行验证，以确认发送方的身份及消息是否被修改过。

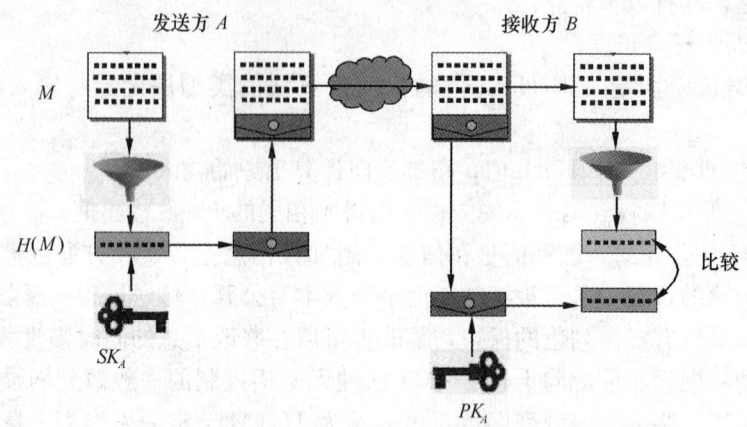

图 6-3　数字签名的实现过程

6.1.2　PKI

PKI（public key infrastructure）即公开密钥基础设施，是一个用公钥概念与技术来实施和提供安全服务的具有普适性的安全基础设施。作为一种遵循既定标准的密钥管理平台，他可以为各种网络应用透明地提供采用加密和数字签名等密码服务所必需的密钥和证书管理，从而保证网上传递信息的安全、真实、完整和不可抵赖。

从广义上讲，所有提供公钥加密和数字签名服务的系统。都可叫做 PKI 系统。PKI 的主要目的是通过自动管理密钥和证书，为用户建立起一个安全的网络运行环境，使用户可以在多种应用环境下方便地使用加密和数字签名技术，从而保证网上数据的保密性、完整性和有效性。

6.1.2.1　一个典型的 PKI 的组成

1. 终端实体（end entity，EE）

终端实体是 PKI 系统中的用户，它持有数字证书，是证书的主体。最终用户根据在通信过程中的不同性质，可以分为证书持有者和验证者两类：

① 持证者是证书的拥有者，是证书所声明事实的主体。持证者向管理实体申请并获得证书，也可以在需要的时候撤销或更新证书。持证者可以使用证书鉴别自己的身份，从而可以获得相应的权利。

② 验证者通常是授权方，它需要确认持证者所提供的证书的有效性以及对方是否为该证书的真正拥有者，只有在成功鉴别之后才会授予对方相应的权利。

2. 认证机构（certification authority，CA）

认证机构是 PKI 系统的核心部件，它是权威机构，且直接被终端信任。其核心功能就是发放和管理数字证书，此外还负责用户证书的黑名单登记和黑名单发布。CA 可以被称作一个域，一个用户只需要在一个域中进行注册，不同域中的用户需要通信时，通过域之间的信任关系来建立可信的信息交换。也就是说，在多级认证机构层次体系中它不必是最顶层的认证机构。

3. 注册机构（registration authority，RA）

注册机构 RA 在 PKI 系统中是可选的管理实体且被 CA 所信任。在许多应用环境中，当

PKI 域内实体用户数量很大并且在地理上分布很广泛的时候，要求 RA 与 CA 分离出来。RA 主要负责对最终用户的注册管理，即完成证书申请、审核、撤销报告、密钥产生、密钥存档、制证等功能。如果 RA 不存在，它的功能就由 CA 来完成。当 RA 独立存在时，终端实体不直接和 CA 通信，而是直接同 RA 进行通信交互。

4. 数字证书库（Cert/CRL repository）

数字证书库存放了经 CA 签名的证书和已撤销证书的列表 CRL。它实际上提供一种目录服务，用户可以从此处获取其他用户的证书和公钥，也可以从此处下载 CRL 从而告知证书撤销信息。

各组成部件及其相互之间的关系如图 6-4 所示。

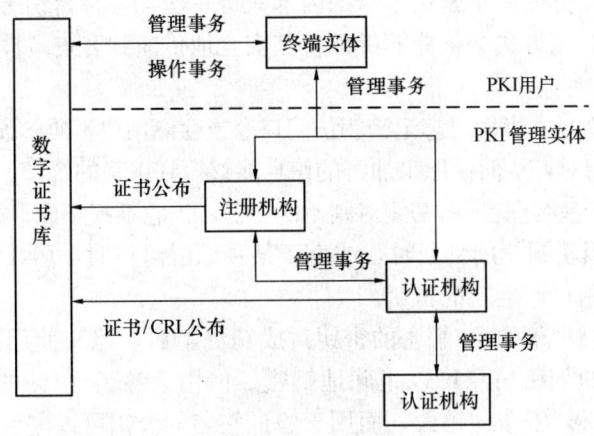

图 6-4　PKI 的组成

6.1.2.2　PKI 的功能

PKI 的功能，主要有签发数字证书、撤销数字证书、发布数字证书、存储与检索证书和证书撤销列表、密钥生成、密钥备份和恢复、密钥撤销与更新、密钥归档等。总之，其功能可概括为以下 3 个方面。

1. 注册管理

PKI 的注册管理功能主要是通过收集的用户信息来确认用户身份，这些工作一般都是由 RA 负责完成。其过程为：首先接受用户的注册申请，然后审查用户的申请资格，审查合格后向 CA 发送签发数字证书的请求。需要注意的是，RA 并不实际给用户签发证书，而只是对用户进行资格审查。

2. 证书管理

证书管理是 PKI 的核心功能，它主要包括证书的签发、撤销、发布、验证和交叉认证等。其中签发、撤销和验证主要由 CA 来负责，即用私钥进行签名形成合法证书，再用公钥验证其签名来检查证书的合法性。而为了方便验证者获取被验证方的证书，通常由 RA 将其证书发布到公共的服务器上。

另外，为了提供不同域之间的用户认证、扩展 CA 的信任范围，PKI 还需要提供交叉认证功能。所谓交叉认证是指允许不同信任体系中的认证中心建立起可信任的相互信赖关系，从而使各自签发的证书可以相互认证和校验。其认证过程如下：

首先，2个CA要建立起信任关系，这就要求双方安全地交换用于校验签名的公开密钥，并利用自己的私钥为对方签发数字证书，从而使双方都拥有交叉证书。

其次，利用CA的交叉证书校验最终用户的证书。对用户来说，就是利用本方CA的公钥来校验对方CA的交叉证书，从而决定对方CA是否可信。

最后，再利用对方CA的公钥来校验对方用户的证书，从而确定对方用户是否可信。

3. 密钥管理

密钥管理是PKI的重要功能之一。主要包括密钥生成、密钥备份和恢复、密钥更新、密钥销毁和归档处理等。

(1) 密钥生成。密钥生成可以有两种方式：一种是在客户端产生，如智能卡内部产生，这种方式安全性较高，然而由于密钥在卡的内部只有一份，一旦密钥丢失很难恢复；另一种是由可信第三方产生，该方式必须能够保证将其安全地传输到客户端以供用户使用，其优点是密钥容易恢复。

(2) 密钥备份和恢复。当用户忘记密钥访问口令或存储用户密码的设备损坏时，可以利用此功能恢复原来的密钥对，从而使原来加密的信息能够得到正确的解密。为了保证用户签名信息的不可否认性，用于签名/验证的密钥对则不能备份，当它在损坏或泄露后，必须重新产生。

(3) 密钥更新。当密钥使用到期时，或由于某种原因泄露时，PKI系统应该将原有的密钥作废，同时自动为用户产生新的密钥。

(4) 密钥归档。当用于加密/解密的密钥对成功更新后，原来使用的密钥对必须进行归档处理，以保证原来的加密信息可以正确地解密。但用于签名/验证的密钥对成功更新后，其中用于签名的私钥必须安全地销毁，而用于验证签名的公钥可以进行归档处理，以便以后对原来的签名信息进行校验。

6.1.2.3 PKI 提供的服务

PKI作为安全基础设施，能为不同的用户按不同安全需求提供多种安全服务。这些服务主要包括认证、数据完整性、数据保密性和不可否认性。

1. 认证服务

认证服务包括2个过程，即身份识别和鉴别。身份识别就是确认实体即为自己所声明的实体，鉴别是检验用户身份的真伪。

以A和B网络通信过程中B认证A的身份为例，首先A可以将自己的口令用自己的私钥进行数字签名传送给B，B从A的证书中或从证书库中查得了A的公钥，B就可以用A的公钥来验证A的数字签名。如果该签名通过验证，A在网上的身份就确凿无疑。其次，B要验证A证书的真伪，B用CA的公钥验证A证书上CA的数字签名，如果签名通过，则证明A持有的证书是真的。

2. 数据完整性

数据完整性服务就是确认数据没有被修改，它主要是由Hash算法和数字签名算法来实现。数据完整性服务的实现过程为：首先对数据内容进行Hash运算，再对Hash值签名，该方法既可以提供实体认证，又可以保障被签名数据的完整性。由于Hash算法的特点是输入数据的任何变化都会引起输出数据不可预测的极大变化，而签名是用自己的私钥将该哈希值进行加密，然后与数据一道传送给接收方，因此若敏感数据在传输和处理过程中被篡改，接收方就不会收到完整的数据签名，验证就会失败。反之，若签名通过了验证，就证明接收方收到的是未被修改的完整数据。

3. 数据保密性

数据保密性服务就是保证除了指定的实体外，无人能获取相关的信息。保密性服务采用了"数字信封"机制，主要由对称加密体制和公钥体制共同实现。

数据保密性服务的实现过程为：首先发送方先产生一个对称密钥，并用该对称密钥加密敏感数据。为了保证对称密钥的安全性，发送方还要用接收方的公钥加密对称密钥，就像把它装入一个"数字信封"。然后，把被加密的对称密钥（"数字信封"）和被加密的敏感数据一起传送给接收方。接收方用自己的私钥拆开"数字信封"，得到对称密钥，再用对称密钥解开被加密的敏感数据。

4. 不可否认性

不可否认性服务是指从技术上保证实体对其行为的认可，他主要由数字签名技术来实现。实体的不可否认性包括数据来源的不可否认性、接收的不可否认性以及接收后的不可否认性。

不可否认性服务的实现过程为：在发送消息时，发送方用其私钥对所传消息的特征数据进行签名，然后，接收方再用发送方的公钥来验证签名值的有效性。由于发信方的私钥只有他本人拥有，他一旦完成了签名，从技术上便保证了发送方无法抵赖曾发送过该信息。

6.1.3 数字证书

数字证书，又称 X.509 证书，是一个经证书认证中心 CA 数字签名的包含公钥拥有者信息以及公钥的文件。证书是公钥体制的一种密钥管理媒介，它是一种权威性的电子文档，形同网络计算环境中的身份证，用于证明某一主体的身份以及其公钥的合法性。认证中心作为权威的、可信赖的、公正的第三方机构，专门负责为各种认证需求提供数字证书服务。由于数字证书是用认证中心的私钥签名，因而任何人都不可能伪造和篡改数字证书。数字证书主要遵循国际电信联盟 ITU-T 提出的 X.509 国际标准。该标准提供了一种用于认证 X.500 服务的 PKI 结构。

从 1988 年至今，X.509 证书标准已从第一版发展到第四版。版本 1（v1）格式首先在 1988 年作为 X.500 目录服务系统推荐的一部分出版。1993 年修正的时候，推出版本 2（v2）格式，主要增加额外的两个字段。这两个字段可以用来支持目录服务系统的访问控制。为了克服 v1 和 v2 证书格式在几个方面的不足，1996 年 6 月 ISO/IEC/ITU 和 AN-SIX9 开发了 X.509 版本 3（v3）证书格式。v3 格式在 v2 基础上通过扩展添加额外的字段（扩展字段）。目前最常用的是 X.509v3，其格式如图 6-5 所示。下面介绍图 6-5 中每个字段的含义。

版本（version）：用于识别证书版本号，版本号可以是 v1、v2 和 v3，目前常用的版本是 v3。

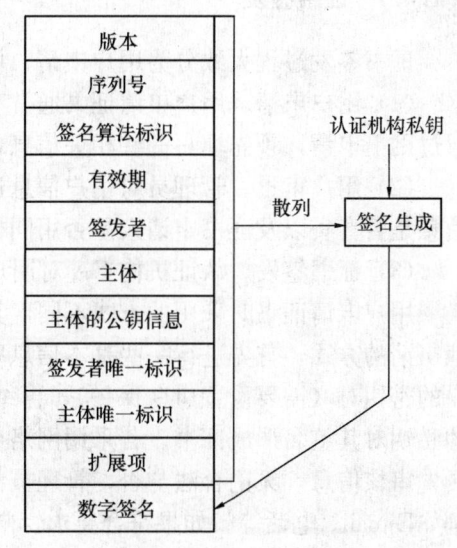

图 6-5 X.509v3 版本

序列号（serial number）：是由 CA 分配给证书的唯一的数字型标识符。当证书被取消时，将此证书的序列号放入由 CA 签发的 CRL 中。

签名算法标志（signature algorithm ID）：用来标志对证书进行签名的算法和算法所需的参数。协议规定，这个算法同证书格式中出现的签名算法必须是同一个算法。

有效期（validity period）：是一对日期，起始日期和结束日期，证书在这段日期之内有效。

签发者（issuer）：签发者的名字。

主体（subject）：证书持有者的名字。

主体的公钥信息（subject public key info）：信息包括算法名称、需要的参数和公钥。

签发者唯一标志（issuer unique ID）：一个可选的比特串字段用来唯一标志签发者 CA。

主体唯一标志（subject unique ID）：一个可选的比特串字段用来唯一标志主体。

扩展项（extension）：包括签发者的密钥标志（authority key identifier）和主体密钥标志（subject key identifier）等扩展项。签发者密钥标志指定 CA 签名密钥对的唯一标识符。当 CA 有多个密钥对时，该标志符对验证证书签名很有用。主体密钥标志的功能和授权密钥标识符极为相似，主要用来标志和证书的公钥相对应的密钥对。该标识符在 CA 的安全域内多次更新其密钥对（包括签名和加密）时特别有用。

数字签名（digital signature）：包括签发者 CA 具体的签名算法和结果，可用 CA 的公钥验证该签名的合法性。

6.1.4　PKI 的实现

实现一个 PKI 系统，至少应包括以下 4 个方面：证书签发、证书撤销、证书查询、证书使用。

6.1.4.1　证书签发

证书签发过程大致分为用户申请、用户审批和证书签发 3 个过程。

（1）用户申请。用户申请证书通常有两种方式：一种是直接到 CA 所在地点，另一种是通过网上申请，预先填写一些相关信息，进行注册。

（2）用户审批。管理员对用户信息进行审核，其审核的内容主要是证书申请人所提供的信息是否真实以及证书申请人是否用同样的信息申请过证书。

（3）证书签发。认证机构 CA 对用户的申请信息进行签名形成有效的证书。

用户申请证书时采用的方式不同，其证书的签发过程也有差异。若采用直接到 CA 所在地申请的方式，首先进行一些基本信息登记，如果符合要求，将信息录入数据库，并生成用户的密钥对（需要设置口令保护），再结合用户基本信息，产生证书请求文件，最后用 CA 的私钥对其签名形成证书。若采用网络申请，申请人先通过 Web 站点填写注册信息，管理员先审核信息，无论合法与否，管理员都将给申请人回应，回应可以是线上也可以是线外，例如 E-mail、电话等。如果符合要求，申请人则亲自到 CA 中心设置口令，先生成用户的密钥对，再结合用户基本信息，产生证书请求文件，最后用 CA 的私钥根据 CA 的证书签发策略对其签名形成证书。

6.1.4.2　证书撤销

由于私钥泄露或被怀疑泄露、证书中包含的相关信息改变以及证书过期等原因，证书必须被撤销。证书撤销一般通过将证书列入证书撤销列表（Certificate Revoke List，简称 CRL）来完成。简单地讲，CRL 是一种包含撤销的证书列表的签名数据结构。证书撤销列表 v2 结构如图 6-6 所示。

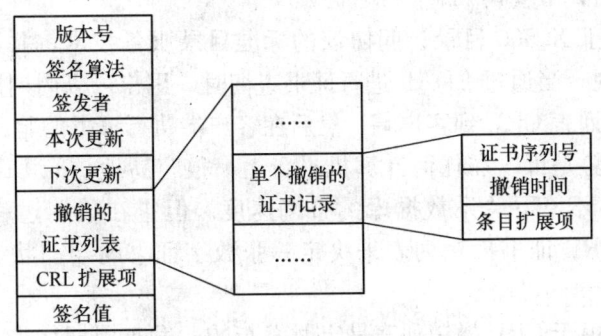

图 6-6　证书撤销列表 v2 结构

版本号：0 表示 X.509v1 标准；1 表示 X.509v2 标准；目前常用的是同 X.509v3 证书对应的 CRLv2 版本。

签名算法：包含算法标志和算法参数，用于指定证书签发机构用来对 CRL 内容进行签名的算法。

签发者：签发机构的名称，由国家、省市、地区、组织机构、单位部门和通用名等组成。

本次更新：此次 CRL 签发时间。

下次更新：下次 CRL 签发时间。

由这两个日期信息，用户可以确定当前拥有的 CRL 是不是最新的。

撤销的证书列表：该域含有已经吊销挂起的证书的列表。其中证书序列号，与证书中的序列号相同；撤销时间是指证书被吊销的时间。

条目扩展项：只在版本 v2 才有，X.509 标准提供了 4 个扩展项，是原因代码、冻结指示代码、证书签发者、无效日期等。

CRL 扩展项：在每个 CRL 的基础上定义了 5 个扩展项，分别是机构密钥标识符、签发者别名、CRL 号、增量 CRL 指示符、签发分布点等。

签名值：证书签发机构对 CRL 内容进行签名。

系统中由 CA 负责创建并维护一张及时更新的 CRL，而由用户在验证证书时负责检查该证书是否在 CRL 之列。CRL 可以定期产生，也可以在每次有证书作废请求后产生。CRL 产生后发布到目录服务器上。CRL 的完整性和可靠性由它本身的数字签名来保证，因此 CRL 可以存储于网络上的任何节点。

在网络规模不大、证书的撤销率不是很高的情况下，采用 CRL 是一个十分有效、有较好伸缩性的办法。但是当网络规模变大时，用户数量很大，证书机构会经常签发 CRL，导致 CRL 迅速增长。为了解决这一问题，产生了一些对 CRL 机制的改进方案，如 CRL 分发点、重定向 CRL、增量 CRL、间接 CRL、最新撤销信息指针等。

6.1.4.3 证书查询

证书查询通常可采用两种机制：一种是基于轻量级目录访问协议（lightweight directory access protocol，简称 LDAP）的周期性查询机制；另一种是基于在线证书状态协议（online certificate status protocol，简称 OCSP）的在线查询机制。

1. 基于 LDAP 的证书查询机制

LDAP 是一种基于 X.500 目录访问协议的标准目录服务技术，并采用面向连接的、可靠的 TCP 协议来实现。当通过 LDAP 进行证书查询时，用户可以周期性地从 LDAP 服务器上下载整个证书撤销列表 CRL 到客户端，然后在客户端执行证书的验证。

LDAP 最大的优势是可以在任何计算机平台上，很容易地访问 LDAP 目录，而且其查询速度远远快于同等环境下关系数据库的查询速度。但它在使用过程中由于需要保存在 LDAP 服务器上的 CRL 证书撤销列表来决定一张数字证书的当前状态，因此存在以下局限性：

（1）时效性差。由于 CRL 撤销列表是定时发布的，发布周期往往需要几天或几周，甚至更长，因此在 CRL 表本次发布后、下次发布前撤销的证书，无法准确识别其状态，会给交易带来隐患。

（2）使用效率低。CRL 撤销列表是针对 CA 全生命周期的，每一张撤销的证书会一直在 CRL 列表中出现，当 CA 使用时间长，撤销的证书越来越多时，尤其是发生诸如 CA 密钥泄露或根密钥泄露等严重安全事件时，需要撤销的证书规模很大，CRL 表也会变得非常庞大，导致对 CRL 表的管理及使用需要很大的开销。

（3）维护困难。由于 CRL 表是离线验证的，应用服务器或应用客户端通过验证 CRL 表，验证指定证书是否有效。当 CRL 表失效时，需要应用系统及时更新 CRL 撤销表，这就对应用系统维护 CRL 表、CA 系统发布 CRL 表的稳定性提出了更高的要求。

2. 基于 OCSP 的证书查询机制

在线证书状态协议 OCSP 是 PKIX 工作组于 1999 年在 RFC2560 中提出的。它是一种相对简单的请求/响应协议，一个 OCSP 客户端发布一个状态查询请求给一个 OCSP 服务器，由 OCSP 服务器返回一个响应给客户端。协议描述了在客户端发布查询证书状态和服务器响应状态之间所需要交换的数据。

当采用 OCSP 进行证书查询时，用户可以直接在服务器端实时查询证书的最新状态。由于 OCSP 是一个无须证书撤销列表就可以决定一张数字证书当前状态的协议，作为检查定期证书撤销列表的补充，在涉及大量资金的交易或者股票买卖时，必须要获得一些有关证书撤销状态的即时信息，OCSP 使得交易双方可以更快捷、更可靠地查询到所需要证书的当前状态。然而，当查询的请求过于频繁，OCSP 这类协议的性能会显著下降，此时信息的处理时间将使在线服务无法为验证者提供预期的及时响应，甚至影响到系统的可用性。

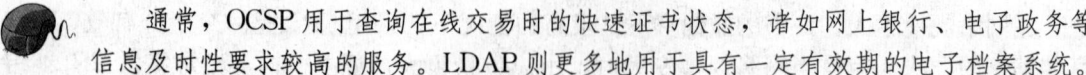

通常，OCSP 用于查询在线交易时的快速证书状态，诸如网上银行、电子政务等信息及时性要求较高的服务。LDAP 则更多地用于具有一定有效期的电子档案系统。

6.1.4.4 证书使用

证书的获取可以有多种方式，如发送方发送签名信息时附加发送自己的证书，或以另外的单独信息发送证书，或者可以通过访问证书发布的目录服务器来获得，或者直接从证书相关的实体处获得。

在使用证书验证数据时，都遵循同样的验证流程。一个完整的验证过程有以下几步：

① 将客户端发来的数据解密（如解开数字信封）；

② 将解密后的数据分解成原始数据、签名数据、客户证书三部分；

③ 用 CA 根证书验证客户证书的签名完整性；

④ 检查客户证书是否有效（当前时间在证书结构中所定义的有效期内）；

⑤ 检查客户证书是否作废（OCSP 方式或黑名单方式）；

⑥ 检查该证书的预期用途是否符合 CA 在该证书中指定的所有策略限制；

⑦ 客户证书验证原始数据的签名完整性。

如果以上各项均验证通过，则接受该数据。

6.1.5 PKI 标准

PKI 技术的相关标准详细定义了证书格式、撤销列表 CRL、管理协议、消息格式及认证规范的框架等内容，以实现多个 PKI 系统之间的互操作，实现多个应用与 PKI 系统之间统一的接口。PKI 的标准可以概括为以下 3 个方面：

1. X. 509 协议标准

X. 509 是由国际电信联盟（ITU - T）制定的数字证书标准，他是 PKI 技术体系中应用最为广泛、最为基础的一类国际标准。X. 509 为用户名称提供了通信实体的鉴别机制，并规定了实体鉴别过程中广泛适用的证书语法和数据接口。

X. 509 的最初版本公布于 1988 年。X. 509 证书由用户公钥和用户标识符组成。此外还包括版本号、证书序列号、CA 标识符、签名算法标志、签发者名称、证书有效期等信息。这一标准的最新版本是 X. 509v3，它定义了包含扩展信息的数字证书。该版数字证书提供了一个扩展信息字段，用来提供更多的灵活性及特殊应用环境下所需的信息传送。

2. PKCS（Public Key Cryptography Standards）系列标准

PKCS 系列标准是由美国 RSA 数据安全公司及其合作伙伴制定的一组公钥密码学标准，是一套针对 PKI 体系的加解密、签名、密钥交换、分发格式及行为等方面的一系列标准，该标准目前已经成为 PKI 体系中不可缺少的一部分。PKCS 已经公布了 15 个公钥密码学标准：

PKCS♯1（包括原 PKCS♯2 和 PKCS♯4）　RSA 算法加密标准；

PKCS♯3　Diffie-Hellman 密钥交换标准；

PKCS♯5　基于口令的密码学标准；

PKCS♯6　扩展的数字证书语法标准；

PKCS♯7　密码信息语法标准；

PKCS♯8　私钥信息语法标准；

　　PKCS♯9　　可选择的属性类型；

　　PKCS♯10　　数字证书申请语法标准；

　　PKCS♯11　　密码令牌接口标准；

　　PKCS♯12　　个人信息交换语法标准；

　　PKCS♯13　　椭圆曲线密码体制标准；

　　PKCS♯14　　伪随机数生成标准；

　　PKCS♯15　　密码令牌信息格式标准。

　　3. PKIX 系列标准

　　PKIX 系列标准是由 IETF（Internet engineering task force）组织中的 PKI 工作小组制定的系列国际标准，主要定义基于 X. 509 和 PKCS 的 PKI 模型框架。

6. 2　Web 安全

　　随着 Internet 的迅猛发展，Web 以其快捷、无距离和互动性等特点在众多媒体中脱颖而出，正在成为政府、学校、企业和社会团体等进行信息发布、形象展示、业务拓展、客户服务、内部沟通等业务的重要阵地，并且其数量正以惊人的速度增加。然而 Web 应用在给人们带来便利的同时，却面临着非常重要的安全问题。

6. 2. 1　Web 的工作模型

　　Web 的工作模型是开放式的客户/服务器（client/server）模式。服务器用于存放 Web 文档，用户通过 Web 客户端上的浏览器进行站点浏览，服务器通过默认的端口与客户端进行连接。在建立连接之后客户端与服务器通过协议进行请求与应答。图 6-7 为 Web 的工作模型，显示了 Web 应用服务的工作过程。

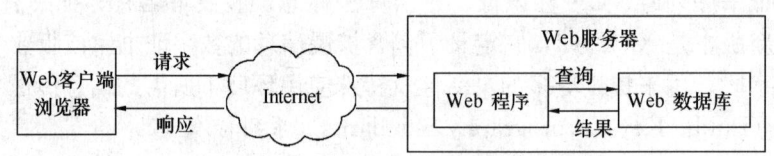

图 6-7　Web 的工作模型

　　Web 服务的实现包括 3 部分：

　　（1）服务器端（Web 服务器）。Web 服务器是驻留在服务器上的软件，它规定了服务的传输设定、信息传输格式及服务器本身的基本开放结构，其作用就是管理 Web 服务器上的文档、接收用户的请求、处理用户请求并返回请求信息。

　　（2）客户端（Web 浏览器）。Web 浏览器是客户端软件，其功能是向服务器发送资源请求，并将接收到的信息解码显示，比如它可以从 Web 服务器上下载和获取文件，翻译下载文件中的 HTML 代码，进行格式化，根据 HTML 中的内容在屏幕上显示信息。如果文件中包含图像以及其他格式的文件（如声频、视频、Flash 等），Web 浏览器会做相应的处理或依据所支持的插件进行必要的显示。

（3）通信协议。Web 浏览器与 Web 服务器之间遵循 HTTP 协议进行通信传输。超文本传输协议（hyper text transfer protocol，简称 HTTP）是 Web 应用的核心技术协议，定义了 Web 浏览器向 Web 服务器发送索取 Web 页面请求的格式，以及 Web 页面在 Internet 上的传输方式。

6.2.2 Web 的安全问题

随着 Web 应用的日益普及，越来越多的网络用户将日常事务转移到了 Internet。例如，通过网上银行进行转账和付费，通过网络购买股票和基金，进行网上购物和玩网络游戏等。所有的这些 Web 应用都在不知不觉地改变着我们的日常生活，Web 应用也将伴随着 Internet 的发展而不断地深入普及，人们也会越来越离不开各种 Web 应用。但是，这种给我们带来无限美好的事物，却在不断地受到各种网络安全攻击的威胁，使 Web 应用面临着严重的安全问题。依照 Web 访问的结构，Web 的安全问题可分为以下 3 类：

（1）Web 服务器的安全问题。一方面，由于 Web 服务器的操作系统、数据库以及应用软件都有可能存在漏洞，恶意用户可以利用这些漏洞很容易获得保存在服务器中的重要数据；另一方面，由于服务器管理员的安全意识不高或数据库系统配置不当造成的安全问题，比如保存在 Web 服务器上的机密文件或重要数据（如存放用户名、口令的文件）被放置在不安全区域，很容易被攻击者获取。

（2）Web 客户机的安全问题。现在网页中的活动内容已被广泛应用，活动内容的不安全性是造成客户端的主要威胁。网页的活动内容是指在静态网页中嵌入的对用户透明的程序，主要由 Java Applet 和 ActiveX 技术来实现。通过活动页面可以完成一些动作，显示动态图像，下载和播放音乐、视频等。当用户使用浏览器查看带有活动内容的网页时，这些应用程序会自动下载并在客户机上运行，如果这些程序被恶意使用，可以窃取、改变或删除客户机上的信息。

（3）通信信道的安全问题。连接 Web 客户机和服务器通信的信道 Internet 是不安全的，主要表现在以下几个方面：攻击者可以通过像 Sniffer 这样的嗅探程序，对信道进行侦听，窃取机密信息；未经授权的用户可以改变信道中的信息流传输内容，造成对信息完整性的安全威胁；攻击者还可利用拒绝服务攻击，向网站服务器发送大量请求造成主机无法及时响应而瘫痪，或者发送大量的 IP 数据包来阻塞通信信道，使网络的速度变慢。

6.2.3 Web 的安全技术

Web 应用的安全防范技术发展到今天，已经出现了各种类型的 Web 应用安全防范产品和解决方案。根据 Web 的结构组成，可分别对 Web 客户端、通信信道和 Web 服务器采取相应的安全防护措施。

1. Web 服务器的安全防护

Web 服务器的安全性不仅要通过一定的技术手段来保障，而且要从管理角度来加强安全，其安全防护措施主要有：

①尽量使 E - mail、FTP 和 Telnet 等服务同 Web 服务器分开，或在 Web 服务器上去掉一些不用的解释器，如 Shell 等。

②在 Web 服务器前设立代理服务器来检查和转发 Web 的请求和响应，即代理服务器对 Web 请求进行分析，只有那些合理的、安全的请求才能被转发到 Web 服务器。另外，也可以在 Web 服务器和代理服务器间建立映射关系，将 Web 服务器隐藏。

③从 CGI 编程角度考虑安全。采用编译语言比解释语言会更安全些，并且 CGI 程序应放在独立于 HTML 存放目录之外的 CGI - BIN 下。

④限制许可访问用户 IP 或 DNS。

⑤限制 Web 服务器中账户数量，对在 Web 服务器上建立的账户，或在口令长度及定期更改方面作出要求，防止被盗用。

⑥定期查看 Web 服务器中的日志文件，分析一切可疑事件。

⑦对 Web 服务器上系统文件的权限和属性做严格控制。

⑧Web 服务器本身会存在一些安全上的漏洞，需要及时进行版本升级更新。

2. Web 客户端的安全防护

Web 客户端的防护措施，重点对 Web 程序组件的安全进行防护，严格限制从网络上任意下载程序并在本地执行。具体方法有：

①在浏览器进行设置，如 Microsoft Internet Explorer 的 Internet 选项的高级窗口中将 Java 相关选项关闭。

②在安全窗口中选择自定义级别，将 ActiveX 组件的相关选项选为禁用。

③在隐私窗口中根据需要选择 Cookie 的级别。

④根据需要将 C：\ windows \ cookie 下的所有 Cookie 相关文件删除。

3. 通信信道的安全防护

通信信道的安全防护主要通过加密机制来保证传输数据的安全性，其具体措施有：

①在安全性要求较高的环境中，利用安全的 HTTPS 协议替代普通的 HTTP 协议。

②利用 IPSec 协议有效地保护 IP 数据包的安全。

③利用安全套接层协议 SSL 保证安全传输文件。SSL 通过在客户端浏览器软件和 Web 服务器之间建立一条安全通信信道，实现信息在 Internet 中传送的保密性和完整性。

6.3　电子邮件安全

随着 Internet 的发展，电子邮件以使用方便、快捷，容易存储，方便管理而很快被大众接受，已经成为传达信息的一种主要方式。但我们自以为很"秘密"的电子邮件，由于 Internet 的资源共享及网络协议本身的一些缺陷，实际上是公开的，所以其安全性应引起足够的重视。本节将首先介绍电子邮件的工作原理，再分析目前电子邮件存在的安全问题以及应对的措施，其中重点介绍安全电子邮件标准。

6.3.1 电子邮件的工作原理

Internet 的电子邮件与普通邮件类似，发信者注明收件人的姓名与地址（即邮件地址），发送方服务器把邮件传到收件方服务器，收件方服务器再把邮件发到收件人的邮箱中。电子邮件的传输过程如图 6-8 所示。

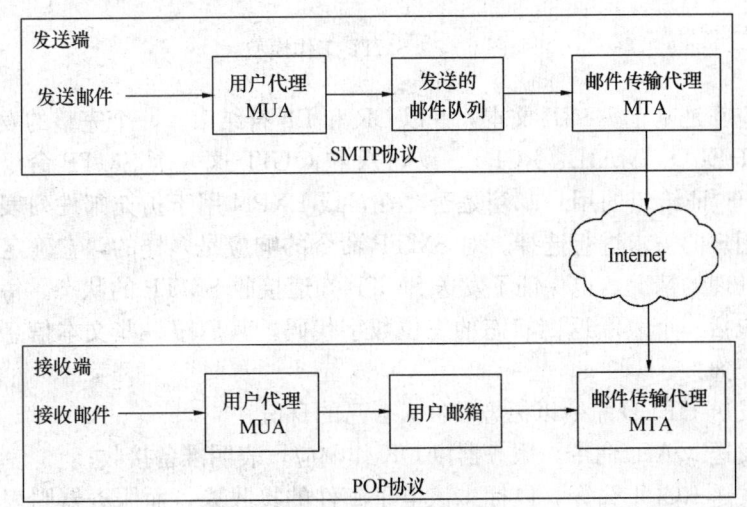

图 6-8　电子邮件的传输过程

MUA（mail user agent）为邮件用户代理，帮助用户读写邮件；MTA（mail transport agent）为邮件传输代理，负责把邮件由一个服务器传到另一个服务器或邮件投递代理；MDA（mail delivery agent）为邮件投递代理，把邮件放到用户的邮箱里。

发送端将电子邮件传输到接收端，包含以下 3 个过程：

①发信者使用邮件用户代理 MUA，将编辑好的邮件发给本地的邮件传输代理 MTA；

②本地 MTA 将本地邮件队列中的邮件通过网络中若干中继 MTA 传输到收件方用户本地的邮件传输代理 MTA；

③收件方本地的 MDA 将邮件最后存储到收件方的邮箱当中。

电子邮件在一个完整的从发送端到达接收端过程中，涉及的邮件发送协议有 SMTP，与邮件收取相关的协议有 POP 协议。

1. 简单邮件传输协议（simple mail transfer protocol，简称 SMTP）

SMTP 是一个在 Internet 上传输电子邮件的标准协议，规定了主机之间传输电子邮件标准交换格式和邮件的传输机制，遵循 1982 年发布的 RFC821 规范。SMTP 工作在两种情况下：一是电子邮件从客户端直接传输到目的服务器；二是从某一个服务传输到另一个服务，即以某个邮件服务器为中转站，先把邮件传送到中转站，再由中转站负责将邮件传输到目的服务器。

SMTP 基于客户/服务器模式工作，是一个请求/响应协议，如图 6-9 所示。首先，客户端与服务器建立连接，即客户端向服务器的 25 端口发送命令，服务器对请求进行判断后做出相应的应答。当客户端发起的连接请求被服务器接受后，就建立一条从客户端到服务器的 TCP 连接。其次，客户端与服务器之间通过 SMTP 命令的问答过程完成邮件的发送。

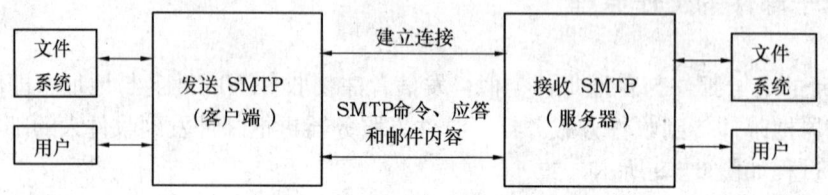

图 6-9　SMTP 工作模型

命令和响应都是基于 ASCII 文本，并以 CR 和 LF 符结束。一个完整的发送邮件过程必须按顺序发送 HELD、MAIL、RCPT、DATA 和 QUIT 这 5 个 SMTP 命令，而其他命令（如 VRFY 用于验证给定的用户邮箱是否存在，或 EXPN 用于扩充邮件列表）则不是必需的，可以根据用户的需求进行选择。对 SMTP 命令的响应是多样的，它确定了在邮件传输过程中请求和处理的情况，也保证了发送 SMTP 知道接收 SMTP 的状态。每个命令必须只有一个响应，包括一个表示返回状态的三位数字代码，其后跟一些文本信息。SMTP 发送邮件的具体过程为：

①客户端发送 HELD 命令以标志发件人自己的身份；

②客户端发送 MAIL 命令，服务器以 OK 作响应，表明准备接收；

③客户端发送 RCPT 命令，以标志该电子邮件的接收人，而服务器则表示响应是否愿意为收件人接收邮件；

④双方协商结束，客户端用 DATA 命令发送邮件；

⑤用 QUIT 命令退出。

2. 邮局协议 POP（post office protocol）

POP 用于电子邮件的接收，现在常用的是第三版，简称为 POP3，遵循 1996 年发布的 RFC1939 规范，是 Internet 电子邮件的第一个离线协议标准。其功能主要是提供信息存储，负责从邮件服务器上取回电子邮件，并保存收到的电子邮件。此外，它还允许用户从服务器上把邮件存储到本地主机（即自己的计算机）上，同时删除保存在邮件服务器上的邮件。

POP3 仍采用客户/服务器工作模式，其邮件接收过程可分为 2 个阶段：

（1）客户端与服务器建立连接，即客户端向服务器的 110 端口发送连接请求，若服务器应答该请求，则连接建立成功。

（2）客户端与服务器之间通过 POP3 命令的问答过程完成邮件的收接，其过程为：

①鉴别过程，客户对服务器标志自己。客户端分别使用 USER 和 PASS 命令将邮箱的账号和密码传给服务器。如果鉴别成功，则服务器就打开客户的邮箱，会话进入处理过程。

②处理过程，客户请求服务器提供邮件信息或完成操作。客户端使用 STAT 命令请求服务器返回邮箱的统计资料，比如邮件总数和邮件大小等。再使用 RETR 命令接收邮件，接收一封后便使用 DELE 命令将邮件服务器中的邮件置为删除状态。

③更新过程，会话结束。客户端使用 QUIT 命令中断连接，同时邮件服务器便会将置为删除标志的邮件删除。

6.3.2 电子邮件的安全问题

在电子邮件越来越多地被应用到工作和生活中的同时，邮件系统的安全问题也越来越突出，主要表现在两个方面：一是邮件可能给系统带来的不安全因素，即利用电子邮件作为传播手段的威胁，如通过邮件传输病毒，发送垃圾邮件（网络钓鱼邮件等）、邮件轰炸等；二是邮件内容本身的隐私性，由于邮件传输协议 SMTP 以及电子邮件接收客户端软件所存在的安全漏洞引起的如窃取电子邮件密码、截取发送邮件内容、邮件发送接收可以抵赖等问题。下面主要针对邮件病毒、垃圾邮件、邮件轰炸、SMTP 协议以及电子邮件接收客户端软件的安全漏洞等方面进行介绍。

1. 邮件病毒

电子邮件可通过附件的形式传送文档，而附件可能是 Word 文档或 EXE 可执行文件等，其中 Word 文档易带宏病毒，EXE 文件可带病毒种类更多，所以恶意者可以通过电子邮件附带的文档传播病毒。

2. 垃圾邮件

垃圾邮件是指向新闻组或他人电子信箱发送的未经用户准许、不受用户欢迎的、难以退掉的电子邮件或电子邮件列表。垃圾邮件可以说是 Internet 带给人类的副产品，其危害主要有：

①占用网络带宽，造成邮件服务器拥塞，降低了整个网络的运行效率；

②侵犯收件人的隐私权，侵占收件人信箱空间，耗费收件人的时间、精力和金钱；

③严重影响 ISP 的服务形象；

④被黑客利用成为助纣为虐的工具；

⑤妖言惑众、骗人钱财、传播色情等内容。

3. 邮件轰炸

邮件轰炸是指向某个特定的电子邮件地址发送大量的垃圾邮件，导致接收者无法正常接收其他邮件或引起接收者的系统瘫痪。邮件炸弹不仅会干扰用户电子邮件系统的正常使用，甚至还能影响到邮件系统所在的服务器系统的安全，造成整个网络系统全部瘫痪。

4. SMTP 的安全漏洞

电子邮件在网络上传输时，一般采用的是简单邮件传输协议 SMTP，该协议在发送邮件时需要不同的邮件服务器进行转发，这种转发过程一直持续到电子邮件到达最终接收主机。由于邮件在传输的过程中，数据没有经过任何加密，因此攻击者在电子邮件数据包经过这些邮件服务器的时候把他截取下来，获得这些邮件的信息，然后按照数据包的顺序重新还原成发送者发送的原始文件。而邮件发送者发送完电子邮件后，无法确定在经过这些邮件服务器时信息是否被截获。

5. 电子邮件接收客户端软件的安全漏洞

攻击者可以利用电子邮件接收客户端软件（如 Outlook 和 Foxmail）的设计缺陷所造成的安全漏洞来传播病毒和木马程序，主要表现在以下几个方面：

①当病毒通过电子邮件感染本机时，通常会自动打开其客户端软件的地址簿，将自己发送到被攻击者地址簿上的每一个电子邮箱中，使所有收信人的主机感染病毒；

②攻击者利用电子邮件接收客户端软件的漏洞来编制特殊的代码，即使被攻击者收到邮件后不打开附件，也可自动运行病毒文件；

③电子邮件接收客户端软件都可以为不同的使用者建立不同的账户，每个账户可以拥有自己的口令来保护自己的信箱。但是这些口令保护并不安全，有方法可以轻松绕过口令保护进入别人的信箱，对别人的隐私带来危害。

6.3.3　电子邮件的安全技术

电子邮件已成为人们工作和生活中传递信息的有效工具，它在 Internet 上从一个机器传输到另一个机器，而在传输的过程中，网络上的任一系统管理员或黑客都有可能截获和更改该邮件，甚至伪造电子邮件。如何保证电子邮件本身的安全以及电子邮件对系统安全性的影响越来越重要。目前，解决电子邮件的安全问题可以从以下方面来考虑：

1. 身份认证技术

电子邮件的认证主要包括邮件转发认证和邮件收发人认证两个过程。邮件转发认证过程是要求转发邮件时，必须经过认证，而不是开放转发。而邮件收发人认证是指在用户要求接收或发送邮件时，必须经过身份认证，以避免邮件在邮箱中被窃取。

2. 加密、签名技术

在邮件传输过程中，还需要采用加密和签名技术来保障重要邮件的保密性和完整性。由于电子邮件已逐渐成为商务信函的重要形式，因此，在必要时还要进行发送和接收方签名，以防止否认。目前同时保证电子邮件的保密性、完整性和不可否认性可采用已成熟的安全标准 PGP 和 S/MIME 等来实现。

3. 过滤技术

过滤技术主要包括协议过滤技术、邮件病毒过滤技术和垃圾邮件过滤技术等。

（1）协议过滤技术。为了防止邮件账号远程查询，要对 SMTP 的协议应答进行处理，如对 VERY、EXPN 等命令不予应答或无信息应答。

（2）邮件病毒过滤技术。在邮件服务器上安装邮件病毒过滤软件，使大部分邮件病毒在邮件分发时被分检过滤。同时邮件客户端也安装防病毒软件，以便在邮件打开前查杀病毒。

（3）垃圾邮件过滤技术。在某种意义上，消除垃圾邮件最好的终极解决方案可能是通过立法来制止这种行为。然而，在法律还未完善期间，可以通过垃圾邮件过滤技术对电子邮件进行过滤，即根据制定的规则来区分不同的邮件，例如：根据邮件的发送者地址或邮件的主题进行判断是否接收或拒绝；邮件主机系统管理员可以在电子邮件服务程序中设置拒绝接收指定条件的邮件；用户可以在电子邮件客户程序中设定过滤，拒绝查看来自某个具有恶意地址的邮件。

4. 防火墙技术

设立内、外部邮件服务器，并在两个服务器之间设立防火墙。外部邮件服务器负责对外部邮件的传输收发，而内部邮件服务器才是真正的用户邮件服务器。所有来自公网上的邮件操作均止于外部邮件服务器，再由外部服务器转发，这样可以将真正的邮箱服务器与公网隔离，从而保护内部邮件服务器的安全。

电子邮件的安全不仅要从技术角度去解决，而且需要用户安全使用邮件来保证，如不随意公开自己的信箱地址、隐藏电子邮件地址、谨慎使用自动回信功能以及拒绝"饼干"（cookie）信息等方法。

6.3.4　安全电子邮件标准

目前已经出现了很多与电子邮件安全相关的协议与标准，如 PEM（privacy enhanced mail）、MOSS（MIME object security services）、PGP（pretty good privacy）和 S/MIME（secure/multipurpose Internet mail extensions）。其中 PEM 是最早出现的电子邮件安全标准，他采用非常简单的信息格式来实现文本信息的保密性且基于层次的信任关系进行邮件安全认证。由于这种严格的信任模型需要所有参与认证的个人必须相互认识并予以对方信任，对那些大规模的企业或组织来说难以接受。MOSS 是 PEM 的一种新的版本，MOSS 在安全邮件的处理上又走入了另一个极端，它的信任机制过于简单，因此也没有得到广泛的支持。

S/MIME 和 PGP 是目前应用比较广泛的安全邮件标准，它们都是 IETF 工作组推出的电子邮件安全标准，其中 S/MIME 侧重于作为商业和团体使用的工业标准，而 PGP 则倾向于为许多用户提供电子邮件的安全性。

6.3.4.1　PGP 标准

PGP 是由美国 Philip Zimmermarm 设计的一种免费保护电子邮件程序，是专门针对电子邮件在 Internet 上通信的安全问题而设计的一种混合加密系统，即将 RSA 公钥体制和传统加密体系相结合，主要包括单钥密码（IDEA）、双钥密码（RSA）、单向杂凑算法（MD5）和一个随机数生成算法 4 个密码单元，可以在电子邮件和文件存储应用中提供认证和保密服务。

在 PGP 系统中，用户需要拥有一张公钥列表，表中含有其他用户的名称、公钥、电子邮件地址等信息。用户对自己的公钥列表签名，防止公钥列表在网上传送时被恶意破坏。用户对列表中的每一组信息都定义一个信任属性，以标志该组信息的信任等级。属性值有 4 类：完全信任、部分信任、不信任和信任度不可知。信任度不可知的意思是无法确定信任度，在使用中等同于不信任。用户之间可以交换各自的公钥列表，从而建立起 PGP 信任网络。

PGP 主要提供五种功能来保证电子邮件的安全，即使用认证、保密、压缩、电子邮件兼容性以及分段和组装电子邮件。各功能所采用的算法如表 6-1 所示。

表 6-1　PGP 使用的算法

功能	使用的算法	描　　述
认证	SHA、DSS、RSA	利用 SHA-1 产生消息的 Hash 码，并用发送方的私钥将此消息摘要和消息通过 DSS 或 RSA 签名
保密	CAST、IDEA、3DES、RSA	先用发送方生成的一次性会话密钥通过 CAST-128 或 IDEA 或 3DES 算法对消息加密；再用接收方公钥通过 RSA 算法加密一次性会话密钥及消息密文

续表

功能	使用的算法	描　述
压缩	ZIP	消息在传送或存储时可用 ZIP 压缩
电子邮件兼容性	Base64 码转换	为了对电子邮件应用提供透明性，一个加密消息可以用 Base64 码转换为 ASCIl 码
分段和组装	/	为了符合最大消息尺寸限制，需对消息执行分段和重新组装

消息在发送时先选择是否签名，再进行压缩，然后选择是否加密，再进行 Base64 变换，最后选择是否分段并输出。消息在接收时为发送的逆过程，如果消息被分段则选择段重组，再进行 Base64 逆变换，然后判断是否加密，如果加密则选择解密，再进行解压缩，最后判断是否签名，如果签名则选择验证签名并输出。

1. 认证

在公开发表声明时，PGP 只采用数字签名技术来保证声明人的真实身份，即用自己的私钥签名。这样就可以让收件人能确认发信人的身份，也可以防止发信人抵赖自己的声明。PGP 采用数字签名技术提供认证的过程如下：

①发送方创建消息；

②用 SHA - 1 生成消息摘要；

③用发送方的私钥按 RSA 加密消息摘要，并将结果放入消息；

④接收方使用发送方的公钥按 RSA 解密，恢复消息摘要；

⑤接收方从消息中生成新的消息摘要并与解密得到的消息摘要比较，如果匹配，则接收的消息是真实的。

SHA - 1 和 RSA 的组合提供了一种有效的数字签名模式，其中 RSA（或 DSS）保证接收方确信只有私钥的拥有者才能生成签名，而 SHA - 1 保证接收方确信其他人不可能生成与该散列编码匹配的消息，从而确保是原始消息的签名。

2. 保密

PGP 的另一个基本功能是保密，通过对称加密体制和公钥体制相结合对要传递的消息或要存储的本地文件实施加密，其中利用对称加密体制对消息进行加密，利用公钥体制对加密消息的密钥进行加密，且该密钥为一次性密钥。PGP 保密通信的过程如下：

①发送方生成消息和一次性会话密钥；

②用一次性会话密钥按 CAST - 128（或 IDEA、3DES）加密消息；

③用接收方公钥按 RSA 加密一次性会话密钥，并放入消息中；

④接收方使用其私钥按 RSA 解密恢复出一次性会话密钥；

⑤使用一次性会话密钥解密消息。

PGP 的加密机制使用公钥算法解决了会话密钥的分配问题，因为只有接收方能恢复绑定在消息中的会话密钥，避免了执行交换密钥的握手协议。另外，采用每次加密的密钥不同，且密钥之间没有联系，提高了电子邮件的安全。

此外，PGP 也可以将保密和认证两种功能同时用于一个消息，既保证了消息的可认证性又保证了消息的保密性。其过程通常为：发送方首先用自己的私钥加密签名消息，然后用会话密钥加密消息和签名，再用接收方的公钥加密会话密钥。

3. 压缩

PGP 在加密消息前使用 ZIP 算法进行预压缩处理。由于压缩后的消息再经过 Base64 变换有可能比原消息更短，这样就节省了网络传输的时间和存储空间。另外，明文消息经过压缩，相当于经过一次变换，加强了明文消息抵御攻击的能力。

4. 电子邮件兼容性

使用 PGP 时，至少传输报文的一部分需要加密，而得到的部分或全部块由任意的 8b 比特流组成。然而，许多电子邮件系统仅仅允许使用由 ASCII 码组成的块。为了适应这个限制，PGP 提供了 Base64 变换转换方案，将 8b 比特流转换为可打印的 ASCII 码字符。

5. 分段和组装

在 Internet 上提供的电子邮件工具通常将消息的最大长度限制在 50 000B。为了适应这个限制，当消息大于最大长度限度时，PGP 将对其自动分段。分段是在所有处理之后进行的，故会话密钥和签字只在第一段开始部分出现。在接收端，PGP 将各段自动重组为原来的消息。

PGP 主要面向个人应用且得到了广泛使用，这是因为：它可以免费运行于多种平台上；所用算法已被广泛检验过，相当安全；不为任一政府和标准化组织所控制，得到了广泛信任。

6.3.4.2　S/MIME 标准

S/MIME 是由 RSA 实验室在 1996 年开发的，是对 MIME 电子邮件格式的安全扩充，用于发送和接收安全 MIME 数据的协议。在 MIME 协议的基础上，S/MIME 增加了两类安全特性：通过数字签名，可以验证数据来源的真实性、检查数据的完整性，并且签名具有不可抵赖的特点；通过加密，可以保证数据的保密性。S/MIME 也支持以上两种安全特性的复合。

S/MIME 从一般功能上讲与 PGP 非常相似，也利用单向散列算法、对称加密和公钥加密体制来实现对邮件的加密和签名。但它与 PGP 主要有以下不同：

(1) 信任模型。S/MIME 所定义的信任关系是基于树状结构，即依赖于层次结构的证书认证机构，由认证机构 CA 统一管理，所有下一级的组织和个人证书由上一级的组织负责认证，而最上一级的组织（根证书）之间相互认证。PGP 所定义的信任关系构成网状结构，即通过用户双方之间的直接关系获得信任，或是通过第三者、第四者的间接关系，但任意两方之间都是对等的。

(2) 证书格式。S/MIME 将信件内容加密签名后作为特殊的附件传送，即采用了 IETF 的 X.509v3 证书格式。而 PGP 规范了在两个实体间传递 PGP 公钥（或称证书）的数据格式。两者存在明显的不同。

(3) 消息格式。PGP 的消息格式基于 RFC2440，而 S/MIME 则基于 RFC2630 (CMS)。另外，在 MIME 封装格式上，PGP 基于 RFC3156，而 S/MIME 则基于 RFC2633 和 RFC2630。两者在消息格式上是互不兼容的。

(4) 加密算法。两者在算法上的差异相对来说不是很大，但在具体方面仍有不同。S/MIME 所采用的算法如表 6-2 所示，而 PGP 所采用的算法如表 6-1 所示。

表 6 - 2   S/MIME 使用的算法

功　　能	算　　法
产生消息摘要	SHA - 1、MDS
加密消息摘要，形成数字签名	RSA、DSS
加密会话密钥	Diffie - Hellman、RSA
加密消息	3DES、RCZ/403

另外，S/MIME 在安全方面的功能又进行了扩展，可以使用 3 种可选的增强安全服务来扩展当前的 S/MIMEv3 安全性。

（1）签名收据。签名收据是一种可选的服务，仅用于签名的数据。它考虑的是消息发送的证明，通过收据为发送者提供了一种向第三方出示证明的手段，即接收者不仅收到了消息，而且验证了初始消息的数字签名。

（2）安全标签。安全标签可以通过以下 2 种方式来使用：最容易识别的方法就是描述数据的敏感级，即使用一个分级的标签列表如机密、秘密、限制等。另一种是使用标签来控制授权和访问，描述哪一类接收者可以访问数据。

（3）安全邮件列表。当某一个特定消息的接收者数目增加时，通过安全邮件列表，发送代理可以接收一个单独的消息并针对每一个接收者完成特定于接收者需求的加密或签名。

6.4　电子商务安全

随着 Internet 和 IT 的迅猛发展，电子商务因其自身独有的特点与优势，逐渐成为进行商务活动的新模式，为全球客户提供了丰富的商务信息，便捷的交易过程和廉价的交易成本。但是，电子商务给人们带来方便的同时，也把人们引入了安全忧虑之中。买方担心在网络上传输的信用卡及个人资料被截取；卖方则担心收到的是被盗用的信用卡号码，或者交易不认账等，这些存在的安全漏洞问题已成为阻碍网上交易发展的首要问题。相对于传统商务，电子商务对管理机制、实施平台和信息传递技术都提出了更高的要求，如何建立一个安全、快捷、便利的电子商务应用环境，对信息在网络上的传输提供足够的保护，已成为商家和用户都非常关心的话题。本节将分析电子商务存在的安全问题及相应的安全技术，重点介绍保障电子商务交易过程安全的 SET 协议。

6.4.1　电子商务概述

网络时代的到来已经是不争的事实，Internet 正以前所未有的速度渗透到人们的生活、工作和学习之中。在这个时代，Internet 作为媒体或者作为人际社区都只是冰山一角，作为商业渠道才是庞大的冰山本身。随着网络技术的普及和上网人数的增加，一个以 Internet/Intranet 为构架，以交易双方为主体，以银行在线支付和结算为手段，以客户数据为依托的全新的商业模式——电子商务正在成为 21 世纪的商业模式发展方向。

6.4.1.1 电子商务的发展历程

电子商务最早产生于 20 世纪 60 年代，在 90 年代得到迅速发展，电子商务的发展大致经历了以下 3 个阶段：

（1）第一阶段主要是基于专用网的传统电子商务发展阶段。传统电子商务所采用的方式主要包括：电子数据交换（electronic data interchange，简称 EDI）、传真通信（fax communication）、IC 卡、自动支付机（ATM）、信用卡等。这些方式大多采用基于增值网（VANS）的专用通信网来实现，即商业交易信息（如发票和订单）以一种业界认可的标准方式在计算机与计算机之间进行传输。尽管它们与以手工处理信息为主的传统商业相比，具有交易错误减少和处理时间缩短等优势，但存在以下缺点：成本高，构建专用的增值网络需要花费一大笔投资，另外交易终端需要分布式软件，这种软件既昂贵又复杂，给参与者增添了很大的负担；互通性差，对订货和发票等采用批处理方式，影响了实时生产、采购和定价。

（2）第二阶段主要是基于 Internet 的现代电子商务发展阶段。直到 20 世纪 90 年代，随着基于 WWW 的 Internet 技术的飞速发展，且 Internet 开始真正应用于商业交易，电子商务才日益蓬勃起来，并成为 90 年代初期美国、加拿大等发达国家的一种崭新的企业经营方式。Internet 比 VAN 的成本低，及时性和互通性好。人们可以通过 WWW 查看各个公司所建立的 Web 页面，提供高速、全球分布式在线广告、产品目录、服务项目、有关文本和图表等。这就为现代电子商务的发展提供了新的、坚实的物质基础。

（3）第三阶段主要是基于"三网融合"（Internet、电信网和电视网）的全新电子商务发展阶段。3G 时代的来临以及国家"三网融合"的推进，使得电子商务依托的网络平台不仅仅只是 Internet 平台，移动网和电视网也将成为电子商务运营的重要平台。电子商务以"Internet、电信网、电视网"为运行平台，能够直接连接计算机、手机和电视 3 个终端，保证了电子商务过程中资金流、信息流和物流的全面畅通，让企业在商品供应链、在线管理、移动应用、营销推广与在线电子商务服务整合为一体，为企业实体经济与线上虚拟经济搭建起全程沟通和服务的桥梁，从而形成全网电子商务的全程运营服务体系。

6.4.1.2 电子商务的定义和特点

国际商会于 1997 年 11 月，在巴黎举行了世界电子商务会议。全世界商业、信息技术、法律等领域的专家和政府部门的代表，共同探讨了电子商务的概念问题。这是迄今为止电子商务最有权威的概念阐述：电子商务（electronic commerce）是指实现整个贸易过程中各阶段的贸易活动的电子化。

可以从两个方面进行定义：从涵盖范围方面可以定义为，交易各方以电子交易方式而不是通过当面交换或直接面谈方式进行的任何形式的商业交易；从技术方面可以定义为，电子商务是一种多技术的集合体，包括交换数据（如电子数据交换、电子邮件）、获得数据（共享数据库、电子公告牌）以及自动捕获数据（条形码）等。

电子商务涵盖的业务包括：信息交换、售前售后服务（提供产品和服务的细节、产品使用技术指南、回答顾客意见）、销售、电子支付（使用电子资金转账、信用卡、电子支票、电子现金)、运输(包括商品的发送管理和运输跟踪,以及可以电子化传送的产品的实际发送)、组建虚拟企业(组建一个物理上不存在的企业,集中一批独立的中小公司的权限,提供比任何单独公司多得多的产品和服务)、公司和贸易伙伴可以共同拥有和运营共享的商业方法等。

虽然电子商务的定义很多,但从本质上来看,大家一致认为电子商务就是在网上(主要指 Internet)进行商务活动。因此,网络(交易载体)是分析电子商务特点的最根本的一个视角。从网络角度来看,电子商务表现出一些与 Internet 相关的特点:

(1) 信息化。电子商务是以信息技术为基础的商务活动,它的进行须通过计算机网络系统来实现信息交换和传输。由于计算机网络系统是融数字化技术、网络技术和软件技术为一体的综合系统,因此电子商务的实施和发展与信息技术的发展密切相关,也正是信息技术的发展推动了电子商务的发展。

(2) 虚拟性。Internet 突破了时间和空间的限制,使得电子商务的交易活动可以在任何时间、任何地点进行,即处于世界任何角落的个人、公司或机构,可以通过 Internet 紧密地联系在一起,建立虚拟社区、虚拟公司、虚拟政府、虚拟商场、虚拟大学或者虚拟研究所等,以达到信息共享、资源共享、智力共享等,从而实现过去在实物市场中无法完成的交易。

(3) 全球性。作为电子商务的主要载体,Internet 是全球开放的,开展电子商务可以不受地理位置限制,它面对的是全球性统一的电子虚拟市场。

(4) 平等性。电子商务使企业可以用很低的成本进入全球电子虚拟市场,使得中小企业有可能拥有和大企业一样的信息资源,能平等地参与市场竞争和获取市场机会,从而提高了中小企业的竞争能力。

(5) 社会性。电子商务的应用发展除了要应用各种有关技术和其他系统的协同处理来保证交易过程的顺利完成,还涉及许多社会性的问题。例如商品和资金流转的方式变革;法律的认可和保障;政府部门的支持和统一管理;公众对网上电子购物的热情和认可,等等。如果缺少任意一个环节(如电子商务交易纳税等敏感问题),势必制约甚至妨碍电子商务的发展。

6.4.1.3　电子商务的分类

按电子商务应用服务的领域范围的不同,可将电子商务分为 4 类,即企业对消费者、企业对企业、企业对政府机构和消费者对政府机构的电子商务:

(1) 企业对消费者的电子商务(business to customer,B2C)。他是从企业到终端客户(包括个人消费者和组织消费者)的业务模式。企业通过 Internet 为消费者提供一个新型的购物环境——网上商店,消费者通过网络购物和支付。由于这种模式节省了客户和企业双方的时间、空间,大大提高了交易效率,节省了各类不必要的开支,因而,这类模式得到人们的认同,获得迅速的发展。

(2) 企业对企业的电子商务(business to business,B2B)。企业与企业之间通过 Internet 进行产品、服务及信息的交换。通俗的说法是指进行电子商务交易的供需双方都是商家(或企业、公司),他们使用 Internet 的技术或各种商务网络平台,完成从定购到结算的全部交易行为,包括发布供求信息,订货及确认订货,支付过程及票据的签发、传送和接收,确定配送方案和监控配送过程，以及在商贸过程中发生的其他问题，如索赔、商品发送管理和运输跟踪等。

（3）企业对政府机构的电子商务（business to government，B2G）。企业与政府之间进行的各种手续的报批，政府通过 Internet 发布采购清单，企业以电子化方式响应；通过网上竞价方式进行招标，企业也要通过电子的方式进行投标；政府在网上以电子交换方式来完成对企业和电子交易的征税等。

（4）消费者对政府机构的电子商务（customer to government，C2G）。指的是政府对个人的电子商务活动，例如福利发放和个人税收的征收等方面。

6.4.2　电子商务的安全问题

电子商务的一个重要技术特征是利用 IT 来传输和处理商业信息。因此，电子商务的安全问题包括 2 个方面：计算机网络安全和商务交易安全。

1. 计算机网络安全

计算机网络安全的内容包括：计算机网络设备安全、计算机网络系统安全、数据库安全等。其特征是针对计算机网络本身可能存在的安全问题，实施网络安全增强方案，以保证计算机网络自身的安全性为目标。

2. 商务交易安全

商务交易安全则紧紧围绕传统商务在 Internet 上应用时产生的各种安全问题，如交易的安全性、可靠性和匿名性等。因此，在计算机网络安全的基础上，为了保证电子商务整个交易活动的安全顺利进行，电子商务系统必须解决以下基本的安全问题：

（1）有效性。有效性主要是对交易信息真伪进行鉴别，如贸易数据在确定的时刻、确定的地点是否有效。电子商务以电子形式取代了传统的纸面贸易，其电子形式的贸易信息的有效性将直接关系到个人、企业或国家的经济利益和声誉，因此它是开展电子商务的前提。

（2）保密性。保密性既能保证信息不被泄露给非授权的人或实体，又能在网络交易过程中保证发送者和接收者之间交换信息的保密性。传统的纸面贸易都是通过邮寄封装的信件或通过可靠的通信渠道发送商业报文来达到保守机密的目的，而电子商务系统运行在开放的网络环境，其交易信息直接代表着个人、企业或国家的商业机密（如资金账户、密码、订货信息和付款信息等）。当这些信息在网络上以明文形式进行传送时，很容易被恶意者获取，造成网上传输信息泄密。因此交易双方的商务信息在电子系统下必须是保密的，以保证双方交易的正常进行。

（3）完整性。完整性是指保护信息以防止未经授权的增删、修改或替代，同时保证信息的一致性。同传统商务相比，电子商务简化了交易过程、减少了人工干预，同时也带来了交易各方数据信息完整性与一致性的维护问题，如在数据传输过程中的信息丢失、信息重复或信息传送次序的差异，导致交易各方的信息保存不一致；数据输入时的意外差错或交易一方的故意欺诈行为，导致交易数据的存储差异而引发数据信息的完整性与一致性问题。由于贸易各方信息的完整性将影响到贸易各方的交易和经营策略，因此，保证贸易各方信息的完整性是电子商务安全应用的基础。

（4）认证性。认证性是指确定进行交易的贸易方正是交易所期望的贸易方，使交易双方能够在相互不见面的情况下确认对方的身份。传统交易是消费者和商户面对面进行，不存在身份确认的问题，而在电子商务中，企业或个人的交易通常都是在虚拟的网络环境中进行，攻击者可以冒充合法用户发送假冒的信息或者主动获取信息，而远程用户通常很难分辨。因此，电子商务在网上进行交易时，首先必须对交易各方的身份加以确认，有效地预防和杜绝欺诈行为的发生，从而保证电子商务顺利进行。

（5）不可抵赖性。不可抵赖性是为了防止数据发送方在发出数据后又加以否认，同时防止接收方在收到数据后又否认曾收到过此数据及篡改数据等。在传统贸易中，贸易双方通过纸质文件上的手写签名或印章来鉴别贸易伙伴，防止抵赖行为的发生，而在无纸化的电子商务方式下，通过手写签名和印章进行贸易方的鉴别已是不可能的。因此，应在交易信息的传输过程中，为参与交易的个人、企业或国家提供可靠的标志，解决电子商务中因双方否认而产生的争议。

　　　　计算机网络安全与电子商务交易安全实际上是密不可分的，两者相辅相成，缺一不可。没有计算机网络安全作为基础，商务交易安全就犹如空中楼阁，无从谈起。没有商务交易安全保障，即使计算机网络本身再安全，仍然无法达到电子商务所特有的安全要求。

6.4.3　电子商务的安全措施

电子商务安全问题的全面解决，必须从技术、管理和法律等几个方面全盘考虑综合治理。其中技术方法是电子商务各种安全问题得以解决的重要手段，需要建立一套有效的计算机网络安全与保密体系，包括硬件系统和软件系统的全面防范措施；管理制度是电子商务系统运行安全的必要保证，通过制定严密的管理制度，规范电子商务交易活动中的各种行为，使电子商务交易标准化、制度化和规范化。法律法规是进一步加强电子商务安全的重要保障，在法律体系上要建立一套完整的电子商务法律框架，制定和完善各项具体的法律法规。技术、管理和法律三者相辅相成、缺一不可，共同保证电子商务的可靠安全运行。

6.4.3.1　电子商务的安全技术

电子商务系统是依赖网络实现的商务系统，需要利用 Internet 基础设施和标准，涉及从通信协议到应用集成的广泛领域，套用国际标准化组织 ISO 的开放系统互联 OSI 七层协议模型，并相应地将各安全技术映射到对应层次中，构建电子商务安全体系结构，如图 6 - 10 所示。

电子商务安全体系由网络服务层、加密技术层、安全认证层、安全协议层、应用系统层组成，是保证电子商务中数据安全的一个完整逻辑结构。各层相互联系、相互依赖，其中下层是上层的基础，为上层提供技术支持，而上层是下层的扩展与递增。通过不同的安全控制技术，实现各层的安全策略，有效保证了电子商务系统的安全。

（1）网络服务层。网络服务层通过提供信息传送的载体和用户接入的手段及安全通信服务来保证网络最基本的运行安全，它是电子商务系统安全的基础。网络服务层所采用的安全技术涉及的方面较广，如防火墙、入侵检测、主机监控、漏洞扫描、病毒防护以及各种反黑客技术等。

（2）加密技术层。加密技术层是通过一定的加密算法将网上传输的交易信息变换成不可读的密文，防止信息的非授权泄露，用于满足电子商务对保密性的需求。因此，它是保证电子商务系统安全所采用的最基本的安全措施。

（3）安全认证层。安全认证层通过对加密技术层中提供的多种加密算法进行综合运用，进一步满足电子商务对完整性、不可否认性、认证性的要求，它是保证电子商务安全的又一必要手段。安全认证层主要采用的技术有消息摘要、数字签名、数字时间戳、CA 认证等。

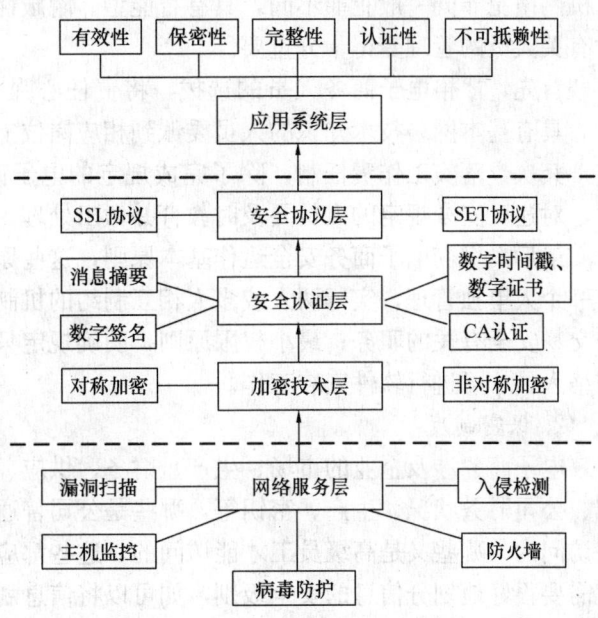

图 6 - 10 电子商务安全体系结构

（4）安全协议层。安全协议层是加密技术层和安全认证层的安全控制技术的综合运用和完善，交易双方通过遵照统一的安全标准协议来实现安全的电子商务交易。目前比较成熟的安全协议主要有 SSL（secure sockets layer，安全套接层协议）和 SET（secure electronic transaction，安全电子交易协议），其中 SET 协议是专门为电子商务交易而开发的安全协议。

（5）应用系统层。应用系统层是为各种电子商务系统提供应用接口。通过网络服务层、加密技术层、安全认证层和安全协议层的安全控制技术，有效保证应用层电子商务系统的安全，即要求电子商务系统应具备以下安全需求：防止交易信息被非法截获或读取的保密性；防止交易过程被跟踪的匿名性；防止交易信息丢失并保证信息传递次序统一的完整性；防止假冒身份在网上交易、诈骗的认证性；防止交易各方对已做交易的不可否认性等安全需求。

6.4.3.2 电子商务的安全管理制度

电子商务的安全管理制度是指用文字形式对各项安全要求所作的规定，它是保证企业电子商务取得成功的重要基础工作，是企业电子商务人员安全工作的规范和准则。企业在参与电子商务开始，就应当考虑逐步形成一套比较完整的、适应于网络环境的安全管理制度。其范围大体应包括：人员管理制度，保密制度，跟踪、审计、稽核制度，系统维护制度和应急措施等。

1. 人员管理制度

电子商务是一种高智商管理型的劳动。从事电子商务的人员，一方面必须具有商务的知识和经验，另一方面，还必须具有相应的信息技术知识和网络操作技能。由于电子商务人员在很大程度上支配着市场经济下的企业命运，他们面临着防范严重的网络犯罪的任务。而计算机网络犯罪同一般犯罪不同，具有智能型、隐蔽性、连续性、高效性的特点，因而，加强对有关人员的管理变得十分重要。

首先，严格电子商务人员的选拔，将责任心强、讲原则、守纪律、了解市场、懂得商务、具有基本网络技术知识的人员委派到相应岗位上。

其次，落实工作责任制，除了完成规定的电子商务工作职责外，要求严格遵守安全制度，对违反安全规定的人员要及时教育并做出处理。

最后，贯彻电子商务安全运作基本原则，这些原则包括多人负责原则，重要业务不要安排一个人单独管理，实行两人或多人相互制约的机制；任期有限原则，任何人不得长期担任与交易安全有关的职务；最小权限原则，明确规定只有网络管理员才可进行物理访问，只有网络人员才可进行软件安装工作。

2. 保密制度

电子商务涉及企业的市场、生产、财务、供应、营销、仓储等多方面的机密，如客户隐私、公司财务状况、生产、密钥等，哪些是公司普通员工可以访问的，哪些是可以让客户随意访问的，哪些又是高级员工才能访问的，这些都应该通过保密制度明确规定下来。保密制度需要很好地划分信息的安全级别，如可以将信息划分为绝密级、机密级和秘密级等，根据不同级别确定相应的保密措施。

3. 跟踪、审计、稽核制度

跟踪制度是以系统自动生成日志文件的形式来记录系统运行的全过程。日志信息可以对系统的运行监督、维护分析、故障恢复，对防止案件的发生或在发生案件后为侦破提供监督数据，都可以起到非常重要的作用。审计制度是通过对系统的日志文件进行检查和审核，及时发现异常状况，监控和捕捉各种安全事件，并保存、维护和管理系统日志。稽核制度是指工商管理、银行、税务人员利用计算机及网络系统，借助于稽核业务应用软件调阅、查询、审核、判断辖区内各电子商务参与单位业务经营活动的合理性、安全性，堵塞漏洞，保证电子商务交易安全，发出相应的警示或做出处理处罚的有关决定的一系列步骤及措施。

4. 系统维护制度

系统维护制度主要包括系统硬件和软件的日常管理与维护。管理与维护的硬件主要指通信中的服务器和客户机、通信通道以及通信通道上的网络设备。管理员可以采用手工操作方式或者安装相应的管理软件实现自动管理和维护。所管理与维护的软件是指操作系统和应用软件两类。对于操作系统，管理员一般通过定期清理日志文件、临时文件，整理文件系统和检测服务器上的活动状态、用户注册数，处理运行中的死机情况等来进行维护。而对于应用软件的管理和维护工作主要是进行版本控制。

5. 应急措施

应急措施是指在计算机灾难事件发生时，利用应急计划、辅助软件和应急设施，排除故障和灾难，保障电子商务系统继续运行或紧急恢复所需要的策略。应急的方案应该在启动电子商务业务之初就制定，这样一旦意外发生，可尽快速恢复系统的正常运行，保证交易的正常进行。

6.4.3.3　电子商务的法律法规

系统安全专家从各个角度开发了许多电子商务交易安全的技术保障措施，而且针对电子商务的管理人员制定了安全工作的规范和准则，但是仍然不能保障电子商务的安全性，必须制定相应的法律保障措施。

（1）电子商务安全交易的需要。电子商务交易安全的保护涉及两个方面：①电子商务交易是一种商品交易方式，它的安全问题应当通过民商法方面加以保护；②电子商务是通过计算机及其网络来实现的，它的安全依赖于计算机自身及其网络的安全程度。目前我国在这两个方面的法律制度还不完善，因而需要从商品交易和计算机网络技术相结合的新角度制定相应的法律规范。

（2）电子商务安全支付的需要。电子支付不同于传统的支付方式，还涉及第三方银行的责任，因而需要制定相应的法律规范来明确电子支付的当事人，包括支付人、收款人和银行之间的法律关系，认可电子签名的合法性。

目前，我国针对电子商务的法律制度尚不完善，还没有统一的《电子商务法》，然而2004 年开始，我国电子商务政策法律的建设走入了一个新的阶段，即从国家层面、从各部委的层面、从各省市的层面来看，整个电子商务的发展都有了非常大的突破。关于中国电子商务的一些重要法律法规的颁布情况如表 6-3 所示。

表 6-3 中国电子商务的重要法律法规的颁布情况

颁布时间	颁布部门	具体名称	主要内容
2004 年 8 月	国家商务部	《中华人民共和国电子签名法》	首次赋予可靠电子签名与手写签名或盖章具有同等的法律效力，并明确了电子认证服务的市场准入制度
2005 年 4 月	中国电子商务协会	《网上交易平台服务自律规范》	规范电子商务交易、明确交易各方的权利义务和责任、建立交易规则、提高电子商务交易的可靠性与信任度
2005 年 6 月	中国人民银行	《支付清算组织管理办法》	对支付清算组织的市场准入、退出机制、业务管理和风险防范等相关问题进行明确
2005 年 10 月	中国人民银行	《电子支付指引（第一号）》	规范电子支付业务，规范支付风险，保证资金安全，维护银行及其客户在电子支付活动中的合法权益，促进电子支付业务健康发展
2007 年 3 月	国家商务部	《关于网上交易的指导意见（暂行）》	其目的是为了贯彻国务院办公厅《关于加快电子商务发展的若干意见》文件精神，推动网上交易健康发展，逐步规范网上交易行为，帮助和鼓励网上交易各参与方开展网上交易，警惕和防范交易风险
2007 年 12 月	国家商务部	《关于促进电子商务规范发展的意见》	其目的在于希望能够促进电子商务规范发展，引导交易参与方规范各类市场行为，防范市场风险、化解交易矛盾、促进电子商务健康发展
2008 年 4 月	国家商务部	《电子商务模式规范》和《网络购物服务规范》	规范网上交易行为，进一步完善对信息服务领域的各项扶持政策，从而促进电子商务持续健康发展

颁布时间	颁布部门	具体名称	主要内容
2009 年 11 月	国家商务部	《关于加快流通领域电子商务发展的意见》	明确了政府部门对电子商务的引导和扶持政策。提出要扶持传统流通企业应用电子商务开拓网上市场，培育一批管理运营规范、市场前景广阔的专业网络购物企业，扶持一批影响力和凝聚力较强的网上批发交易企业
2010 年 6 月	国家工商总局	《网络商品交易及有关服务行为管理暂行办法》	明确规定：通过网络从事商品交易及有关服务行为的自然人，应提交其姓名和地址等真实身份信息。该《办法》的出台将促进网络商品交易及有关服务行为的发展，促进网络商品交易及有关服务行为的健康发展
2010 年 6 月	中国人民银行	《非金融机构支付服务管理办法》	要求第三方支付公司必须在 2011 年 9 月 1 日前申请取得《支付业务许可证》，且全国性公司注册资本最低为 1 亿元。该《办法》的出台意在规范当前发展迅猛的第三方支付行业，对于行业规范发展将起到引导作用

　　由于面对迅速发展的这种商品交易与计算机网络技术结合的新交易形式，中国很难出台较为完善的关于电子商务的安全保障规范性条文，但是，目前国家各部委出台的一系列的政策法规，为我国电子商务的长期、健康、有序的发展提供了强有力的制度保证与标准规范。因此，我们应当充分利用已经公布的有关交易安全和计算机安全的法律法规，保护电子商务交易的正常进行，并在不断地探索中，逐步建立适合中国国情的电子商务的法律制度。

6.4.4　安全电子交易协议（SET）

6.4.4.1　SET 协议的概述

　　安全电子交易协议（secure electronic transaction，简称 SET）是 1997 年 5 月由美国 Visa 和 Master Card 两大信用卡组织联合推出的安全电子交易规范，为在 Internet 上进行安全的电子商务提供了一个开放的标准。该协议采用公钥密码体制和 X.509 数字证书标准（一种基于信用卡网上电子商务交易的安全标准），主要为了解决用户、商家和银行之间通过信用卡支付的交易安全而设计，用以保证支付信息的保密、支付过程的完整、商户及持卡人的合法身份以及互操作性。安全电子交易协议是目前国际上公认的最安全、最成熟的电子支付协议之一，已日益成为电子商务的安全基础。

　　SET 协议的核心技术包括电子安全证书、电子数字签名、电子信封等。利用 SET 给出的整套安全电子交易过程的规范，可以实现电子商务交易中如下安全功能：

　　（1）信息保密性。SET 的一个重要特点是持卡人的信用卡信息只提供给银行，而商家不能知道此信息。SET 协议利用 DES 密码算法提供信用卡信息的保密性。

　　（2）数据完整性。持卡人发给商家的支付信息包括订购信息、个人数据及支付指令。SET 协议采用 RSA 数字签名和 SHA-1 杂凑函数相结合来确保这些信息传输过程中不被非法更改。

（3）身份认证。持卡人与商家相互认证，即商家可以鉴别持卡人是有效信用卡账号的合法用户，同时持卡人也需要鉴别商家的真实性，而且可以验证商家能否接受信用卡支付。SET 协议采用 X.509v3 数字证书和 RSA 数字签名来实现双方身份的相互认证。

6.4.4.2 SET 协议结构模型

在一次完整的电子商务交易中，SET 涉及顾客、商家、认证中心（CA）、发卡银行、收单银行、支付网关等实体。SET 的参与各方组成的系统结构模型如图 6-11 所示。

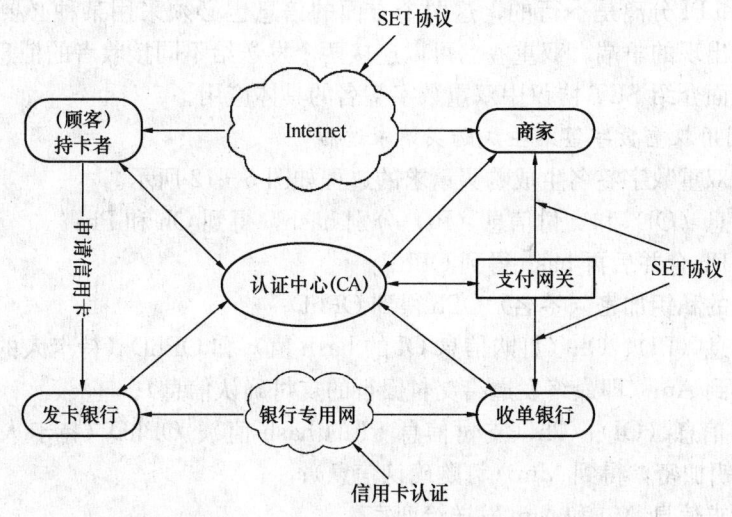

图 6-11 SET 协议结构模型

（1）顾客（持卡人）。一般指某信用卡的合法拥有者。在电子商务中指参与电子交易活动的消费者，可指个人或团体消费者。持卡人通过 Internet 或其他公开网络与商家进行商品交易，并利用发卡银行颁发的信用卡进行付款结算。

（2）商家。指提供网上购物的电子商店或提供电子交易服务的企业。

（3）认证中心（CA）。指负责向信用卡用户、电子商家和银行发行与管理 X.509v3 数字证书的认证机构。

（4）发卡银行（与顾客有关）。指金融机构，它为每个建立了银行账户的个人或单位颁发信用卡。发卡银行依据信用卡的类型及相关规定，处理信用卡账户的申请、建立，并对用户的最终债权、债务负责。

（5）收单银行（与商家有关）。指为参与电子交易的商家提供处理信用卡的授权与支付服务的金融机构。

（6）支付网关。指由收单银行或特定的第三方操作的一个计算机软件系统，用于处理 Internet 与收单银行之间的数据信息转换。它专门负责处理来自 Internet 上的支付信息。在整个支付过程中，需要顾客（持卡人）、商家和银行或其他能够提供清算服务的机构（如金融电子结算中心）三方参与。

6.4.4.3 双重数字签名

所谓双重数字签名就是在有的场合，发送者需要寄出两个相关信息给接收者，对这两组相关信息，接收者只能解读其中一组，另一组只能转送给第三方接收者，不能打开看其内容。这时发送者就需分别加密两组密文，做两组数字签名，故称双重数字签名。

在电子商务应用中，参与方包括持卡人、商家和支付银行。当持卡人客户登录商户网站，提出申请购物时，持卡人向商户直接提出订购信息（OI）的同时，还必须向银行提出支付信息（PI），以便授权银行付款。但是持卡人不希望商户知道自己的银行支付账号的有关信息，同时也不希望银行方面知道具体的购物内容，只需按金额贷记或借记账户即可。因此，为了向持卡人提供更好的隐私保护，SET 将 OI 和 PI 分离开来，由不同的机构处理。但简单地将 OI 和 PI 分离是不行的，这两个方面的信息也必须采用某种必要的方式连接起来，以解决可能出现的争端。双重签名可以连接两个发送给不同接收者的消息报文，可以满足这种需求。下面介绍 SET 协议中双重数字签名的具体应用。

1. 持卡人利用双重数字签名生成购买请求过程

持卡人利用双重数字签名生成购买请求的过程如图 6-12 所示。

①将订购信息（OI）和支付信息（PI）分别 hash，得到 Oh 和 Ph；

②将 Oh 和 Ph 合并后再 hash 得到 OPh；

③用持卡人的私钥加密（签名）OPh 得到 OPhD；

④将支付信息（PI）、Oh（订购信息 OI 的 hash 值）和 OPhD（持卡人的签名）用银行的公钥加密，得到 Am（即最终发送给支付银行的支付确认信息）；

⑤再将订购信息（OI）、Ph（支付信息 PI 的 hash 值）、OPhD（持卡人的签名）以及 Am 用商家的公钥加密，得到 Mm（订购确认信息）；

⑥将购买请求信息 Am 和 Mm 发送给商家。

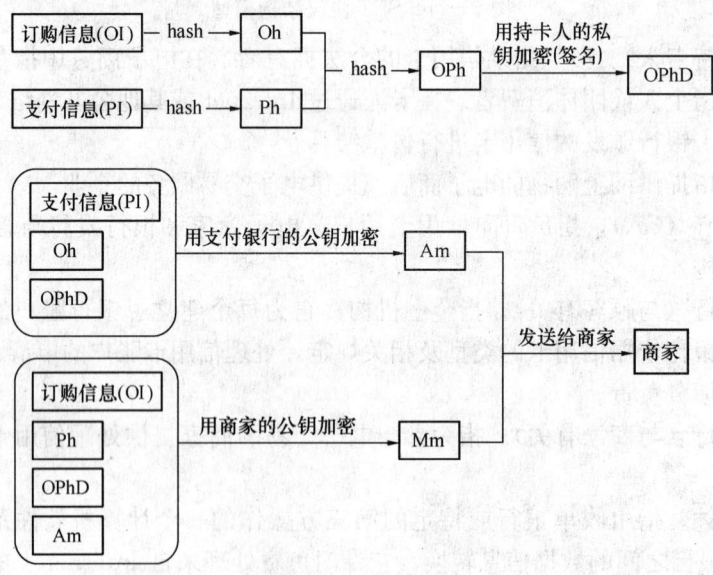

图 6-12　利用双重数字签名生成购买请求过程

2. 商家对订购信息（OI）的确认过程

商家对订购信息（OI）的确认过程如图 6-13 所示。

①商家用自己的私钥解密 Mm，得到订购信息（OI）、Ph（支付信息 PI 的 hash 值）、

OPhD（持卡人的签名）以及 Am；

②对订购信息（OI）进行 Hash，得到 Oh，然后与 Ph 合并再 Hash，得到 OPh；

③将 OPhD 用顾客的公钥解密（验证），同计算得到的 OPh 比较；

④将 Am 发送给支付银行，进行支付确认。

3. 银行对支付信息（PI）的确认过程

银行对支付信息（PI）的确认过程如图 6-14 所示。

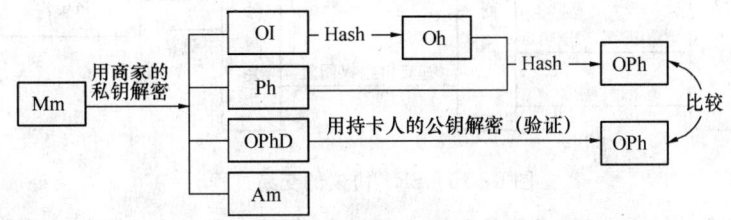

图 6-13 商家对订购信息（OI）的确认过程

①支付银行用自己的私钥解密 Am，得到 Oh（订购信息 OI 的 Hash 值）、支付信息（PI）和 OPhD（持卡人的签名）；

②对支付信息（PI）进行 Hash，得到 Ph，然后与 Oh 合并再 Hash，得到 OPh；

③将 OPhD 用顾客的公钥解密（验证），同计算得到的 OPh 比较；

④向商家发送支付保证确认信息。

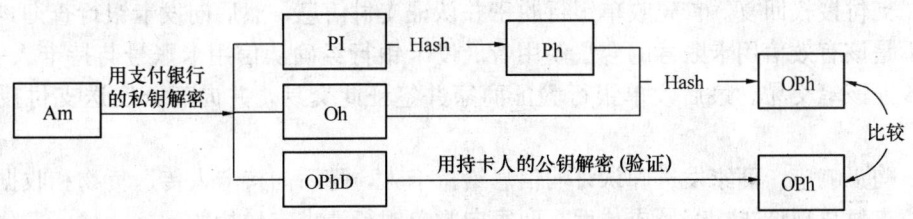

图 6-14 银行对支付信息（PI）的确认过程

6.4.4.4 SET 协议的实现

在电子商务系统中，顾客首先需向发卡银行申请信用卡，且认证中心（CA）向商家、银行和顾客签发数字证书，由于所涉及的各参与方都需要用数字证书来发送 SET 信息，比如当持卡人打算使用 SET 来完成网上支付时，他必须到认证中心注册，以获得一张公开密钥的数字证书，从而使得由他签发的信息可被验证。

SET 并不是一种通用的支付协议，而是限制在卡基支付的应用中。它并不涉及从一方到另一方的资金转账，而是依赖信用卡基础设施来完成支付。持卡人利用 SET 向商家发起一笔支付，然后商家利用 SET 来获得该笔支付的授权，通过支付网关（常由收单行运行），与发卡行联系以批准并实现该笔支付。SET 协议的交易过程如图 6-15 所示。

（1）初始请求。持卡人使用浏览器在商家服务器上查看、选购所需要的商品，填写相应订单、账号信息以及银行信息后向商家发出初始请求。

（2）初始应答。商家为该初始请求分配一个唯一的交易标志，并用商家的私钥对初始请求和交易标志信息进行数字签名产生初始应答信息。商家将初始应答和商家证书、支付网关证书一并传给持卡人。

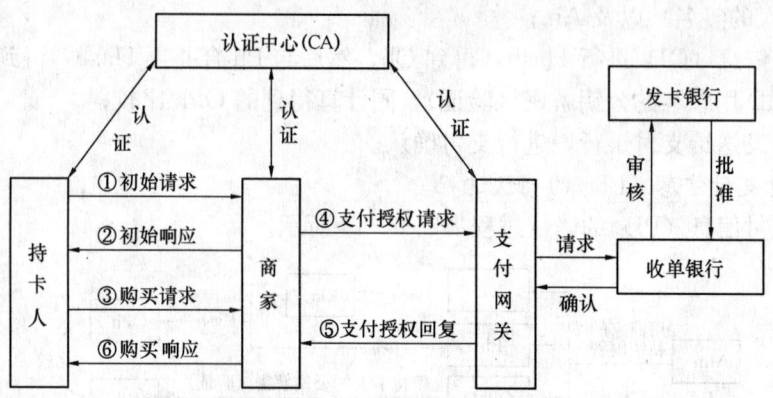

图 6-15 SET 协议的交易过程

（3）购买请求。持卡人通过商家的数字证书来验证签名，确认它们是有效的。然后持卡人再创建（OI 订购信息）和选择支付方式并签发 PI（支付信息），再对 OI 和 PI 进行双重签名。利用双重数字签名技术，使得商家获得订购信息，而无法得知支付信息，而银行得到支付信息，却不知订购信息，且同时保证订购信息和支付信息的关联性。

（4）支付授权请求。商家脱密并认证订购信息（即确认持卡人的合法性）为有效，然后创建支付授权请求，主要包括持卡人的支付信息、商家的签名信息以及持卡人和商家的证书等，并向银行请求交易授权。

（5）支付授权回复。首先收单银行脱密并认证支付信息，然后向发卡银行查询，确信持卡人是不是该有效信用卡账号的合法使用者。发卡银行经确认信用卡账号与持卡人一致后，认可并签证该笔交易。最后收单银行验证商家并签证此交易，并向商家发送支付授权回复信息。

（6）购买响应。商家发送确认订购信息给持卡人，随后向持卡人传送货物和收据。

（7）支付兑现请求。交易成功后，商家向收单银行请求支付货款。

（8）支付兑现回复。收单银行依据支付信息将货款从发卡银行划给商家。之后发卡银行定期向持卡人寄去信用卡消费账单。

本 章 小 结

（1）PKI 是能够为所有应用系统透明地提供采用加密和数字签名等密码服务所需要的密钥和证书管理平台，是目前应用安全建设的基础与核心。

（2）随着 Web 的广泛应用，尤其是在电子商务和电子政务等一系列网络应用服务的快速增长时期，Web 的安全性越来越重要。Web 的安全主要包括 Web 客户端安全、Web 服务器安全和通信信道的安全。

（3）电子邮件越来越多地被应用到工作和生活中，除了常见的安全因素外，电子邮件还涉及个人隐私等敏感问题，其安全性备受关注。保护电子邮件的安全技术主要有身份认证、协议过滤、邮件病毒过滤以及采用成熟的安全标准 PGP 和 S/MIME 等。

（4）电子商务是在开放的 Internet 环境中实现交易应用的，涉及资金流和物流信息的传送，因此其安全性更重要。电子商务的安全问题仅从技术层面来解决是不够的，还需要同安全管理和法律法规等各个层面相结合，才能更有效和全面地保障电子商务安全。

习　　题

1. 什么是单密钥体制和双密钥体制？对比它们各自的优缺点。
2. 什么是数字签名技术？它与现实生活中的手写签名有什么区别？
3. 简述 PKI 的概念、组成及作用。
4. 简述一次完整的数字证书的颁发和使用过程。
5. 简述在 PKI 应用环境中，实体 A 和实体 B 之间如何实现信息传输的保密性、认证性和不可抵赖性。
6. Web 存在哪些安全问题？如何解决？
7. 简述电子邮件的安全问题，如何解决？
8. 简述 PGP 和 S/MIME 的功能，并比较二者的优缺点。
9. 基于 SET 协议如何实现网上购物？

第 7 章　信息安全管理

　　信息安全管理是通过维护信息的保密性、完整性和可用性等来管理和保护信息资产的一项体制，是对信息安全保障进行指导、规范和管理的一系列活动和过程。信息安全管理是信息安全保障体系建设的重要组成部分，对于保护信息资产、降低信息系统安全风险、指导信息系统安全体系建设具有重要的作用。

　　在 ISO 27001 标准中，信息安全管理体系（information security management system，ISMS）的定义为："信息安全管理体系是整个管理体系的一部分。它是基于业务风险方法，来建立、实施、运行、监视、评审、保持和改进信息安全。"

　　信息安全管理涉及信息安全的各个方面，根据 ISO 27001 信息安全管理体系要求，主要包括在以下 11 个领域建立控制目标和控制措施：安全方针，信息安全组织，资产管理，人力资源安全，物理和环境安全，通信和操作管理，访问控制，信息系统的获取、开发和维护，信息安全事故管理，业务连续性管理，符合性。

7.1　我国的信息安全管理

　　1. 建立了国家信息安全组织保障体系

　　2003 年 7 月，国务院信息化领导小组第三次会议上专题讨论并通过了《关于加强信息安全保障工作的意见》。同年 9 月，中共中央办公厅、国务院办公厅转发了《国家信息化领导小组关于加强信息安全保障工作的意见》（中办发〔2003〕27 号）。27 号文件提出"增强国家安全意识，完善国家安全战略，健全科学、协调、高效的工作机制，有效应对各种传统安全威胁和非传统安全威胁，严厉打击境内外敌对势力的渗透、颠覆、破坏活动，确保国家政治安全、经济安全、文化安全、信息安全"，明确提出了我国坚持"积极防御、综合防范"的信息安全保障工作的总体要求。

　　2006 年 3 月 19 日，中共中央办公厅、国务院办公厅印发了《2006—2020 年国家信息化发展战略》（中办发〔2006〕11 号），分析了全球信息化发展的基本趋势和我国信息化发展的基本形势，提出了我国信息化发展的指导思想、战略目标、战略重点、战略行动计划和保障措施。把建设国家信息安全保障体系作为我国信息化发展的战略重点，为我国的信息安全保障工作指明了方向。

　　2. 制定和引进了信息安全管理标准

　　1999 年 9 月 13 日，国家质量技术监督局颁布了中华人民共和国国家强制性标准《计算机信息系统安全保护等级划分准则》（GB 17859—1999），并于 2001 年 1 月 1 日开始实施。

公安部围绕管理要求制定了行业推荐标准《计算机信息系统安全等级保护管理要求》（GA/T 391—2002）。引进了国际上著名的《信息安全管理实施准则》（ISO 17799：2000）、《信息安全管理体系实施规范》（BS 7799 - 2：2002）、《信息技术安全性评估准则》（ISO/IEC 15408：1999，等同采用为 GB/T 18336：2001）、《系统安全工程能力成熟度模型》（SSE—CMM）等信息安全管理标准。2005 年起开始引进信息安全管理方面的 ISO 27000 系列的国际标准，并已启动符合 ISO 27001 标准的信息安全管理体系认证的工作。

3. 制定了信息安全管理的法律法规

自 20 世纪 90 年代开始，为配合信息安全管理的需要，国家、相关部门、行业和地方政府相继制定了《中华人民共和国计算机信息网络国际联网管理暂行规定》、《商用密码管理条例》、《Internet 信息服务管理办法》、《计算机信息网络国际联网安全保护管理办法》、《计算机病毒防治管理办法》、《Internet 电子公告服务管理规定》、《软件产品管理办法》、《电信网间互联管理暂行规定》、《电子签名法》等有关信息安全管理的法律法规文件。

4. 开展了信息安全风险评估工作

风险评估是信息安全管理的核心工作之一。2003 年 7 月，国信办信息安全风险评估课题组就启动了信息安全风险评估相关标准的编制工作，2007 年 6 月 14 日，中国国家标准化管理委员会发布了《信息安全风险评估规范》（GB/T 20984—2007），并于 2007 年 11 月 1 日开始实施。

7.2　ISO 27000 系列标准介绍

ISO 27000 系列是 ISO 为信息安全管理体系标准预留的编号，类似于质量管理体系的 ISO 9000 系列和环境管理体系的 ISO 14000 系列标准。ISO 27000 系列包含的标准如表 7 - 1 所示。

表 7 - 1　ISO 27000 系列标准

标准编号	内容介绍	发布时间
ISO 27000	**概况与术语（overview and vocabulary）** 　对 ISO27000 系列标准的概况、状态和关系提供说明，规定了此系列标准相关的术语	2009 年正式发布
ISO 27001	**要求（requirements）** 　用于为建立、实施、运行、监视、评审、保持和改进 ISMS 提供模型。 　此标准可以作为组织自我评估、评估顾客能力、独立第三方认证的依据	2005 年 10 月 15 日正式发布
ISO 27002	**信息安全管理实用规则（code of practice for information security management）** 　本标准为在组织内启动、实施、保持和改进信息安全管理提供指南和通用的原则，标准中包含常用的控制目标和控制措施。 　本标准直接由 ISO/IEC 17799：2005 更改标准编号得到	2007 年 6 月 15 日正式发布

续表

标准编号	内容介绍	发布时间
ISO 27003	**信息安全管理体系实施指南**（information security management systems implementation guidance） 本标准为按照 ISO 27001 建立、实施、运作、监控、评审、维持和改进信息安全管理体系提供应用实施指南。本标准适用于所有类型、所有规模和所有业务形式的机构。各类组织可以利用本标准，实施符合 ISO 27001 的信息安全管理体系	2010 年 2 月正式发布
ISO 27004	**测量**（measurements） 本标准提供指南和建议，用于评估按照 ISO 27001 建立的 ISMS、控制目标以及控制措施的有效性。管理者可以使用本标准作为有效的测量方法，判断信息安全管理体系的有效性。测量结果可以作为评审现有控制措施有效性的输入，以决定是否需要更改或改进	2009 年 12 月正式发布
ISO 27005	**信息安全风险管理**（information security risk management） 本标准描述了信息安全风险管理的要求，可以用于风险评估，识别安全要求，支撑信息安全管理体系的建立和维持。 本标准以 BS 7799-3 和 ISO 13335 为基础	2008 年 6 月正式发布
ISO 27006	**信息安全管理体系审核认证机构要求**（requirements for bodies providing audit and certification of ISMS） 本标准对提供 ISMS 认证的机构提出要求，所有提供 ISMS 认证服务的机构需要按照本标准的要求证明其能力和可靠性	2007 年 2 月正式发布
ISO 27007	**信息安全管理体系审核员指南**（ISMS auditor guidelines） 本标准对提供 ISMS 认证的第三方认证机构的审核员的工作提供支持，内部审核员也可以参考本标准完成内部审核活动	未正式发布

ISO 27001 是提供信息安全管理体系认证的标准，ISO 27002 是为了达到 ISO 27001 的要求而提供的实施指南。这两个标准在信息安全管理体系中具有非常重要的作用。图 7-1 给出了这 2 个标准的发展历程。

1993 年 9 月，英国贸工部（department of trade and industry，简称 DTI）组织汇集了许多优秀企业有关信息安全管理的最佳实践，编写了一个信息安全管理的文本——"信息安全管理实用规则（code of practice for information security management）"。

1995 年 2 月，英国标准协会（British standards institution，简称 BSI）将该文本转化为英国国家标准，即 BS 7799-1：1995 信息安全管理实用规则。

1998 年 2 月，BSI 又推出了用于 ISMS 认证的国家标准，即 BS 7799-2：1998 信息安全管理体系规范（specification for ISMS）。

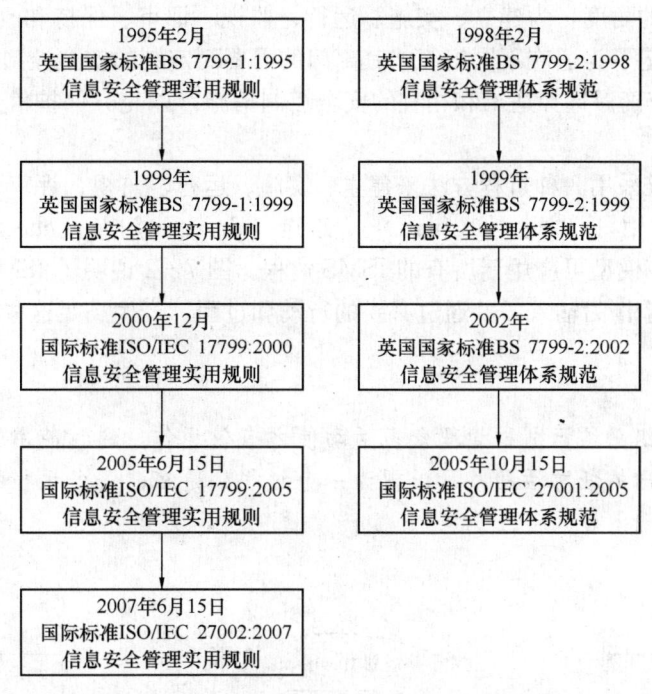

图 7-1　ISO 27001，27002 标准发展历程

1999 年，鉴于计算机和信息处理技术，尤其是网络和通信领域应用的迅速发展，BSI 又将上述两部分标准进行了修订，正式推出 1999 版本。修订后的 BS 7799-1：1999 代替了 BS 7799-1：1995，BS 7799-2：1999 代替了 BS 7799-2：1998。修订后的 1999 版标准进一步强调了组织在商务工作中所涉及的信息安全和信息安全责任。BS 7799-1：1999 和 BS 7799-2：1999 是一对配套标准，BS 7799-1：1999 为如何建立和实施符合 BS 7799-2：1999 标准要求的信息安全管理体系提供了最佳的应用建议。

2000 年 12 月，BS 7799-1：1999 被采纳成为国际标准，即 ISO/IEC 17799：2000。

2002 年，BSI 又将 BS 7799-2 进行了修订，使其与 ISO 9001：2000 保持高度一致，发布了 BS 7799-2：2002。

2005 年 6 月 15 日，ISO/IEC 发布 ISO/IEC 17799：2000 的修订版本，即 ISO/IEC 17799：2005。

2005 年 10 月 15 日，ISO/IEC 发布 ISMS 要求标准，即 ISO/IEC 27001：2005，其蓝本就是 BS 7799-2：2002。

国际标准化组织 ISO 发布公告，ISO/IEC 17799 从 2007 年 4 月正式更名为 ISO/IEC 27002，更名后的标准已于 2007 年 6 月 15 日正式出版发行。

7.3　ISO 27001 简介

本标准适用于所有类型的组织（例如商业企业、政府机构、非营利组织）。本标准从组织的整体业务风险的角度，为建立、实施、运行、监视、评审、保持和改进文件化的 ISMS 规定了要求。它规定了为适应不同组织或其部门的需要而定制的安全控制措施的实施要求。

　　ISMS 的设计应确保选择适当和相宜的安全控制措施，以充分保护信息资产并给予相关方信心。

　　ISO 27001 标准采用一种过程方法来建立、实施、运行、监视、评审、保持和改进一个组织的 ISMS。采用了"规划（plan）—实施（do）—检查（check）—处置（act）（PDCA）"模型，该模型可应用于所有的 ISMS 过程。图 7-2 说明了 ISMS 如何把相关方的信息安全要求和期望作为输入，并通过必要的行动和过程，产生满足这些要求和期望的信息安全结果。

　　　　一个组织必须识别和管理众多活动使之有效运作。通过使用资源和管理，将输入转化为输出的任意活动，可以视为一个过程。通常，一个过程的输出可直接构成下一过程的输入。

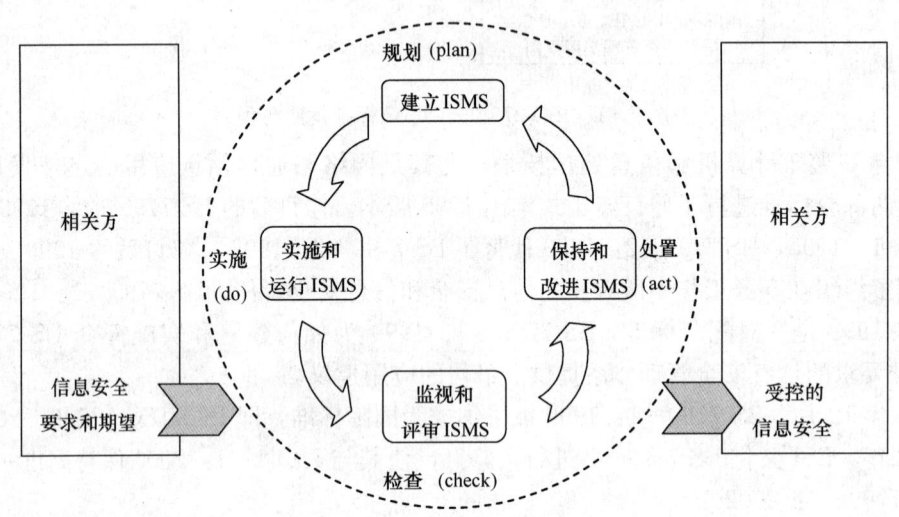

图 7-2　应用于 ISMS 过程的 PDCA 模型

　　在图 7-2 中，各个阶段的主要功能如下：

　　（1）规划阶段。本阶段建立 ISMS，建立与管理风险和改进信息安全有关的 ISMS 方针、目标、过程和程序，以提供与组织总方针和总目标相一致的结果。

　　（2）实施阶段。本阶段实施和运行 ISMS，实施和运行 ISMS 方针、控制措施、过程和程序。

　　（3）检查阶段。本阶段监视和评审 ISMS，对照 ISMS 方针、目标和实践经验评估，并在适当时，测量过程的执行情况，将结果报告管理者以供评审。

　　（4）处置阶段。本阶段保持和改进 ISMS，基于 ISMS 内部审核和管理评审的结果或者其他相关信息，采取纠正和预防措施，以持续改进 ISMS。

1. 建立 ISMS

建立 ISMS 组织要做以下方面的工作：

（1）根据业务、组织、位置、资产和技术等方面的特性，确定 ISMS 的范围和边界，包括对范围任何删减的详细说明和正当性理由。

（2）根据业务、组织、位置、资产和技术等方面的特性，确定 ISMS 方针。ISMS 方针应具备以下几点：①包括设定目标的框架和建立信息安全工作的总方向和原则；②考虑业务和法律法规的要求及合同中的安全义务；③在组织的战略性风险管理环境下，建立和保持 ISMS；④建立风险评价的准则；⑤获得管理者批准。

（3）确定组织的风险评估方法。识别适用于 ISMS、已识别的业务信息安全和法律法规要求的风险评估方法。制定接受风险的准则，识别可接受的风险级别。

（4）识别风险。识别 ISMS 范围内的资产及其责任人；识别资产所面临的威胁；识别可能被威胁利用的脆弱点；识别丧失保密性、完整性和可用性可能对资产造成的影响。

（5）分析和评价风险。在考虑丧失资产的保密性、完整性和可用性所造成的后果的情况下，评估安全失误可能造成的对组织的影响。评估由主要威胁和脆弱点导致安全失误的现实可能性、对资产的影响以及当前所实施的控制措施。估计风险的级别，确定风险是否可接受，或者是否需要使用在上述（3）中所建立的接受风险的准则进行处理。

（6）识别和评价风险处理的可选措施。可能的措施包括：①采用适当的控制措施；②在明显满足组织方针策略和接受风险的准则的条件下，有意识地、客观地接受风险；③避免风险；④将相关业务风险转移到其他方，如保险、供应商等。

（7）为处理风险选择控制目标和控制措施。控制目标和控制措施应加以选择和实施，以满足风险评估和风险处理过程中所识别的要求。这种选择应考虑接受风险的准则以及法律法规和合同要求。

（8）获得管理者对建议的残余风险的批准。

（9）获得管理者对实施和运行 ISMS 的授权。

（10）准备适用性声明。应从以下几方面准备适用性声明：①上述（7）所选择的控制目标和控制措施，以及选择的理由；②当前实施的控制目标和控制措施；③对标准附录 A 中任何控制目标和控制措施的删减，以及删减的合理性说明。

2. 实施和运行 ISMS

（1）为管理信息安全风险识别适当的管理措施、资源、职责和优先顺序，即制订风险处理计划。

（2）实施风险处理计划以达到已识别的控制目标，包括资金安排、角色和职责的分配。

（3）实施上述（7）中所选择的控制措施，以满足控制目标。

（4）确定如何测量所选择的控制措施或控制措施集的有效性，并指明如何用来评估控制措施的有效性，以产生可比较的和可再现的结果。

　　　　测量控制措施的有效性可使管理者和员工确定控制措施达到既定的控制目标的程度。

（5）实施培训和意识教育计划。

（6）管理 ISMS 的运行。

（7）管理 ISMS 的资源。

（8）实施能够迅速检测安全事态和响应安全事件的程序和其他控制措施。

3. 监视和评审 ISMS

（1）执行监视与评审程序和其他控制措施。

①迅速检测过程运行结果中的错误；

②迅速识别试图的和得逞的安全违规和事件；

③使管理者能够确定分配给人员的安全活动或通过信息技术实施的安全活动是否被如期执行；

④通过使用指示器，帮助检测安全事态并预防安全事件；

⑤确定解决安全违规的措施是否有效。

（2）在考虑安全审核结果、事件、有效性测量结果、所有相关方的建议和反馈的基础上，进行 ISMS 有效性的定期评审（包括满足 ISMS 方针和目标，以及安全控制措施的评审）。

（3）测量控制措施的有效性以验证安全要求是否被满足。

（4）按照计划的时间间隔进行风险评估的评审，以及对残余风险和已确定的可接受的风险级别进行评审，应考虑以下方面的变化：组织；技术；业务目标和过程；已识别的威胁；已实施的控制措施的有效性；外部事态，如法律法规环境的变更、合同义务的变更和社会环境的变更。

（5）按计划的时间间隔，实施 ISMS 内部审核。

　　　　内部审核，有时称为第一方审核，是用于内部目的，由组织自己或以组织的名义所进行的审核。

（6）定期进行 ISMS 管理评审，以确保 ISMS 范围保持充分，ISMS 过程的改进得到识别。

（7）考虑监视和评审活动的结果，以更新安全计划。

（8）记录可能影响 ISMS 的有效性或执行情况的措施和事态。

4. 保持和改进 ISMS

（1）实施已识别的 ISMS 改进措施。

（2）依照本标准 8.2 和 8.3 采取合适的纠正和预防措施。从其他组织和组织自身的安全经验中吸取教训。

（3）向所有相关方沟通措施和改进情况，其详细程度应与环境相适应，需要时商定如何进行。

（4）确保改进达到了预期目标。

7.4　ISO 27002 控制目标和控制措施

ISO 27002 定义了信息安全管理中的 11 个主要领域，分别是安全方针，信息安全组织，资产管理，人力资源安全，物理和环境安全，通信和操作管理，访问控制，信息系统的获取、开发和维护，信息安全事故管理，业务连续性管理和符合性。每一个主要领域包括若干个控制目标，并通过对应的若干项控制措施来支持。下面针对 11 个主要领域分别介绍其控制目标和措施。

　　ISO 27002 只是定义了信息安全管理活动中的控制目标和措施，但是如何实现这些措施在此标准中并没有规定。如何通过工具和信息技术手段来保障控制措施的实施，需由企业和安全技术专家来完成。

1. 安全方针（security policy）

安全方针的目标是依据业务要求和相关法律法规提供管理指导并支持信息安全。这个领域强调了一个组织的领导层和高级管理层参与信息安全管理的要求。表 7-2 给出了安全方针的控制目标和措施。

表 7-2　安全方针的控制目标和措施

	控 制 目 标	控 制 措 施
信息安全方针	信息安全方针文件	信息安全方针文件应由管理者批准、发布并传达给所有员工和外部相关方
	信息安全方针的评审	应按计划的时间间隔或当重大变化发生时进行信息安全方针评审，以确保信息持续的适宜性、充分性和有效性

2. 信息安全组织（organization of information security）

信息安全组织包括内部组织和外部组织 2 个部分：内部组织的目标是在组织内部管理信息安全；外部组织的目标是保持组织的被外部各方访问、处理、管理或与外部进行通信的信息和信息处理设施的安全。这个领域重点关注的是建立和支持一个管理框架，用于在组织内部、跨组织和组织外部实施和管理信息安全。表 7-3 给出了信息安全组织的控制目标和措施。

3. 资产管理（asset management）

资产管理包括对资产负责和信息分类 2 个部分。对资产负责的目标是实现和保持对组织资产的适当保护；信息分类的目标是确保信息受到适当级别的保护。这个领域重点关注维护一份准确的信息安全资产清单是必要的，通过对信息的分类，以便确定保护的程度。表7-4给出了资产管理的控制目标和措施。

表 7-3 信息安全组织的控制目标和措施

	控 制 目 标	控 制 措 施
内部组织	信息安全的管理承诺	管理者应通过清晰的说明、可证实的承诺、明确的信息安全职责分配及确认，来积极支持组织内的安全
	信息安全协调	信息安全活动应由来自组织不同部门并具备相关角色和工作职责的代表进行协调
	信息安全职责的分配	所有的信息安全职责应予以清晰的定义
	信息处理设施的授权过程	新信息处理设施应定义和实施一个管理授权过程
	保密性协议	应识别并定期评审反映组织信息保护需要的保密性或不泄露协议的要求
	与政府部门的联系	应保持与政府相关部门的适当联系
	与特定利益团体的联系	应保持与特定利益团体、其他安全专家组和专业协会的适当联系
	信息安全的独立评审	组织管理信息安全的方法及其实施（例如信息安全的控制目标、控制措施、策略、过程和程序）应按计划的时间间隔进行独立评审，当安全实施发生重大变化时，也要进行独立评审
外部组织	与外部各方相关风险的识别	应识别涉及外部各方业务过程中组织的信息和信息处理设施的风险，并在允许访问前实施适当的控制措施
	处理与顾客有关的安全问题	应在允许顾客访问组织信息或资产之前处理所有确定的安全要求
	处理第三方协议中的安全问题	涉及访问、处理或管理组织的信息或信息处理设施以及与之通信的第三方协议，或在信息处理设施中增加产品或服务的第三方协议，应涵盖所有相关的安全要求

表 7-4 资产管理的控制目标和措施

	控 制 目 标	控 制 措 施
资产责任	资产清单	应清晰地识别所有资产，编制并维护所有重要资产的清单
	资产责任人	与信息处理设施有关的所有信息和资产应由组织的指定部门或人员承担责任
	资产的合格使用	与信息处理设施有关的信息和资产使用允许规则应被确定、形成文件并加以实施
信息资产分类	分类指南	信息应按照它对组织的价值、法律要求、敏感性和关键性予以分类
	信息的标记和处理	应按照组织所采纳的分类机制建立和实施一组合适的信息标记和处理程序

4. 人力资源安全（human resources security）

人力资源安全包括任用之前、任用中和任用的终止或变化 3 个部分。任用之前的目标是确保雇员、承包方人员和第三方人员理解其职责、考虑对其承担的角色是适合的，以降低设施被窃、欺诈和误用的风险；任用中的目标是确保所有的雇员、承包方人员和第三方人员知悉信息安全威胁和利害关系、他们的职责和义务，并准备好在其正常工作过程中支持组织的安全方针，以减少人为过失的风险；任用的终止或变化的目标是确保雇员、承包方人员和第三方人员以一个规范的方式退出一个组织或改变其任用关系。表 7-5 给出了人力资源安全的控制目标和措施。

表 7-5　人力资源安全的控制目标和措施

	控 制 目 标	控 制 措 施
任用之前	角色和职责	雇员、承包方人员和第三方人员的安全角色和职责应按照组织的信息安全方针定义并形成文件
	审查	关于所有任用的候选者、承包方人员和第三方人员的背景验证检查应按照相关法律法规、道德规范和对应的业务要求、被访问信息的类别和察觉的风险来执行
	任用条款和条件	作为他们合同义务的一部分，雇员、承包方人员和第三方人员应同意并签署他们的任用合同的条款和条件，这些条款和条件要声明他们和组织的信息安全职责
任用中	管理职责	管理者应要求雇员、承包方人员和第三方人员按照组织已建立的方针策略和程序对安全尽心尽力
	信息安全意识、教育和培训	组织的所有雇员，适当时，包括承包方人员和第三方人员，应受到与其工作职能相关的适当的意识培训和组织方针策略及程序的定期更新培训
	纪律处理过程	对于安全违规的雇员，应有一个正式的纪律处理过程
任用的终止或变化	终止职责	任用终止或任用变化的职责应有清晰的定义和分配
	资产的归还	所有的雇员、承包方人员和第三方人员在终止任用、合同或协议时，应归还他们使用的所有组织资产
	撤销访问权	所有雇员、承包方人员和第三方人员对信息和信息处理设施的访问权应在任用、合同或协议终止时删除，或在变化时调整

5. **物理和环境安全**（physical and environmental security）

物理和环境安全包括安全区域和设备安全 2 个部分。安全区域的目标是防止对组织场所和信息的未授权物理访问、损坏和干扰；设备安全的目标是防止资产的丢失、损坏、失窃或危及资产安全以及组织活动的中断。表 7-6 给出了物理和环境安全的控制目标和措施。

表 7-6　物理和环境安全的控制目标和措施

	控 制 目 标	控 制 措 施
安全区域	物理安全边界	应使用安全边界（诸如有墙、卡控制的入口或有人管理的接待台等屏障）来保护包含信息和信息处理设施的区域
	物理入口控制	安全区域应由适合的入口控制所保护，以确保只有授权的人员才允许访问

续表

控 制 目 标		控 制 措 施
安全区域	办公室、房间和设施的安全保护	应为办公室、房间和设施设计并采取物理安全措施
	外部和环境威胁的安全防护	为防止火灾、洪水、地震、爆炸、社会动荡和其他形式的自然或人为灾难引起的破坏，应设计和采取物理保护措施
	在安全区域工作	应设计和运用用于安全区域工作的物理保护和指南
	公共访问、交接区安全	对于访问点（例如交接区）和未授权人员可进入办公场所的其他点应加以控制，如果可能，要与信息处理设施隔离，以避免未授权访问
设备安全	设备安置和保护	应安置并保护设备，以减少由环境威胁和危险所造成的各种风险以及未授权访问的机会
	支持性设施	应保护设备使其免于由支持性设施的失效而引起的电源故障和其他中断
	布缆安全	应保证传输数据或支持信息服务的电源布缆和通信布缆免受窃听或损坏
	设备维护	设备应予以正确地维护，以确保其持续的可用性和完整性
	组织场所外的设备安全	应对组织场所的设备采取安全措施，要考虑工作在组织场所以外的不同风险
	设备的安全处置或再利用	包含储存介质的设备的所有项目应进行检查，以确保在销毁之前，任何敏感信息和注册软件已被删除或安全重写
	资产的移动	设备、信息或软件在授权之前不应带出组织场所

6. 通信和操作管理（communications and operations management）

通信和操作管理包括操作程序和职责、第三方服务交付管理、系统规划和验收、防范恶意和移动代码、备份、网络安全管理、介质处置、信息的交换、电子商务服务和监视等 10 个部分。操作程序和职责的目标是确保正确、安全的操作信息处理设施；第三方服务交付管理的目标是实施和保持符合第三方服务交付协议的信息安全和服务交付的适当水准；系统规划和验收的目标是将系统失效的风险降至最小；防范恶意和移动代码的目标是保护软件和信息的完整性；备份的目标是保持信息和信息处理设施的完整性及可用性；网络安全管理的目标是确保网络中信息的安全性并保护支持性的基础设施；介质处置的目标是防止资产遭受未授权泄露、修改、移动或销毁以及业务活动的中断；信息的交换的目标是保持组织内信息和软件交换及与外部组织信息和软件交换的安全；电子商务服务的目标是确保电子商务服务的安全及其安全使用；监视的目标是检测未经授权的信息处理活动。表 7-7 给出了通信和操作管理的控制目标和措施。

表 7 - 7　通信和操作管理的控制目标和措施

	控　制　目　标	控　制　措　施
操作程序和职责	文件化的操作程序	操作程序应形成文件、保持并对所有需要的用户可用
	变更管理	对信息处理设施和系统的变更应加以控制
	责任分割	各类责任及职责范围应加以分割，以降低未授权或无意识的修改或者不当使用组织资产的机会
	开发、测试和运行设施分离	开发、测试和运行设施应分离，以减少未授权访问或改变运行系统的风险
第三方服务交付管理	服务交付	应确保第三方实施、运行和保持包含在第三方服务交付协议中的安全控制措施、服务定义和交付水准
	第三方服务的监视和评审	应定期监视和评审由第三方提供的服务、报告和记录，审核也应定期执行
	第三方服务的变更管理	应管理服务提供的变更，包括保持和改进现有的信息安全方针策略、程序和控制措施，要考虑业务系统和涉及过程的关键程度及风险的再评估
系统规划与验收	容量管理	资源的使用应加以监视、调整，并应作出对于未来容量要求的预测，以确保拥有所需的系统性能
	系统验收	应建立对新信息系统、升级及新版本的验收准则，并且在开发中和验收前对系统进行适当的测试
防范恶意和移动代码	控制恶意代码	应实施恶意代码的监测、预防和恢复的控制措施，以及适当地提高用户安全意识的程序
	控制移动代码	当授权使用移动代码时，其配置应确保授权的移动代码按照清晰定义的安全策略运行，应阻止执行未授权的移动代码
备份	信息备份	应按照已设的备份策略，定期备份和测试信息和软件
网络安全管理	网络控制	应充分管理和控制网络，以防止威胁的发生，维护系统和使用网络的应用程序的安全，包括传输中的信息
	网络服务的安全	安全特性、服务级别以及所有网络服务的管理要求应予以确定并包括在所有网络服务协议中，无论这些服务是由内部提供的还是外包的
介质处置	可移动介质的管理	应有适当的可移动介质的管理程序
	介质的处置	不再需要的介质，应使用正式的程序可靠并安全地处置
	信息处理程序	应建立信息的处理及存储程序，以防止信息的未授权的泄露或不当使用
	系统文件安全	应保护系统文件以防止未授权的访问

续表

控　制　目　标		控　制　措　施
信息的交换	信息交换策略和程序	应有正式的交换策略、程序和控制措施，以保护通过使用各种类型通信设施的信息交换
	交换协议	应建立组织与外部团体交换信息和软件的协议
	运输中的物理介质	包含信息的介质在组织的物理边界以外运送时，应防止未授权的访问、不当使用或毁坏
	电子消息发送	包含在电子消息发送中的信息应给予适当的保护
	业务信息系统	应建立并实施策略和程序，以保护与业务信息系统互联相关的信息
电子商务服务	电子商务	包含在使用公共网络的电子商务中的信息应受保护，以防止欺诈活动、合同争议和未授权的泄露和修改
	在线交易	包含在在线交易中的信息应受保护，以防止不完全传输、错误路由、未授权的消息篡改、未授权的泄露、未授权的消息复制或重放
	公共可用信息	在公共可用系统中可用信息的完整性应受保护，以防止未授权的修改
监视	审核日志	应产生记录用户活动、异常和信息安全事态的审核日志，并要保持一个已设的周期以支持将来的调查和访问控制监视
	监视系统的使用	应建立信息处理设施的监视使用程序，监视活动的结果要经常评审
	日志信息的保护	记录日志的设施和日志信息应加以保护，以防止篡改和未授权的访问
	管理员和操作员日志	系统管理员和系统操作员活动应记入日志
	故障日志	故障应被记录、分析，并采取适当的措施
	时钟同步	一个组织或安全域内的所有相关信息处理设施的时钟应使用已设的精确时间源进行同步

7. 访问控制（access control）

访问控制包括访问控制的业务要求、用户访问管理、用户职责、网络访问控制、操作系统访问控制、应用和信息访问控制和移动计算和远程工作等 7 个部分。访问控制的业务要求的目标是控制对信息的访问；用户访问管理的目标是确保授权用户访问信息系统，并防止未授权的访问；用户职责的目标是防止未授权用户对信息和信息处理设施的访问、危害或窃取；网络访问控制的目标是防止对网络服务的未授权访问；操作系统访问控制的目标是防止对操作系统的未授权访问；应用和信息访问控制的目标是防止对应用系统中信息的未授权访问；移动计算和远程工作的目标是确保使用可移动计算和远程工作设施时的信息安全。表 7-8 给出了访问控制的控制目标和措施。

表 7 - 8　访问控制的控制目标和措施

	控 制 目 标	控 制 措 施
访问控制的业务要求	访问控制策略	访问控制策略应建立、形成文件，并基于业务和访问的安全要求进行评审
用户访问管理	用户注册	应有正式的用户注册及注销程序来授权和撤销对所有信息系统及服务的访问
	特殊权限管理	应限制和控制特殊权限的分配及使用
	用户口令管理	应通过正式的管理过程控制口令的分配
	用户访问权的复查	管理者应定期使用正式过程对用户的访问权进行复查
用户职责	口令使用	应要求用户在选择及使用口令时遵循良好的安全习惯
	无人值守的用户设备	用户应确保无人值守的用户设备有适当的保护
	清空桌面和屏幕策略	应采取清空桌面上文件、可移动存储介质的策略和清空信息处理设施屏幕的策略
网络访问控制	使用网络服务的策略	用户应仅能访问已获专门授权使用的服务
	外部连接的用户鉴别	应使用适当的鉴别方法以控制远程用户的访问
	网络上的设备标志	应考虑自动设备标志，将其作为鉴别特定位置和设备连接的方法
	远程诊断和配置端口的保护	对于诊断和配置端口的物理和逻辑访问应加以控制
	网络隔离	应在网络中隔离信息服务、用户及信息系统
	网络连接控制	对于共享的网络，特别是越过组织边界的网络，用户的联网能力应按照访问控制策略和业务应用要求加以限制
	网络路由控制	应在网络中实施路由控制，以确保计算机连接和信息流不违反业务应用的访问控制策略
操作系统访问控制	安全登录程序	访问操作系统应通过安全登录程序加以控制
	用户标志和鉴别	所有用户应有唯一的、专供其个人使用的标识符（用户ID），应选择一种适当的鉴别技术证实用户所宣称的身份
	口令管理系统	口令管理系统应是交互式的，并应确保优质的口令
	系统实用工具的使用	可能超越系统和应用程序控制的实用工具的使用应加以限制并严格控制
	会话超时	不活动会话应在一个设定的休止期后关闭
	联机时间的限定	应使用联机时间的限制，为高风险应用程序提供额外的安全
应用和信息访问控制	信息访问限制	用户和支持人员对信息和应用系统功能的访问应依照已确定的访问控制策略加以限制
	敏感系统隔离	敏感系统应有专用的（隔离的）运算环境
移动计算和远程工作	移动计算和通信	应有正式策略并且采用适当的安全措施，以防范使用移动计算和通信设施时所造成的风险
	远程工作	应为远程工作活动开发和实施策略、操作计划和程序

8. 信息系统的获取、开发和维护（information systems acquisition, development and maintenance）

信息系统的获取、开发和维护包括信息系统的安全要求、应用中的正确处理、密码控制、系统文件的安全、开发和支持过程中的安全和技术脆弱性管理等 6 个部分。信息系统的安全要求的目标是确保安全是信息系统的一个有机组成部分；应用中的正确处理的目标是防止应用系统中的信息的错误、遗失、未授权的修改及误用；密码控制的目标是通过密码方法保护信息的保密性、真实性或完整性；系统文件的安全的目标是确保系统文件的安全；开发和支持过程中的安全的目标是维护应用系统软件和信息的安全；技术脆弱性管理的目标是降低利用公布的技术脆弱性导致的风险。表 7-9 给出了信息系统的获取、开发和维护的控制目标和措施。

表 7-9　信息系统的获取、开发和维护的控制目标和措施

	控 制 目 标	控 制 措 施
信息系统的安全要求	安全要求分析和说明	在新的信息系统或增强已有信息系统的业务要求陈述中，应规定对安全控制措施的要求
应用中的正确处理	输入数据验证	输入应用系统的数据应加以验证，以确保数据是正确且恰当的
	内部处理的控制	验证检查应整合到应用中，以检查由于处理的错误或故意的行为造成的信息的讹误
	消息完整性	应用中的确保真实性和保护消息完整性的要求应得到识别，适当的控制措施也应得到识别并实施
	输出数据验证	从应用系统输出的数据应加以验证，以确保对所存储信息的处理是正确的且适于环境的
密码控制	使用密码控制的策略	应开发和实施使用密码控制措施来保护信息的策略
	密钥管理	应有密钥管理以支持组织使用密码技术
系统文件的安全	运行软件的控制	应有程序来控制在运行系统上安装软件
	系统测试数据的保护	测试数据应认真地加以选择、保护和控制
	对程序源代码的访问控制	应限制访问程序源代码
开发和支持过程中的安全	变更控制程序	应使用正式的变更控制程序控制变更的实施
	操作系统变更后应用的技术评审	当操作系统发生变更后，应对业务的关键应用进行评审和测试，以确保对组织的运行和安全没有负面影响
	软件包变更的限制	应对软件包的修改进行劝阻，限制必要的变更，且对所有的变更加以严格控制
	信息泄露	应防止信息泄露的可能性
	外包软件开发	组织应管理和监视外包软件的开发
技术脆弱性管理	技术脆弱性的控制	应及时得到现用信息系统技术脆弱性的信息，评价组织对这些脆弱性的暴露程度，并采取适当的措施来处理相关的风险

9. 信息安全事件管理（information security incident management）

信息安全事件管理包括报告信息安全事态和弱点、信息安全事件和改进的管理 2 个部

分。报告信息安全事态和弱点的目标是确保与信息系统有关的信息安全事态和弱点能够以某种方式传达，以便及时采取纠正措施；信息安全事件和改进的管理的目标是确保采用一致和有效的方法对信息安全事件进行管理。表 7 - 10 给出了信息安全事件管理的控制目标和措施。

表 7 - 10　信息安全事件管理的控制目标和措施

	控 制 目 标	控 制 措 施
报告信息安全事态和弱点	报告信息安全事态	信息安全事态应该尽可能快地通过适当的管理渠道进行报告
	报告安全弱点	应要求信息系统和服务的所有雇员、承包方人员和第三方人员记录并报告他们观察到的或怀疑的任何系统或服务的安全弱点
信息安全事件和改进的管理	职责和程序	应建立管理职责和程序，以确保能对信息安全事件做出快速、有效和有序的响应
	对信息安全事件的总结	应有一套机制量化和监视信息安全事件的类型、数量和代价
	证据的收集	当一个信息安全事件涉及诉讼（民事的或刑事的），需要进一步对个人或组织进行起诉时，应收集、保留和呈递证据，以使证据符合相关诉讼管辖权

10. 业务连续性管理（business continuity management）

业务连续性管理的目标是防止业务活动中断，保护关键业务过程免受信息系统重大失误或灾难的影响，并确保它们的及时恢复。表 7 - 11 给出了业务连续性管理的控制目标和措施。

表 7 - 11　业务连续性管理的控制目标和措施

	控 制 目 标	控 制 措 施
业务连续性管理的信息安全方面	业务连续性管理过程中包含的信息安全	应为贯穿于组织的业务连续性开发和保持一个管理过程，以解决组织的业务连续性所需的信息安全要求
	业务连续性和风险评估	应识别能引起业务过程中断的事态，这种中断发生的概率和影响，以及它们对信息安全所造成的后果
	制订和实施包含信息安全的连续性计划	应制订和实施计划来保持或恢复运行，以在关键业务过程中断或失败后能够在要求的水平和时间内确保信息的可用性
	业务连续性计划框架	应保持一个唯一的业务连续性计划框架，以确保所有计划是一致的，能够协调地解决信息安全要求，并为测试和维护确定优先级
	测试、维护和再评估业务连续性计划	业务连续性计划应定期测试和更新，以确保其及时性和有效性

11. 符合性（compliance）

符合性包括符合法律要求、符合安全策略和标准以及技术符合性、信息系统审核考虑等

3个部分。符合法律要求的目标是避免违反任何法律、法令、法规或合同义务，以及任何安全要求；符合安全策略和标准以及技术符合性的目标是确保系统符合组织的安全策略及标准；信息系统审核考虑的目标是将信息系统审核过程的有效性最大化、干扰最小化。表7－12给出了符合性的控制目标和措施。

表 7 - 12　符合性的控制目标和措施

	控 制 目 标	控 制 措 施
符合法律要求	可用法律的识别	对每一个信息系统和组织而言，所有相关的法令、法规和合同要求，以及为满足这些要求组织所采用的方法，应加以明确的定义，形成文件并保持更新
	知识产权（IPR）	应实施适当的程序，以确保在使用具有知识产权的材料和具有所有权的软件产品时，符合法律、法规和合同的要求
	保护组织的记录	应防止重要的记录遗失、毁坏和伪造，以满足法令、法规、合同和业务的要求
	数据保护和个人信息的隐私	应依照相关的法律、法规和合同条款的要求，确保数据保护和隐私
	防止滥用信息处理设施	应禁止用户使用信息处理设施用于未授权的目的
	密码控制措施的规则	使用密码控制措施应遵从相关的协议、法律和法规
符合安全策略和标准以及技术符合性	符合安全策略和标准	管理人员应确保在其职责范围内的所有安全程序被正确地执行，以确保符合安全策略及标准
	技术符合性检查	信息系统应被定期检查是否符合安全实施标准
信息系统审核考虑	信息系统审核控制措施	涉及对运行系统检查的审核要求和活动，应谨慎地加以规划并取得批准，以便最小化造成业务过程中断的风险
	信息系统审核工具的保护	对于信息系统审核工具的访问应加以保护，以防止任何可能的滥用或损害

　　　　上述所列并不是所有的控制目标和控制措施，组织也可能需要选择另外的控制目标和控制措施。以上可作为选择控制措施的出发点，以确保不会遗漏重要的可选控制措施。

本 章 小 结

　　信息安全管理是通过维护信息的保密性、完整性和可用性等来管理和保护信息资产的一项体制，是对信息安全保障进行指导、规范和管理的一系列活动和过程。

　　（1）ISO 27001标准采用了"规划（plan）—实施（do）—检查（check）—处置（act）"（PDCA）模型来建立、实施、运行、监视、评审、保持和改进一个组织的ISMS，该模型可应用于所有的ISMS过程。

（2）ISO 27002 定义了信息安全管理中的 11 个主要领域的控制目标和控制措施，分别是：安全方针，信息安全组织，资产管理，人力资源安全，物理和环境安全，通信和操作管理，访问控制，信息系统的获取、开发和维护，信息安全事故管理，业务连续性管理和符合性。

习　　题

1. 什么叫信息安全管理？信息安全管理包括的主要内容有哪些？
2. 信息安全管理的主要标准有哪些？
3. 简述我国的信息安全管理现状。
4. 什么是 ISMS（信息安全管理体系）？建立 ISMS 有什么作用？
5. PDCA 分为哪几个阶段？每一个阶段的主要任务是什么？
6. 信息安全组织的基本任务是什么？

第 8 章　安全评估标准

8.1　可信计算机系统评估准则（TCSEC）

随着计算机在政府机关、金融行业、经济和军事等部门中的广泛应用，大量保密信息进入到计算机系统中，迫使人们越来越重视计算机系统的安全性问题。究竟什么样的计算机系统是安全的？如何评价计算机系统的安全性？这些已成为各国政府和广大计算机用户关注的一个重要问题。美国是最早开始这一方面研究的国家之一，早在 1970 年，美国国防部（DoD）在国家安全局（NSA）建立了一个计算机安全中心（national computer security center，NCSC），开展了计算机安全评估的研究工作，1985 年美国国防部正式公布了《可信计算机系统评估准则》（trusted computer system evaluation criteria，TCSEC），编号为 DoD 5200.28—STD，又称为"橘皮书"。该准则为评测计算机安全产品提供了测试准则和方法，之后又颁布了一系列的解释性文件，统称为"彩虹系列"。TCSEC 是计算机系统安全评估的第一个正式标准，具有划时代的意义。

TCSEC 的发布主要有 3 个目的：

①为制造商提供一个标准，使他们在开发新的商业产品时增加安全特征，以便为用户提供针对敏感应用满足可信要求的广泛可信的应用系统；

②为国防部各部门提供一个度量标准，用来评估被放置在计算机系统和其他敏感信息的可信度；

③在获得规范时，为制定安全需求提供基础。

8.1.1　TCSEC 的安全要求

TCSEC 为可信计算机系统提出了 6 条基本的安全要求：

（1）安全策略（security policy）。必须有一个清楚的、定义明确的安全策略，并由系统强制实施。给定标志的主体和客体，必须有一套规则集，系统使用他来决定是否一个给定的主体能够获得对一个特定客体的访问权。计算机系统必须实施一个强制安全策略，能够有效实现处理敏感信息的访问规则。这些规则包括如下要求：禁止未经安全检查的人员获得对保密信息的访问；另外，必须有自主安全控制用来确保只有指定的用户或用户组可以获得对数据的访问。

（2）标记（marking）。访问控制标记必须和客体相关联，为了控制对存储在计算机中的信息的访问，根据强制安全策略规则，每一个客体必须用一个标记来标志客体的敏感级别并记录哪些主体可以对其进行访问的方式。

（3）认证（identification）。每个主体必须被认证后才能对客体进行访问。每次对信息的访问必须基于谁在访问信息以及他们被授权访问哪个级别的信息。认证和授权信息必须由计算机系统安全维护，并且与系统中完成安全相关动作的活动元素相结合。

（4）可审计性（accountability）。审计信息必须有选择性地保存并加以保护，以便影响安全的动作能够被追踪到责任方。一个可信系统必须能够在一个审计日志中记录出现的安全相关事件。为了降低审计费用并提高分析效率，必须具有选择审计事件的能力。审计信息必须加以保护以防止被修改和未经授权的毁坏，以允许对违背安全事件的侦查和事后调查。

（5）保障（assurance）。为了确保上述提到的 4 个要求，系统中必须提供相应硬件和软件的保障机制，并能评价这些机制的有效性。这些机制可以嵌入到操作系统中，并用一种安全的方式执行分配的任务。这些机制应该在文档中写清楚并能独立检查其效果。

（6）连续保护（continuous protection）。实现上述这些基本要求的可信机制必须受到连续保护，以对抗未经授权的篡改。如果计算机系统中实现上述安全策略的硬件和软件机制易遭到破坏，那么这个系统就不能算是真正安全的。连续保护要求在计算机系统的整个生命周期中均有意义。

8.1.2 TCSEC 计算机安全级别

根据以上 6 条基本安全要求，美国国防部把计算机系统分为 4 类 8 个安全级别。从低到高，安全级别分别为 D，C1，C2，B1，B2，B3，A1，超 A1。

表 8-1 给出了 TCSEC 中的等级划分，表 8-2 给出了各个等级应满足的安全要求。

表 8-1 TCSEC 中的等级划分

类别	描 述	等级	
A	验证保护 （verified protection）	超 A1	超 A1 （Beyond Class A1）
A	验证保护 （verified protection）	A1	验证设计级 （Verified Design）
B	强制保护 （mandatory protection）	B3	安全域保护级 （Security Domains）
B	强制保护 （mandatory protection）	B2	结构化保护级 （Structured Protection）
B	强制保护 （mandatory protection）	B1	标记安全保护级 （Labeled Security Protection）
C	自主保护 （discretionary protection）	C2	受控访问保护级 （Controlled Access Protection）
C	自主保护 （discretionary protection）	C1	自主安全保护级 （Discretionary Security Protection）
D	最小保护 （minimal protection）	D	最低保护级

表 8-2 可信计算机系统评估准则

类别			准 则	D	C1	C2	B1	B2	B3	A1	A2
安全策略			自主访问控制		+	+	=	=	+	=	=
安全策略			客体重用			+	=	=	=	=	=
安全策略	标记		标记完整性				+	=	=	=	=
安全策略	标记	标记信息输出	多级设备输出				+	=	=	=	=
安全策略	标记	标记信息输出	单级设备输出				+	=	=	=	=
安全策略	标记	标记信息输出	对人可读的输出标记				+	=	=	=	=
安全策略	标记		主体敏感性标记					+	=	=	=
安全策略	标记		设备标记					+	=	=	=
安全策略			强制访问控制				+	=	=	=	=

续表

类别	准则		D	C1	C2	B1	B2	B3	A1	A2
可审计性	标志与认证	标志与认证		+	+	+	=	=	=	=
		可信路径					+	+		
	审计				+	+	+	+	=	=
保障	操作保障	系统体系结构		+	+	+	+	+	=	=
		系统完整性		+	=	=	=	=	=	=
		隐蔽信道分析					+	+	+	=
		可信设备管理					+	+	=	=
		可信恢复						+	=	=
	生命周期保障	安全性测试		+	+	+	+	+	+	+
		设计规范与验证				+	+	+	+	+
		配置管理					+	=	+	=
		可信分发							+	=
文档	安全特性用户指南			+	=	=	=	=	=	=
	可信设备手册			+	+	=	+	=	=	=
	测试文档			+	=	=	+	=	+	=
	设计文档			+	=	+	+	+	+	+

注："+"表示新增功能或比下一级功能有扩展,"="表示与下一级功能相同。

8.1.2.1 D类:最小保护

这一类只包含一个安全等级,即 D 级,这是计算机安全等级中的最低一级。在评估中,所有不满足更高安全等级要求的系统都属于 D 级。例如早期的 DOS 操作系统就属于这一级。

8.1.2.2 C类:自主保护

C 类属于自主保护类,提供了自主保护功能,通过身份认证、自主访问控制和审计等安全措施来保护系统,一般只适用于具有一定安全等级要求的多用户环境。C 类分 C1 和 C2 两个等级。

1. C1 级

C1 级是自主安全保护级,适用于多个同敏感级的协作用户进行数据处理的工作环境。其主要特征是:通过提供用户和数据的隔离,满足自主安全要求。使用一些可信控制功能来加强访问限制,允许用户保护私有信息以免被其他用户读取或破坏数据。

C1 级系统满足的最小安全要求包括:自主访问控制的安全策略,TCB 应在命名用户和命名客体(如文件和程序)之间定义和控制访问;应能允许用户通过命名主体和定义组的方式指定和控制对客体的共享;允许用户对自己的资源可以自主地确定何时使用或不使用,以及允许哪些主体或组进行访问;通过拥有者的自主定义和控制,防止数据被不信任用户有意或无意地读出、篡改或破坏;在进行任何活动之前,通过 TCB 去确认用户身份(如采用口令机制），并确保数据不被未经授权的访问和修改。这类系统在硬件上必须提供某种程度的保护机制，使之不易受到损害；严格的测试，以检测该系统是否实现了设计文档上说明的安全要求。另外，还要进行攻击性测试，以保证不存在明显的漏洞，让非法用户攻破或绕过系统的安全机制进入系统。C1 级系统要求完善的文档资料。

2. C2 级

C2 级又称受控访问保护级。与 C1 级相比，实现粒度更细的自主访问控制，保护粒度达到单个用户和单个客体一级。通过注册过程控制、审计与安全相关的事件以及资源隔离，实现对用户操作的可追踪性。

C2 级系统的安全要求包括：在安全策略方面，C2 级的自主访问控制粒度细化到单个用户而不是用户组，在注册时就要求按单个用户进行认证、审计和授权服务，可指定哪些用户可以访问哪些客体，未授权用户不能访问相应客体；C2 级还提供了客体重用功能，即对一个未使用的存储客体，TCB 应该能够保证该客体不包含未授权主体的数据。

在审计方面，C2 级新增了审计功能，审计粒度应能跟踪每一个主体对每一个客体的每一次访问。TCB 还能记录下列类型的事件：确认和识别安全机制的使用，将客体引入用户地址空间，客体被删除等事件，还能记录操作人员、系统管理人员和安全管理人员进行的各种与安全相关的活动。

C2 级的审计功能还应提供唯一识别系统中各个用户身份的能力；提供将这种用户身份与其被审计动作相联系的能力；可审计所有主体进行的各种活动；能对 TCB 进行建立和维护，对客体访问的审计进行跟踪，并保护审计信息，防止被修改、毁坏或未经授权的访问。

对每个审计事件，审计记录应包括用户名、事件发生时间、事件类型、事件的成功或失败等。对于确认事件，审计记录还应包括请求源（如终端 ID）；对访问客体的事件，审计记录中应包括客体名。C2 级系统允许系统管理人员有选择地审计任一用户或多个用户的活动。

C2 级是最低军用安全级别，目前主要的商业操作系统都能达到这一等级，如 UNIX 系统、Windows NT 系统。

8.1.2.3　B 类：强制保护

B 类属于强制保护类，这一类别比 C 类的安全功能有很大的增强，要求对客体实施强制访问控制。要求客体带有敏感标记，可信计算机利用敏感标记实施强制访问控制。这一类别可分为 B1、B2 和 B3 三个级别。

1. B1 级

B1 级又称标记安全保护级。在 C2 级的基础上，增加了标记、强制访问控制、审计、可审计性和保障等功能。具体要求如下：

（1）标记。标记在 B1 级起到十分重要的作用，是强制访问控制实施的依据。B1 级要求每个主体和客体指定敏感标记，并由 TCB 维护。B1 级对标记的内容和使用有如下要求：

①标记完整性。安全标记应能准确地体现主体和客体的安全级别。当 TCB 输出敏感标记时，应该能够准确对应内部标记，并输出相应的关联信息。

②标记信息输出。TCB 应该能够指明每个 I/O 信道和 I/O 设备是单安全级还是多安全级使用。这种指定都应由人工完成，并由 TCB 对这种活动进行审计。

③多级设备输出。当 TCB 输出一客体到多安全级的 I/O 设备时，敏感标记应与客体同

时输出，并以同样的形式与输出信息驻留在同一物理介质上。当 TCB 使用多安全级 I/O 信道通信时，协议应能支持多敏感标记信息的传输。

④单级设备输出。虽然不要求对单安全级 I/O 设备和单安全级信道所处理的信息保留敏感标记。但是，TCB 应该提供一种安全机制，允许用户可经由单级 I/O 信道或 I/O 设备来安全传输单级信息。

⑤对人可读的输出标记。系统管理员应该能够指定与输出敏感标记相关联的可打印标记名，TCB 应能标志这些敏感标记的开始和结束。敏感标记可以是"秘密"、"机密"和"绝密"等。

（2）强制访问控制。TCB 应对他控制下的所有主体和客体施加一种强制访问控制策略，主体和客体要指定敏感标记。这些标记是等级保护和非等级保护的结合，并作为强制访问控制判断的依据。TCB 应支持两个以上的安全等级。在由 TCB 控制的主体和客体之间的访问必须满足以下要求：只有主体的敏感等级大于或等于客体的敏感等级，并且该主体的信息访问类包含客体的信息访问类时，才允许该主体对客体进行读操作；只有主体的敏感等级不大于客体的敏感等级，并且该主体的信息访问类包含客体的信息访问类时，才允许该主体对客体进行写操作。注意信息访问类中的信息具有非等级性。强制访问控制的策略模型是 Bell-Lapadula 模型。B1 系统对所有访问都要实现这种模型，同时也支持有限的自主访问控制功能。

（3）可审计性。TCB 应该对所有涉及敏感活动的用户进行身份识别，应该管理用户账户、口令、鉴别和权限信息，以防止未经授权的用户访问。B1 级的审计功能比 C2 级更加强大，增加了对任何滥用职权人员可读输出标记和对安全级记录的事件进行审计，也可以有选择地对用户的安全性活动进行审计。

（4）对实现的要求。B1 级要求有一种非形式化的或形式化的模型来描述系统实现的安全策略。在实现过程中，必须彻底分析 B1 级系统的设计文档和源代码，测试目标代码，尽可能地发现并消除系统存在的安全缺陷。

2. B2 级

B2 级又称结构化保护级。着重强调实际操作中的评测手段，要求计算机系统加入一种允许用户去评价该系统满足哪一级的方法。为此，系统的内部结构应是可证明的，在控制机理内部，应能识别出不同功能模块各自所能保护的部分。B2 级同 B1 级相比，增加了如下功能。

①在安全策略方面，加强了强制访问控制功能。将强制访问控制对象从主体和客体扩展到 I/O 设备等所有资源，并要求各种系统资源必须与安全标记相联系。

②在可审计性方面，加强了系统的连续保护和防渗透能力。主要包括：保证了系统和用户之间开始注册和确认时的路径是可信的，提高了系统连续保护和防渗透的能力；要求加强审计功能，能审计使用隐蔽存储信道的标记事件。所谓隐蔽信道，是指用违反系统安全策略的方法传输信息的通道。如一个进程直接或间接地对一个存储单元写，而另一个进程直接或间接地对该存储单元读，这就形成一个隐蔽信道。

③最小特权原则，应能支持操作人员和系统管理人员的权限分离，对每个主体只授予满足完成任务所需的最小特权，遵循最小特权原则。还应划分与保护有关和无关部分，并把他的执行维持在一个固定的区域，防止被外界破坏或篡改。

3. B3 级

B3 级又称安全域保护级。除 B2 级的要求外，还要求 TCB 能监督所有主体对客体的访问，使每次访问都受到检查；TCB 是防篡改的；TCB 应当足够小，从而可以分析和测试。用户程序或操作被限定在某个安全域内，安全域间的访问受到严格控制。B3 级系统通常采用硬件设施来加强安全域的控制，如内存管理硬件用于保护安全域免受无权主体的访问或防止其他域主体的修改。B3 级系统还应具有恢复能力。B3 级系统增加的功能如下：

①在安全策略方面，采用访问控制表进行控制，允许用户指定和控制对客体的共享，也可以指定命名用户对命名客体的访问方式。

②在可审计性方面，能监视安全审计事件的发生和积累，当超过一定阈值时，能立即报知安全管理人员进行处理。

③在保障措施方面，只能完成与安全有关的管理功能，对其他非安全功能的操作要严加限制。在系统出现故障和灾难性事件后，要提供过程和机制，以保证在不损害保护的条件下，使系统得到恢复。

8.1.2.4　A 类：验证保护

A 类属于验证保护类，A 类系统不仅具有形式化的安全模型，而且要求用形式化方法验证系统的安全性，以保证系统的访问控制机制能有效地保护分层安全等级和敏感信息。要证明 TCB 在设计、实现和构造等方面都符合安全策略的要求，要采用形式化的方法进行验证。这一类别可分为 A1 和超 A1 两个级别。

1. A1 级

A1 级又称验证设计级。在功能上与 B3 级系统相同，没有增加任何体系结构和安全策略方面的要求。但本级的主要特点是，要求用形式化设计规范和验证方法来对系统进行分析，确保 TCB 完全按设计要求实现。

A1 级验证设计要求遵循以下 5 条原则：

①必须对安全策略的形式化模型进行验证，包括采用数学方法证明模型与其公理的一致性，模型对安全策略支持的有效性。

②应提供形式化的高层设计说明，包括 TCB 功能的抽象定义、用于隔离执行域的硬件、固件机制的抽象定义。

③应通过形式化的技术（如果可能的话）和非形式化的技术证明 TCB 的形式化高层设计说明与模型是一致的。

④通过非形式化的方法证明 TCB 的实现（硬件、固件、软件）与形式化的高层设计说明是一致的。应证明高层设计说明中的元素与 TCB 中的元素是一致的，高层设计说明应表达用于满足安全策略的一致的保护机制，这些保护机制的元素应映射到 TCB 的要素上。

⑤应使用形式化的方法标志并分析隐蔽信道，非形式化的方法可以用来识别时间隐蔽信道，必须对系统中存在的隐蔽信道进行解释。

A1 级系统的要求极高，达到这种要求的系统极少，已获得承认的这类系统有 Honeywell 公司的 SCOMP 系统。A1 级是信息系统的最高安全标准，一般的信息系统都很难达到这样的安全能力。

2. 超 A1 级

由于超 A1 级超出了目前的技术发展，所以很难提出一些具体的要求。但美国国防部（DoD）为了给今后的研究提供一些指导，提出了一些设想。随着更多、更好分析技术的出现，超 A1 级系统要求将会变得更加明确。超 A1 级系统涉及的范围包括系统体系结构、安全测试、形式化设计说明与验证、可信设计环境等。

8.2　通用评估准则（CC）

通用评估准则（common criteria，简称 CC）于 1999 年 12 月正式由 ISO 组织颁布，已成为全世界公认的信息安全技术评估准则。这个准则集多国科学家的智慧，经历了漫长的发展历程，最终形成的结果不仅可以作为安全信息系统的评测标准，而且可以作为安全信息系统设计与实现的标准与参考。

8.2.1　CC 的发展历程

通用评估准则 CC，即 ISO/IEC 15408—1999 是国际标准化组织统一现有多种评估准则的结果，是在美国、加拿大、欧洲等国家和地区分别自行推出测评准则并具体实践的基础上发展起来的。CC 经历的发展过程如图 8-1 所示。在 CC 成为国际标准后，中国就开始制定对应的国家标准。2001 年 3 月 8 日国家质量技术监督局将其作为国家标准 GB/T 18336 正式发布，并于 2001 年 12 月 1 日正式实施。

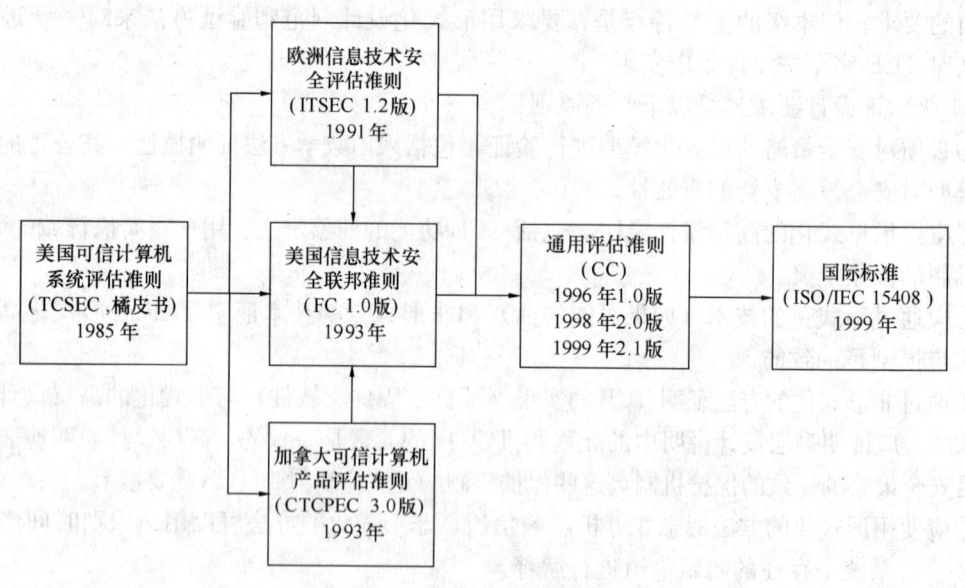

图 8-1　CC 的发展历程

CC 的发展历程主要包括以下几个阶段：

①1985 年，美国国防部公布《可信计算机系统评估准则》（TCSEC）；

②1991 年，欧洲委员会在法国、德国、荷兰和英国的联合开发后公开发表《信息技术

安全评估准则》（ITSEC）1.2 版；

③1993 年，作为 ITSEC 和 TCSEC 的结合，加拿大公开发布《可信计算机产品评估准则》（CTCPEC）3.0 版；

④1993 年，结合北美和欧洲有关评估准则概念的基础上，美国公布《信息技术安全联邦标准》（FC）草案 1.0 版；

⑤1996 年，六国七方（加拿大、法国、德国、荷兰、英国、美国国家标准和技术研究院计算机安全局、美国国家安全局）公布《信息技术安全性通用评估准则》（CC）1.0 版；

⑥1998 年，六国七方公布《信息技术安全性通用评估准则》（CC）2.0 版；

⑦1999 年 12 月，ISO 接受 CC 为国际标准 ISO/IEC 15408 标准，并正式颁布发行。

8.2.2　文档结构和适用对象

1. CC 的文档结构

（1）简介和一般模型。本部分标准介绍了信息技术安全性评估的基本概念，给出了信息技术安全性评估的一般模型，并在附录 B 和附录 C 分别介绍了保护轮廓（PP）和安全目标（ST）的原理和主要内容。

（2）安全功能要求。本部分标准介绍了信息技术安全性评估的安全功能要求。按"类—子类—组件"的方式提出安全功能要求，提供了表示评估对象 TOE 安全功能要求的标准方法。此部分列出了 11 个类、66 个子类和 135 个功能组件。

（3）安全保证要求。本部分标准介绍了信息技术安全性评估的安全保证要求。按"类—子类—组件"的方式提出安全保证要求。此部分列出了 7 个保证类、1 个保证维护类，定义了 PP 评估类和 ST 评估类。此外，本部分还定义了评价产品或系统保证能力水平的一组尺度——评估保证级别。

2. CC 的适用对象

CC 的适用对象包括关心 IT 产品和系统的安全性评估的读者，即评估对象（TOE）的用户、开发者和评估者，以及其他相关人员。

（1）TOE 用户。当用户选择 IT 安全要求来表达他们的组织需求时，CC 起到重要的技术支持作用。用户可以用评估结果来决定一个已评估的产品和系统是否满足他们的安全需求，这些需求通常是风险分析和政策导向的结果。分等级的保证要求，使用户可以用评估结果来比较不同的产品和系统。

（2）TOE 开发者。CC 也为开发者在准备和协助评估产品或系统以及确定每种产品和系统要满足的安全需求方面提供支持。CC 可以通过评估特定的安全功能和保证来声称 TOE 符合特定的安全需求。每一个 TOE 的需求都包含在一个名为安全目标（ST）的与实现相关的概念中，广大用户的需求由一个或多个保护轮廓（PP）提供。CC 描述的安全功能可被开发者包括在 TOE 内。CC 可用来确定责任和行为以支持 TOE 评估所必要的证据，它也定义证据的内容和表现形式。

（3）TOE 评估者。CC 包含评估者判定 TOE 与其安全需求一致时所使用的准则。CC 用于描述评估者通常执行的一系列行为和执行这些行为所基于的安全功能。值得注意的是 CC 没有规定执行这些行动的过程。

（4）其他相关人员包括：

①系统管理员和系统安全管理员，负责确定和达到组织的 IT 安全策略和需求；

②内部和外部审计员，负责评定系统安全性能是否充分；

③安全规划和设计者，负责规范 IT 系统和产品的安全内容；

④认可者，负责认可一个 IT 系统在特定环境中的使用；

⑤评估发起者，负责请求和支持一个评估；

⑥评估机构，负责管理和监督 IT 安全评估程序。

8.2.3　主要术语

产品（product）：IT 软件、固件或硬件的包，其功能用于或组合到多种系统中。

系统（system）：具有特定目的和运行环境的专用 IT 装置。

评估对象（target of evaluation，TOE）：作为评估主体的 IT 产品及系统，例如防火墙产品、计算机网络、密码模块等，以及相关的管理员和用户指南文档。

安全目的（security objective）：对抗特定的威胁、满足特定的组织安全策略和假设的陈述。

保证（assurance）：实体达到其安全性目的的信任基础。

保护轮廓（protection profile，PP）：满足特定用户需求与一类 TOE 实现无关的一组安全要求。也就是说，PP 定义了一类 TOE 的安全需求，而与某个具体的 TOE 无关。在标准体系中，PP 相当于产品标准，例如，针对应用级防火墙、包过滤防火墙、入侵检测、VPN 等产品或系统，都开发了相应的 PP。

安全目标（security target，ST）：作为指定的 TOE 评估基础的一组安全要求和规范。ST 的开发针对具体的 TOE，包括该 TOE 的安全目的、安全需求，为满足安全需求而提供的特定安全性技术要求和保证措施。因为 ST 是针对特定 TOE 开发的，通过安全性评估可以证明该 TOE 所要实现的技术和保证措施对满足指定的安全需求和目的是有用和有效的。因此，ST 是 TOE 开发者、评估者和用户之间在安全性和评估范围上达成一致的基础。

类（class）：具有共同目的的子类的集合。

组件（component）：可包含在 PP、ST 或一个包中的最小可选元素集。

元素（element）：不可再分的安全要求。

包（package）：为了满足一组确定的安全目的而组合在一起的一组可重用的功能或保证组件（如 EAL）。

评估保证级（evaluation assurance level，EAL）：由 CC 第 3 部分中保证组件构成的包，该包代表了 CC 预先定义的保证尺度上的某个位置。

CC 定义了一系列结构，这些结构将已知有效的安全要求构成有意义的组合体，这些组合体可用来为预期的产品和系统建立安全要求。CC 安全要求以"类—子类—组件"这种层次结构组织以帮助用户定位特定的安全要求。图 8-2 给出了安全要求的层次结构。

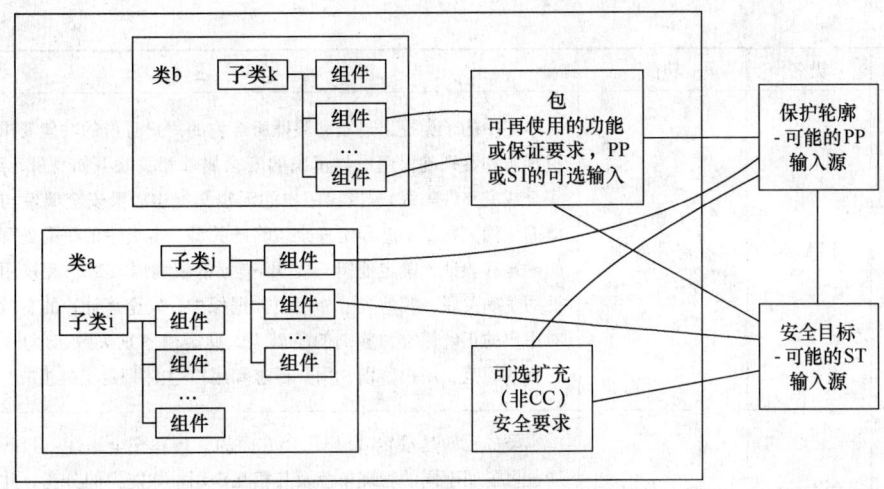

图 8-2　安全要求的层次结构

8.2.4　安全功能要求

安全功能要求就是基于确定的用户需求，在产品或系统中采用相应的技术安全措施来满足这些需求。在 CC 第 2 部分中，按"类—子类—组件"的方式定义了目前国际上公认的常用安全功能要求，他包含 11 个类、66 个子类和 135 个组件。表 8-3 给出了 11 个类的介绍。

表 8-3　CC 中的安全功能类

序号	类名	功能	描　述
1	FAU 类	安全审计	安全审计包括识别、记录、存储和分析那些与安全相关活动（即由 TSP 控制的活动）有关的信息。检查审计记录结果可用来判断发生了哪些安全相关活动以及哪个用户要对这些活动负责。此类由安全审计自动响应、安全审计数据产生、安全审计分析、安全审计查阅、安全审计事件选择、安全审计事件存储子类组成
2	FCO 类	通信	本类提供两个子类，专门用以确保在数据交换中参与方的身份。这些子类与确保信息传送的发起者的身份（原发证明）和确保信息传送的接收者的身份（接收证明）相关。这些子类既确保发起者不能否认发送过信息，又确保接收者不能否认收到过信息。此类由原发抗抵赖、接收抗抵赖两个子类组成
3	FCS 类	密码支持	TSF 可以利用密码功能来满足一些高级安全目的。这些功能包括（但不限于）：标志与鉴别，抗抵赖，可信路径，可信信道和数据分离。本类可用硬件、固件或软件来实现，在 TOE 执行密码功能时使用。此类由密钥管理和密码运算两个子类组成
4	FDP 类	用户数据保护	本类包含若干子类，这些子类规定了与保护用户数据相关的 TOE 安全功能要求和 TOE 安全功能策略。FDP 分为四组子类，这些子类处理 TOE 内部在输入、输出和存储期间的用户数据，以及和用户数据直接相关的安全属性

序号	类名	功能	描　述
5	FIA 类	标志和鉴别	本类中的子类提出建立和验证所声称的用户身份的功能要求。需要通过标志和鉴别确保用户与正确的安全属性相关联（如身份、组、角色、安全或完整性等级）。授权用户的无歧义标志以及安全属性与用户和主体的正确关联是实施预定安全策略的关键。本类中的子类处理用户身份的确定和验证，确定他们与 TOE 交互的权利以及每个授权用户安全属性的正确关联。其他类（如用户数据保护、安全审计）的有效性建立在对用户的正确标志和鉴别的基础上。此类由鉴别失败、用户属性定义、秘密的规范、用户鉴别、用户标志和用户-主体绑定子类组成
6	FMT 类	安全管理	本类的目的是规定 TSF 几个方面的管理：安全属性、TSF 数据和功能、可说明不同的管理角色及其相互作用，如能力的分离。此类由 TSF 中功能的管理、安全属性的管理、TSF 数据管理、撤销、安全属性到期、安全管理角色子类组成
7	FPR 类	隐私	此类包括隐私要求。这些要求为用户提供其身份不被其他用户发现或滥用的保护。此类由匿名、假名、不可关联性、不可观察性子类组成
8	FPT 类	TSF 保护	本类包含了多个功能要求子类。一方面与提供 TSF（和特定 TSP 无关）的机制的完整性和管理有关，另一方面与 TSF 数据（和 TSP 数据的特定内容无关）的完整性有关。在某种意义下，FPT 类的子类可能出现与 FDP 类（用户数据保护）中完全相同的组件，他们甚至用相同的机制来实现。但是，FDP 主要针对用户数据的保护，而 FPT 则针对 TSF 数据的保护。实际上，FPT 类的组件对保证 TOE 中的 SFP 不被篡改和旁路是必需的。此类包含 16 个子类
9	FRU 类	资源利用	本类提供 3 个子类支持所需资源的处理和存储能力。容错子类提供保护以防止由 TOE 失败引起的上述资源不可用。服务优先级子类确保资源将被分配到更重要的和时间要求更苛刻的任务中，而且不能被优先级低的任务所独占。资源分配子类提供可用资源的使用限制，从而防止用户独占资源
10	FTA 类	TOE 访问	本类规定用以控制建立用户会话的功能要求。此类由可选属性范围限定、多重并发会话限定、会话锁定、TOE 访问旗标、TOE 访问历史、TOE 会话建立子类组成
11	FTP 类	可信路径/信道	本类中的子类提供关于用户和 TSF 之间可信通信路径，以及关于 TSF 和其他可信 IT 产品之间可信通信信道的要求。可信路径为用户提供一种手段，通过有保证地与 TSF 直接交互来执行功能。可信路径通常用于初始标志或鉴别等用户活动，但也可能用于用户会话过程中的其他时刻。可信路径的交换可以由用户或 TSF 发起。应确保经可信路径的用户应答受到保护，不会被不可信应用所修改或泄露给不可信应用。此类由 TSF 间可信信道和可信路径子类组成

8.2.5　安全保证要求

CC 的第 3 部分定义了保证要求，包括衡量保证尺度的评估保证级（EAL）、组成保证级的每个保证组件以及 PP 和 ST 的评估准则。

1. CC 基本原则

CC 基本原则就是应该清楚描述那些对安全和组织安全策略承诺所造成的威胁并且提出足以达到所期望的安全目的的安全措施。进一步说，就是应采取一些措施以减少可能存在的脆弱性，减弱有意利用或者无意触发（或利用）一个脆弱性的能力，以及减轻因利用一个脆弱性而导致的破坏程度。另外还需要采纳一定的措施便于今后标志一些脆弱性，消除、减轻或通告一个已经被利用或触发过的脆弱性。

2. 保证方法

CC 基本原则是为被信任的 IT 产品或系统的评估（积极的调查）提供保证。评估是提供保证的传统方法，并且是 CC 文档的基础。为了与现行的方法保持一致，CC 采用相同的基本原则。CC 建议由专业评估员在不断强调范围、深度和严格性的基础上，衡量文档和已完成的 IT 产品或系统的有效性。

3. CC 保证

保证是 IT 产品或系统符合其安全目的的信任基础。保证可从诸如未证实的声明，有关的先期经验，或者特定经验等作参考的原始资料获得。然而，CC 通过积极的调查来提供保证。积极的调查就是对 IT 产品或者系统进行评估以确定其安全特性。

评估是获取保证的传统手段，并且是 CC 方法的基础。评估技术包括但不限于以下几方面：

①分析并检查过程和步骤；

②检查过程和步骤是否被使用；

③分析评估对象（TOE）设计表述之间的一致性；

④针对要求分析评估对象（TOE）的设计表述；

⑤验证证据；

⑥分析指导性文档；

⑦分析所开发的功能测试和所提供的结果；

⑧独立的功能测试；

⑨分析脆弱性（包括缺陷假设）；

⑩穿透性测试。

4. 安全保证要求

安全产品或系统应该具有相应的安全功能要求，但如何保证这些安全功能能够正确有效地实施呢？这要通过安全保证要求来实现。安全保证就是采用软件工程、开发环境控制、交付运行控制、自测等措施，增强用户、开发者和评估者对这些安全功能能够正确有效地实施产生信心。

在 CC 第 3 部分中，按照"类—子类—组件"的方式定义了目前国际上公认的安全保证要求，包括 PP 和 ST 评估 2 个保证类、7 个评估保证类和 1 个保证维护类。表 8-4 给出了

10 个类的介绍。

表 8-4　安全保证要求类

	保证类	描　述
PP 评估类	APE 类：保护轮廓评估	PP 评估的目的是为了论证 PP 是完备的、一致的，在技术上是合理的，因此适合作为一个或多个可评估 TOE 的要求，这样的 PP 符合注册的条件。此类包括 TOE 描述、安全环境、PP 引言、安全目的、IT 安全要求等方面的评估要求
ST 评估类	ASE 类：安全目标评估	ST 评估的目的是为了论证 ST 是完备的、一致的，在技术上是合理的，因此适合作为相应 TOE 评估的基础。此类包括 TOE 描述、安全环境、ST 引言、安全目的、PP 声明、IT 安全要求、TOE 概要规范等方面的评估要求
TOE 评估保证类	ACM 类：配置管理	配置管理（configuration management，CM）通过在细化和修改 TOE 及其他有关信息的过程中进行规范和控制，确保 TOE 的完整性。配置管理阻止对 TOE 进行非授权的修改、添加或删除，这保证了用于评估的 TOE 和文档确是准备交付的 TOE 和文档
	ADO 类：交付和运行	保证类 ADO 定义了有关安全交付、安装、运行 TOE 的措施、程序和标准的要求，以确保 TOE 提供的安全保护在传递、安装、启动和运行时不会被削弱
	ADV 类：开发	保证类 ADV 定义了 ST 中从 TOE 概要规范到实际 TSF 的逐步细化的一系列要求。每一个产生结果的 TSF 表示都提供信息，以帮助评估者决定 TOE 的功能要求是否被满足了
	AGD 类：指导性文档	保证类 AGD 从开发者提供的可操作文档的易懂性、覆盖范围和完整性等方面定义了指导性要求。该文档提供两种类型的信息，一类是针对用户，另一类针对管理员，这是 TOE 安全运行的一个重要因素
	ALC 类：生命周期支持	保证类 ALC，通过采用一个为 TOE 开发的所有步骤定义的生命周期模型，明确了保证要求。这个生命周期包括纠正缺陷的程序和策略，以及保护开发环境的工具、技术和安全措施的正确使用
	ATE 类：测试	保证类 ATE 陈述了论证 TSF 满足 TOE 安全功能要求的测试要求
	AVA 类：脆弱性评定	保证类 AVA 定义了有关标志可利用的脆弱性的指导性要求。特别地，它指出了在构造、运行、误用或错误配置 TOE 时引入的脆弱性
保证维护类	AMA 类：保证维护	保证维护类提出的要求必须在 TOE 针对 CC 认证之后才可以应用。这些要求旨在确保 TOE 或其环境变更后，继续满足安全目标。这些变更包括新的威胁和脆弱性的发现、用户要求的变更以及认证过的 TOE 中错误的更正。此类由保证维护计划、TOE 组件分类报告、保证维护证据和安全影响分析 4 个子类组成

8.2.6　评估保证级

评估保证级（EAL）提供了一个递增的尺度，该尺度的确定权衡了所获得的保证级以及达到该保证程度所需的代价和可行性。在 CC 中对 TOE 的保证等级定义了 7 个按级排序的评估保证级。它们按级别排序，因为每一个 EAL 要比所有较低的 EAL 表达更多的保证。从 EAL1 到 EAL7 的保证的不断增加，靠替换成同一保证子类中的一个更高级别的保证组件（即增加严格性、范围或深度）和添加另外一个保证子类的保证组件（例如，添加新的要求）得以实现。

表 8-5 概括性地描述了 7 个 EAL。其中列表示的是一组按级排序的 EAL，行表示的是保证子类。在结果矩阵中的每一个数字都标志了此处适宜的一个具体保证组件。表 8-6 给出了每一个评估保证级的目的和适用情况。

表 8-5　评估保证级

保证类	保证子类		评估保证级（EAL）依据的保证组件						
			EAL1	EAL2	EAL3	EAL4	EAL5	EAL6	EAL7
配置管理	ACM_AUT	CM 自动化				1	1	2	2
	ACM_CAP	CM 能力	1	2	3	4	4	5	5
	ACM_SCP	CM 范围			1	2	3	3	3
交付和运行	ADO_DEL	交付		1	1	2	2	2	3
	ADO_IGS	安装、生成和启动	1	1	1	1	1	1	1
开发	ADV_FSP	功能规范	1	1	1	2	3	3	4
	ADV_HLD	高层设计		1	2	2	3	4	5
	ADV_IMP	实现表示				1	2	3	3
	ADV_INT	TSF 内部					1	2	3
	ADV_LLD	低层设计				1	1	2	3
	ADV_RCR	表示对应性	1	1	1	1	2	2	3
	ADV_SPM	安全策略模型				1	3	3	3
指导性文档	AGD_ADM	管理员指南	1	1	1	1	1	1	1
	AGD_USR	用户指南	1	1	1	1	1	1	1
生命周期支持	ALC_DVS	开发安全			1	1	1	2	2
	ALC_FLR	缺陷纠正							
	ALC_LCD	生命周期定义				1	2	2	3
	ALC_TAT	工具和技术				1	2	3	3
测试	ATE_COV	覆盖范围		1	2	2	2	3	3
	ATE_DPT	深度			1	1	2	2	3
	ATE_FUN	功能测试		1	1	1	1	2	2
	ATE_IND	独立性测试	1	2	2	2	2	2	3
脆弱性评定	AVA_CCA	隐蔽信道分析					1	2	2
	AVA_MSU	误用			1	2	2	3	3
	AVA_SOF	TOE 安全功能强度		1	1	1	1	1	1
	AVA_VLA	脆弱性分析		1	1	2	3	4	4

表 8-6 评估保证级的适用情况

评估保证级	描述	目的	适用情况
EAL1	功能测试	适用于对正确运行需要一定信任的场合	对安全威胁应视为并不严重的场合；需要独立的保证来支持在人员或类似信息的保护方面已经给予足够重视
EAL2	结构测试	在交付设计信息和测试结果时，EAL2 需要开发者的合作，但不应超出与良好商业运作的一致性，而要求开发方付出更多的努力，这样就不需要增加过多的费用或时间的投入	在缺乏现成可用的完整开发记录时，开发者或使用者需要一种低到中等级别的独立保证的安全性
EAL3	系统地测试和检查	可使一个尽职尽责的开发者在设计阶段能从正确的安全工程中获得最大限度地保证，而不需要对现有的合理的开发实践作大规模的改变	开发者或使用者需要一个中等级别的独立保证的安全性，和在没有再次进行真正的工程实践的情况下，要求对 TOE 及其开发过程进行彻底调查
EAL4	系统地设计、测试和复查	可使开发者从正确的安全工程中获得最大限度地保证，这种安全工程基于良好的商业开发实践，这种实践虽然很严格，但并不需要大量专业知识、技巧和其他资源。在经济合理的条件下，对一个已经存在的生产线进行翻新时，EAL4 是所能达到的最高级别	开发者或使用者对传统的商品化的 TOE 需要一个中等到高等级别的独立保证的安全性，和准备负担额外的安全专用工程费用
EAL5	半形式化设计和测试	可使一个开发者从安全工程中获得最大限度地保证，这种安全工程所基于的严格的商业开发实践，是靠适度应用专业安全工程技术来支持的。相对于没有应用专业技术的严格开发而言，由 EAL5 要求引起的额外的开销也许不会很大	开发者和使用者在有计划的开发中需要一个高级别的独立保证的安全性，和在没有由专业安全工程技术引起不合理开销的条件下，需要一种严格的开发手段
EAL6	半形式化验证的设计和测试	可使开发者通过把安全工程技术应用于严格的开发环境，而获得高度地保证，以便生产一个昂贵的 TOE 来保护高价值的资产对抗重大的风险	应用于高风险环境下的安全 TOE 的开发，在这里受保护的资源值得花费额外的开销
EAL7	形式化验证的设计和测试	适用于安全 TOE 的开发，该 TOE 将应用在风险非常高的地方或有高价值资产值的更高开销的地方	EAL7 的实际应用目前只局限于一些 TOE，这些 TOE 非常关注能经受广泛地形式化分析的安全功能

8.2.7 CC 中的评估

在 CC 中，针对产品或系统的不同层面，提出了 3 种评估，即 PP 评估、ST 评估和

TOE 评估。

1. PP 评估

PP 评估，即保护轮廓评估，依照 CC 第 3 部分中的 PP 评估准则进行。PP 评估中的 APE 类包括 TOE 描述、安全环境、PP 引言、安全目的和 IT 安全要求等方面的评估要求。PP 评估的目的是证明 PP 是完备的、一致的，在技术上是合理的，因此适合作为一个或多个可评估 TOE 的要求。评估结果为"通过"或"不通过"，只有通过评估的 PP 才能注册。

2. ST 评估

ST 评估，即安全目标评估，依照 CC 第 3 部分中的 ST 评估准则进行。ST 评估中的 ASE 类包括 TOE 描述、安全环境、ST 引言、安全目的、PP 声明、IT 安全要求和 TOE 概要规范等方面的评估要求。ST 评估具有两个目的：首先，证明 ST 是完备的、一致的，在技术上是合理的，因此适合作为相应 TOE 评估的基础；其次，当某一 ST 宣称与某个 PP 一致时，证明 ST 能完全满足 PP 的要求。

3. TOE 评估

针对通过评估的 ST，依照 CC 第 3 部分中的 TOE 评估准则进行。评估结果证明 TOE 满足 ST 中的安全要求。TOE 评估的结果为"通过"或"不通过"，只有通过评估的 TOE 才能注册相应等级，获得认证证书。

图 8-3 给出了 PP 评估、ST 评估和 TOE 评估之间的关系。值得注意的是，PP 评估、TOE 评估将分别产生评估过的 PP 目录、TOE 目录，ST 评估将产生在 TOE 评估框架中使用的中间结果。

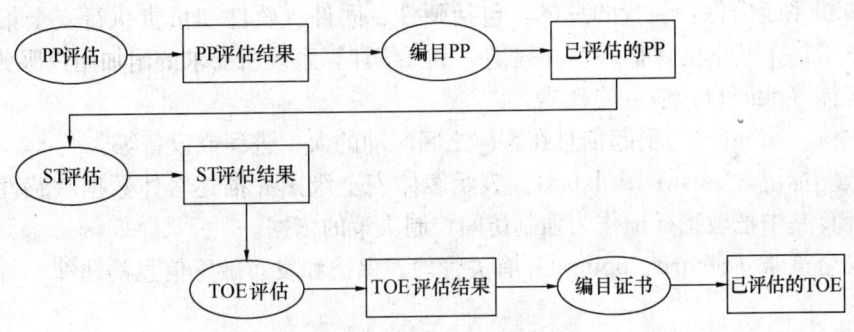

图 8-3　PP 评估、ST 评估和 TOE 评估

8.3　计算机信息系统安全保护等级划分准则（GB 17859—1999）

1999 年 9 月 13 日，国家质量技术监督局正式公布了强制性国家标准《计算机信息系统安全保护等级划分准则》（GB 17859—1999），该标准于 2001 年 1 月 1 日实施。

《计算机信息系统安全保护等级划分准则》是我国开展信息系统安全等级保护制度建设的核心，也是进行信息安全评估和管理的基础。制定本标准的主要目的包括：

①为计算机信息系统安全法规的制定和执法部门的监督检查提供依据；

②为安全产品的研制提供技术支持；

③为安全系统的建设和管理提供技术指导。

8.3.1　概述

标准规定了计算机信息系统安全保护能力的 5 个等级，即

①第一级：用户自主保护级；

②第二级：系统审计保护级；

③第三级：安全标记保护级；

④第四级：结构化保护级；

⑤第五级：访问验证保护级。

本标准适用于计算机信息系统安全保护技术能力等级的划分。计算机信息系统安全保护能力随着安全保护等级的增高，逐渐增强。

为了方便对每一级功能的描述，下面给出了标准中所用到的主要术语：

（1）计算机信息系统（computer information system）。计算机信息系统是由计算机及其相关的和配套的设备、设施（含网络）构成的，按照一定的应用目标和规则对信息进行采集、加工、存储、传输、检索等处理的人机系统。

（2）计算机信息系统可信计算基（trusted computing base of computer information system）。计算机系统内保护装置的总体，包括硬件、固件、软件和负责执行安全策略的组合体。它建立了一个基本的保护环境并提供一个可信计算系统所要求的附加用户服务。

（3）客体（object）。信息的载体。

（4）主体（subject）。引起信息在客体之间流动的人、进程或设备等。

（5）敏感标记（sensitivity label）。表示客体安全级别并描述客体数据敏感性的一组信息，可信计算基中把敏感标记作为强制访问控制决策的依据。

（6）安全策略（security policy）。有关管理、保护和发布敏感信息的法律、规定和实施细则。

（7）信道（channel）。系统内的信息传输路径。

（8）隐蔽信道（covert channel）。允许进程以危害系统安全策略的方式传输信息的通信信道。

（9）访问监控器（reference monitor）。监控主体和客体之间授权访问关系的部件。

8.3.2　各等级主要特征

1. 第一级：用户自主保护级

本级的计算机信息系统可信计算基（以下简称 TCB）通过隔离用户与数据，使用户具备自主安全保护的能力。它具有多种形式的控制能力，对用户实施访问控制，即为用户提供可行的手段，保护用户和用户组信息，避免其他用户对数据的非法读写与破坏。

包含的主要功能如下：

（1）自主访问控制。TCB 定义和控制系统中命名用户对命名客体的访问。实施机制（例如，访问控制表）允许命名用户以用户和（或）用户组的身份规定并控制客体的共享；阻止非授权用户读取敏感信息。

（2）身份鉴别。TCB 初始执行时，首先要求用户标志自己的身份，并使用保护机制（例如，口令）来鉴别用户的身份；阻止非授权用户访问用户身份鉴别数据。

（3）数据完整性。TCB 通过自主完整性策略，阻止非授权用户修改或破坏敏感信息。

2. 第二级：系统审计保护级

与用户自主保护级相比，本级的 TCB 实施了粒度更细的自主访问控制，它通过登录规程、审计安全性相关事件和隔离资源，使用户对自己的行为负责。

在第一级的基础上，新增的主要功能如下：

（1）自主访问控制。在第一级的基础上，要求控制访问权限扩散。自主访问控制机制根据用户指定方式或默认方式，阻止非授权用户访问客体。访问控制的粒度是单个用户。没有存取权的用户只允许由授权用户指定对客体的访问权。

（2）身份鉴别。在第一级的基础上，通过为用户提供唯一标志，TCB 能够使用户对自己的行为负责。TCB 还具备将身份标志与该用户所有可审计行为相关联的能力。

（3）客体重用。在 TCB 的空闲存储客体空间中，对客体初始指定、分配或再分配一个主体之前，撤销该客体所含信息的所有授权。当主体获得对一个已被释放的客体的访问权时，当前主体不能获得原主体活动所产生的任何信息。

（4）审计。TCB 能创建和维护受保护客体的访问审计跟踪记录，并能阻止非授权的用户对它访问或破坏。

TCB 能记录下述事件：使用身份鉴别机制；将客体引入用户地址空间（例如，打开文件、程序初始化）；删除客体；由操作员、系统管理员和（或）系统安全管理员实施的动作，以及其他与系统安全有关的事件。

对于每一事件其审计记录包括：事件的日期和时间、用户、事件类型、事件是否成功。对于身份鉴别事件，审计记录包含请求的来源（例如，终端标识符）；对于客体引入用户地址空间的事件及客体删除事件，审计记录包含客体名。

对不能由 TCB 独立分辨的审计事件，审计机制提供审计记录接口，可由授权主体调用。这些审计记录区别于 TCB 独立分辨的审计记录。

3. 第三级：安全标记保护级

本级的 TCB 具有系统审计保护级的所有功能。此外，还需提供有关安全策略模型、数据标记以及主体对客体强制访问控制的非形式化描述；具有准确地标记输出信息的能力；消除通过测试发现的任何错误。

在第二级的基础上，新增的主要功能如下：

（1）强制访问控制。TCB 对所有主体及其所控制的客体（例如，进程、文件、段、设备）实施强制访问控制。为这些主体及客体指定敏感标记，这些标记是等级分类和非等级类别的组合，它们是实施强制访问控制的依据。TCB 支持 2 种或 2 种以上成分组成的安全级。

TCB 控制的所有主体对客体的访问应满足：仅当主体安全级中的等级分类高于或等于客体安全级中的等级分类，且主体安全级中的非等级类别包含了客体安全级中的全部非等级类别，主体才能读客体；仅当主体安全级中的等级分类低于或等于客体安全级中的等级分类，且主体安全级中的非等级类别包含于客体安全级中的非等级类别，主体才能写一个客体。TCB 使用身份和鉴别数据，鉴别用户的身份，并保证用户创建的 TCB 外部主体的安全级和授权受该用户的安全级和授权的控制。

（2）标记。TCB 应维护与主体及其控制的存储客体（例如，进程、文件、段、设备）相关的敏感标记。这些标记是实施强制访问的基础。为了输入未加安全标记的数据，TCB 向授权用户要求并接受这些数据的安全级别，且可由 TCB 审计。

（3）身份鉴别。在第二级的基础上，增加了 TCB 维护用户身份识别数据并确定用户访问权及授权数据。TCB 使用这些数据鉴别用户身份。

（4）审计。在第二级的基础上，增加了对客体安全级别的审计记录。此外，TCB 具有审计更改可读输出记号的能力。

（5）数据完整性。在网络环境中，使用完整性敏感标记来确信信息在传送中未受损。

4. 第四级：结构化保护级

本级的 TCB 建立于一个明确定义的形式化安全策略模型之上，他要求将第三级系统中的自主和强制访问控制扩展到所有主体与客体上。此外，还要考虑隐蔽信道。本级的 TCB 必须结构化为关键保护元素和非关键保护元素。TCB 的接口也必须明确定义，使其设计与实现能经受更充分的测试和更完整的复审。加强了鉴别机制；支持系统管理员和操作员的职能；提供可信设施管理；增强了配置管理控制。系统具有相当的抗渗透能力。

（1）强制访问控制。在第三级的基础上，TCB 对外部主体能够直接或间接访问的所有资源（例如，主体、存储客体和输入输出资源）实施强制访问控制。强制访问控制涉及的范围包括 TCB 外部的所有主体对客体的直接或间接的访问。

（2）标记。在第三级的基础上，TCB 维护与可被外部主体直接或间接访问到的计算机信息系统资源（例如，主体、存储客体、只读存储器）相关的敏感标记。

（3）审计。在第三级的基础上，TCB 能够审计利用隐蔽存储信道时可能被使用的事件。

（4）隐蔽信道分析。系统开发者应彻底搜索隐蔽存储信道，并根据实际测量或工程估算确定每一个被标志信道的最大带宽。

（5）可信路径。对用户的初始登录和鉴别，TCB 在它与用户之间提供可信通信路径。该路径上的通信只能由该用户初始化。

5. 第五级：访问验证保护级

本级的 TCB 满足访问监控器需求。访问监控器仲裁主体对客体的全部访问。访问监控器本身是抗算改的；必须足够小，能够分析和测试。为了满足访问监控器需求，TCB 在其构造时，排除那些对实施安全策略来说并非必要的代码；在设计和实现时，从系统工程角度将其复杂性降低到最低程度。支持安全管理员职能；扩充审计机制，当发生与安全相关的事件时发出信号；提供系统恢复机制。系统具有很高的抗渗透能力。

（1）自主访问控制。在第二级的基础上，自主访问控制能够为每个命名客体指定命名用户和用户组，并规定他们对客体的访问模式。

（2）审计。在第四级的基础上，TCB 包含能够监控可审计安全事件发生与积累的机制，当超过阈值时，能够立即向安全管理员发出报警。并且，如果这些与安全相关的事件继续发生或积累，系统应以最小的代价终止它们。

（3）可信路径。当连接用户时（例如，注册、更改主体安全级），TCB 提供它与用户之间的可信通信路径。可信路径上的通信只能由该用户或 TCB 激活，且在逻辑上与其他路径上的通信相隔离，且能正确地加以区分。

（4）可信恢复。TCB 提供过程和机制，保证计算机信息系统失效或中断后，可以进行不损害任何安全保护性能的恢复。

表 8-7 给出了 GB 17859—1999 各安全等级之间的功能关系。

表 8-7　GB 17859—1999 中等级和功能之间的对应关系

等级	功能									
	自主访问控制	强制访问控制	标记	身份鉴别	客体重用	审计	数据完整性	隐蔽信道分析	可信路径	可信恢复
第五级	+	=	=	=	=	+	=	=	=	=
第四级	=	+	+	=	=	+	=	+	+	
第三级	=	+	+	+	+		=			
第二级	+			+	+		=			
第一级	+			+			+			

注："+"表示新增功能或比下一级功能有扩展，"="表示与下一级功能相同。

8.3.3　等级划分与保护

国家信息安全等级保护坚持自主定级、自主保护的原则。信息系统的安全保护等级应当根据信息系统在国家安全、经济建设、社会生活中的重要程度，信息系统遭到破坏后对国家安全、社会秩序、公共利益以及公民、法人和其他组织的合法权益的危害程度等因素确定。

1. 等级划分原则

根据公安部办公厅 2007 年 6 月 27 日印发的《信息安全等级保护管理办法》（公通字〔2007〕43 号）的规定，我国的信息系统划分为以下 5 个等级。

第一级：信息系统受到破坏后，会对公民、法人和其他组织的合法权益造成损害，但不损害国家安全、社会秩序和公共利益。

第二级：信息系统受到破坏后，会对公民、法人和其他组织的合法权益产生严重损害，或者对社会秩序和公共利益造成损害，但不损害国家安全。

第三级：信息系统受到破坏后，会对社会秩序和公共利益造成严重损害，或者对国家安全造成损害。

第四级：信息系统受到破坏后，会对社会秩序和公共利益造成特别严重损害，或者对国家安全造成严重损害。

第五级：信息系统受到破坏后，会对国家安全造成特别严重损害。

2. 等级系统保护

信息系统运营、使用单位依据《信息安全等级保护管理办法》和相关技术标准对信息系统进行保护，国家有关信息安全监管部门对其信息安全等级保护工作进行监督管理。

第一级：信息系统运营、使用单位应当依据国家有关管理规范和技术标准进行保护。

第二级：信息系统运营、使用单位应当依据国家有关管理规范和技术标准进行保护。国家信息安全监管部门对该级信息系统信息安全等级保护工作进行指导。

　　第三级：信息系统运营、使用单位应当依据国家有关管理规范和技术标准进行保护。国家信息安全监管部门对该级信息系统信息安全等级保护工作进行监督、检查。

　　第四级：信息系统运营、使用单位应当依据国家有关管理规范、技术标准和业务专门需求进行保护。国家信息安全监管部门对该级信息系统信息安全等级保护工作进行强制监督、检查。

　　第五级：信息系统运营、使用单位应当依据国家管理规范、技术标准和业务特殊安全需求进行保护。国家指定专门部门对该级信息系统信息安全等级保护工作进行专门监督、检查。

8.3.4　相关标准介绍

　　GB 17859—1999 是信息系统安全等级保护的基础标准，为了保证安全等级保护工作的实施，公安部围绕技术和管理要求制定了一系列的行业推荐标准。主要包括：《计算机信息系统安全等级保护通用技术要求》（GA/T 390—2002）、《计算机信息系统安全等级保护操作系统技术要求》（GA/T 388—2002）、《计算机信息系统安全等级保护数据库技术要求》（GA/T 389—2002）、《计算机信息系统安全等级保护网络技术要求》（GA/T 387—2002）、《计算机信息系统安全等级保护管理要求》（GA/T 391—2002）等。与 GB 17859—1999 相关的通用技术要求、操作系统要求、网络要求、数据库要求、工程要求、评估要求等标准共同组成计算机信息系统的安全等级保护体系。

　　1.《计算机信息系统安全等级保护通用技术要求》（GA/T 390—2002）

　　本标准是计算机信息系统安全等级保护技术要求系列标准的基础性标准，用于指导设计者如何设计和实现具有所需要的安全等级的计算机信息系统，主要从对计算机信息系统的安全保护等级进行划分的角度来说明其技术要求，即主要说明为实现《计算机信息系统安全保护等级划分准则》中每一个保护等级的安全要求应采取的安全技术措施，以及各安全技术要求在不同安全级中具体实现上的差异。本标准首先对计算机信息系统安全等级保护所涉及的安全功能技术要求和安全保证技术要求做了比较全面的描述，然后按照 GB 17859 5 个安全等级的划分，对每一个安全等级的安全功能技术要求和安全保证技术要求做了详细描述。

　　2.《计算机信息系统安全等级保护操作系统技术要求》（GA/T 388—2002）

　　本标准是计算机信息系统安全等级保护技术要求系列标准的重要组成部分，用于指导设计者如何设计和实现具有所需要的安全等级的操作系统，主要从对操作系统的安全保护等级进行划分的角度来说明其技术要求，即主要说明为实现《计算机信息系统安全保护等级划分准则》中每一个保护等级的安全要求对操作系统应采取的安全技术措施，以及各安全技术要求在不同安全级中具体实现上的差异。本标准按照 GB 17859 5 个安全等级的划分，对每一个安全等级的安全功能技术要求和安全保证技术要求做了详细描述。

　　3.《计算机信息系统安全等级保护数据库技术要求》（GA/T 389—2002）

　　本标准是计算机信息系统安全等级保护技术要求系列标准的重要组成部分，用于指导设计者如何设计和实现具有所需要的安全等级的数据库管理系统，主要从对数据库管理系统的安全保护等级进行划分的角度来说明其技术要求，即主要说明为实现《计算机信息系统安全保护等级划分准则》中每一个保护等级的安全要求对数据库管理系统应采取的安全技术措施，以及各安全技术要求在不同安全级中具体实现上的差异。本标准按照 GB 17859 5 个安全等级的划分，对每一个安全等级的安全功能技术要求和安全保证技术要求做了详细描述。

4.《计算机信息系统安全等级保护网络技术要求》（GA/T 387—2002）

本标准是计算机信息系统安全等级保护技术要求系列标准的重要组成部分，用于指导设计者如何设计和实现具有所需要的安全等级的网络系统，主要从对网络的安全保护等级进行划分的角度来说明其技术要求，即主要说明为实现《计算机信息系统安全保护等级划分准则》中每一个保护等级的安全要求对网络系统应采取的安全技术措施，以及各安全技术要求在不同安全级中具体实现上的差异。本标准按照 GB 17859 5 个安全等级的划分，对每一个安全等级的安全功能技术要求和安全保证技术要求做了详细描述。

5.《计算机信息系统安全等级保护管理要求》（GA/T 391—2002）

本标准是 GB 17859—1999 系列配套标准中重要标准之一，与 GB 17859—1999 相关的通用技术要求、操作系统要求、网络要求、数据库要求、工程要求、评估要求等标准共同组成计算机信息系统的安全等级保护体系。计算机信息系统的安全等级保护体系从计算机信息系统的管理层面、物理层面、系统层面、网络层面、应用层面、运行层面对计算机信息系统资源实施保护，作为计算机信息系统安全保护的支撑服务，管理层面则贯穿了其他 5 个层面，是其他 5 个层面实施安全等级保护的保证。

本标准明确提出了管理层、物理层、网络层、系统层、应用层和运行层的安全管理要求，并将管理要求落实到 GB 17859—1999 的 5 个等级上，更有利于对安全管理的继承、理解、分工实施，更有利于对安全管理的评估和检查。由于 GB 17859—1999 中保护等级的划分是在充分考虑安全技术和安全风险控制的关系上制定的，安全等级越高，安全技术的费用和管理成本也就越高，从而能抵御更大的安全威胁，能有效建立起安全信心，降低 IT 使用风险。

本 章 小 结

（1）1985 年美国国防部正式公布了《可信计算机系统评估准则》（TCSEC），该准则为评测计算机安全产品提供了测试准则和方法，之后又颁布了一系列的解释性文件，统称为"彩虹系列"。TCSEC 是计算机系统安全评估的第一个正式标准，具有划时代的意义。TCSEC 把计算机系统分为 4 类 8 个安全级别，从低到高的安全级别分别为 D、C1、C2、B1、B2、B3、A1 和超 A1 级。

（2）通用评估准则（CC）已成为全世界公认的信息安全技术评估准则，不仅可以作为安全信息系统的评测标准，而且可以作为安全信息系统设计与实现的标准与参考。CC 的内容主要包括 3 个部分：简介和一般模型、安全功能要求、安全保证要求。

（3）评估对象（TOE）是指作为评估主体的 IT 产品及系统。保护轮廓（PP）是指满足特定用户需求与一类 TOE 实现无关的一组安全要求，也就是说，PP 定义了一类 TOE 的安全需求，而与某个具体的 TOE 无关。在标准体系中，PP 相当于产品标准。安全目标（ST）是指作为指定的 TOE 评估基础的一组安全要求和规范。ST 的开发针对具体的 TOE，包括该 TOE 的安全目的、安全需求，为满足安全需求而提供的特定安全性技术要求和保证措施。

（4）《计算机信息系统安全保护等级划分准则》是我国开展信息系统安全等级保护制度建设的核心，也是进行信息安全评估和管理的基础。标准规定了计算机信息系统安全保护能力的 5 个等级，从低到高依次为：用户自主保护级、系统审计保护级、安全标记保护级、结构化保护级、访问验证保护级。计算机信息系统安全保护能力随着安全保护等级的增高，逐渐增强。

习　　题

1. 发布 TCSEC 的目的有哪些？
2. TCSEC 所规定的 8 个安全等级的主要特征是什么？C1 和 C2 级之间的主要区别是什么？B1、B2 和 B3 级之间的主要区别是什么？
3. 通用评估准则 CC 由哪几部分组成？其主要内容是什么？
4. CC 的适用对象是哪些？
5. 怎样理解 CC 中的安全功能要求和安全保证要求这两部分的作用？
6. 简述保护轮廓（PP）和保护目标（ST）的概念。
7. 制定《计算机信息系统安全保护等级划分准则》的主要目的是什么？安全等级是如何划分的？
8. 简述计算机信息系统可信计算基的概念。

参 考 文 献

[1] 沈昌祥. 信息安全工程导论[M]. 北京：电子工业出版社，2003
[2] 戴宗坤，罗万伯，等. 信息系统安全[M]. 北京：电子工业出版社，2002
[3] 胡道元，闵京华. 网络安全[M]. 北京：清华大学出版社，2004
[4] 石文昌，梁朝晖. 信息系统安全概论[M]. 北京：电子工业出版社，2008
[5] 赵泽茂，吕秋云，朱芳. 信息安全技术[M]. 西安：西安电子科技大学出版社，2009
[6] 徐茂智，邹维. 信息安全概论[M]. 北京：人民邮电出版社，2007
[7] 段云所，魏仕民，唐礼勇，等. 信息安全概论[M]. 北京：高等教育出版社，2003
[8] 李剑. 信息安全导论[M]. 北京：北京邮电大学出版社，2007
[9] 宁葵. 访问控制安全技术及应用[M]. 北京：电子工业出版社，2005
[10] 钟诚，赵跃华. 信息安全概论[M]. 武汉：武汉理工大学出版社，2003
[11] 曹天杰. 计算机系统安全[M]. 北京：高等教育出版社，2007
[12] 陈波，于泠，肖军模. 计算机系统安全原理与技术[M]. 北京：机械工业出版社，2009
[13] 马建峰，郭渊博. 计算机系统安全[M]. 西安：西安电子科技大学出版社，2007
[14] 吴海龙. 浅谈 Web 的安全威胁与防护[J]. 中国新技术新产品，2008(18)：10
[15] 刘克龙，冯登国，石文昌. 安全操作系统原理与技术[M]. 北京：科学出版社，2004
[16] 张红旗，王新昌，杨英杰，等. 信息安全管理[M]. 北京：人民邮电出版社，2007
[17] Sari Stern Greene. 安全策略与规程：原理与实践[M]. 陈宗斌，等译. 北京：清华大学出版社，2008
[18] The International Organization for Standardization. ISO/IEC 27001 2005 Information technology-Security techniques-Information security management systems-Requirements [S]. 2005
[19] The International Organization for Standardization. ISO/IEC 27002 2005 Information technology-Security techniques-Code of practice for information security management[S]. 2007
[20] 冯登国，孙锐，张阳. 信息安全体系结构[M]. 北京：清华大学出版社，2008
[21] 谢冬青，冷健. PKI 原理与技术[M]. 北京：清华大学出版社，2004
[22] CEAC 国家信息化计算机教育认证项目电子政务与信息安全认证专项组，北京大学电子政务研究院电子政务与信息安全技术实验室. 网络安全基础[M]. 北京：人民邮电出版社，2008
[23] CEAC 国家信息化计算机教育认证项目电子政务与信息安全认证专项组，北京大学电子政务研究院电子政务与信息安全技术实验室. 信息安全管理基础[M]. 北京：人民邮电出版社，2008
[24] 王群. 计算机网络安全技术. 北京：清华大学出版社，2008
[25] 胡道元，闵京华. 网络安全[M]. 北京：清华大学出版社，2004
[26] 荆继武，林璟锵，冯登国. PKI 技术[M]. 北京：科学出版社，2008
[27] 肖军模，刘军，周海刚，等. 网络信息安全[M]. 北京：机械工业出版社，2006
[28] 洪帆，崔国华，付小青. 信息安全概论[M]. 武汉：华中科技大学出版社，2005
[29] 陈性元，杨艳，任志宇. 网络安全通信协议[M]. 北京：高等教育出版社，2008
[30] 李剑. 入侵检测技术. 北京：高等教育出版社，2008
[31] 国家质量技术监督局. GB 17859—1999 计算机信息系统安全保护等级划分准则[S]. 北京：中国标准出版社，1999

[32]　中华人民共和国公安部 . GA/T 390—2002　计算机信息系统安全等级保护通用技术要求[S]. 北京：中国标准出版社，2002

[33]　中华人民共和国公安部 . GA/T 388—2002　计算机信息系统安全等级保护操作系统技术要求[S]. 北京：中国标准出版社，2002

[34]　中华人民共和国公安部 . GA/T 389—2002　计算机信息系统安全等级保护数据库技术要求[S]. 北京：中国标准出版社，2002

[35]　中华人民共和国公安部 . GA/T 387—2002　计算机信息系统安全等级保护网络技术要求[S]. 北京：中国标准出版社，2002

[36]　中华人民共和国公安部 . GA/T 391—2002　计算机信息系统安全等级保护管理要求[S]. 北京：中国标准出版社，2002

[37]　国家质量技术监督局 . GB/T 18336.1—2001　信息技术 安全技术 信息技术安全性评估准则 第 1 部分：简介和一般模型[S]. 北京：中国标准出版社，2001

[38]　国家质量技术监督局 . GB/T 18336.2—2001　信息技术 安全技术 信息技术安全性评估准则 第 2 部分：安全功能要求[S]. 北京：中国标准出版社，2001

[39]　国家质量技术监督局 . GB/T 18336.3—2001　信息技术 安全技术 信息技术安全性评估准则 第 3 部分：安全保证要求[S]. 北京：中国标准出版社，2001

[40]　杨延双，张建标，王全民 . TCP/IP 协议分析及应用[M]. 北京：机械工业出版社，2009

[41]　国家质量技术监督局 . GB/T 9387.2—1995　信息处理系统　开放系统互连基本参考模型——第二部分：安全体系结构[S]. 北京：中国标准出版社，1995

[42]　沈昌祥 . 构造积极防御的安全保障框架[J]. 计算机安全，2003(32)：1-2

[43]　美国国家安全局 . 信息保障技术框架 . 国家 973 信息与网络安全体系研究课题组译 . 北京：北京中软电子出版社，2002